"十三五"高等职业教育核心课程规划教材·汽车类

汽车构造

主　　编　谢忠华　熊其兴
副 主 编　鄂　义　奚旗文
参　　编　张　洲　郭阳阳
主　　审　杨　凡

西安交通大学出版社
XI'AN JIAOTONG UNIVERSITY PRESS

<h1 style="text-align:center">内 容 简 介</h1>

本书是汽车专业的主讲教材,是根据高职高专专业人才培养方案,总结近几年来的教学改革与实践经验,参照当前有关技术标准编写而成的。本书是项目化教材,全书共分为 15 个项目 53 个学习任务,配套有大量微课、授课视频、动画、图片和其他资源,分别介绍了汽车发动机、底盘的结构组成和工作原理,以及每个系统零件的作用、组成和工作原理。

本书也可以作为高等职业学院汽车运用与维修、汽车运用技术、汽车营销与服务、汽车电子技术等专业教材用书,亦可供汽车检测、汽车维修技术人员学习参考使用。

图书在版编目(CIP)数据

汽车构造 / 谢忠华,熊其兴主编. —西安:西安
交通大学出版社,2018.8(2023.1重印)
ISBN 978 - 7 - 5693 - 0759 - 7

Ⅰ.①汽…　Ⅱ.①谢…　②熊…　Ⅲ.①汽车-构造-
高等职业教育-教材　Ⅳ.①U463

中国版本图书馆 CIP 数据核字(2018)第 162222 号

书　　名	汽车构造	
主　　编	谢忠华　熊其兴	
责任编辑	雷萧屹	
出版发行	西安交通大学出版社	
	(西安市兴庆南路 1 号　邮政编码 710048)	
网　　址	http://www.xjtupress.com	
电　　话	(029)82668357　82667874(市场营销中心)	
	(029)82668315(总编办)	
传　　真	(029)82668280	
印　　制	西安日报社印务中心	
开　　本	787mm×1092mm　1/16　印　张　16.375　字　数　395 千字	
版次印次	2019 年 1 月第 1 版　2023 年 1 月第 3 次印刷	
书　　号	ISBN 978 - 7 - 5693 - 0759 - 7	
定　　价	49.00 元	

如发现印装质量问题,请与本社市场营销中心联系。
订购热线:(029)82665284　(029)82667874
投稿 QQ:850905347

版权所有　侵权必究

前　言

  本教材紧紧围绕职业工作需求,以就业为导向,以技能训练为中心,以"更加实用、更加科学、更加新颖"为编写原则,旨在探索课堂与实践相结合的一体化为主,具有以下特点:

  教材编写理念:融入课程教学设计新理念,以学生为主体,以老师为指导,以提高学生实践职业技能和创新能力为目标,理论紧密联系实践,思想性和学术性相统一。理论知识以够用为度,技能训练面向岗位需求,注重结合汽车市场服务岗位群和维修岗位群的岗位知识和技能要求,使学生学完每一个项目,完成每一个驱动任务后,都能获得相关的专业知识和技能,反映教学改革和课程建设的新成果。

  教材结构体系:根据职业工作需求,采用任务驱动、项目导向的新模式构建课程体系,系统性与模块化有机融合,方便不同学校、不同专业、不同教学条件选用。

  教材内容:精选学生终身有用的基础理论和基本知识,突出实用性、新颖性,注重介绍现代汽车新结构、新技术、新方法和新标准,以激发学生的阅读兴趣,符合学生的认知规律。

  教材编排形式:图文并茂,通俗易懂,简明实用,由浅入深,深浅适度,符合高职学生的心理特点。

  本教材项目1~6由谢忠华老师编写,项目7由奚旗文老师编写,项目8~10由熊其兴老师编写,项目11由鄂义老师编写,项目12~14由张洲老师编写,项目15由郭阳阳老师编写。

  本教材在编写时参照大量的书籍及资料,从中得到许多启发与帮助,借此,我向这些书籍的作者表示感谢。但限于时间要求,教材中难免仍有不足之处,恳请各位专家、同行给于批评指导。

编　者

2018 年 7 月

CONTENTS

目　录

项目1 汽车总体介绍

1.1 汽车的定义与分类

1.1.1 汽车的定义

第一台内燃机汽车自1886年诞生以来,已经走过了风风雨雨的一百多年。从卡尔·本茨造出第一辆时速18公里的三轮汽车到现在,竟然诞生了从速度为零加速到100公里/小时只需要三秒多钟的超级跑车。这一百年,汽车发展的速度是如此惊人! 同时,汽车工业也造就了多位巨人,他们一手创建了通用、福特、丰田、本田这样一些在各国经济中举足轻重的著名公司。让我们一起从这里起步,探索汽车的构造,体会汽车技术给我们带来的欢乐与梦想……

我国国家最新标准《汽车和挂车类型的术语和定义》(GB/T 3730.1—2001)中对汽车有如下定义:由动力驱动,具有4个或4个以上车轮的非轨道承载的车辆,主要用于:载运人员和(或)货物;牵引载运人员和(或)货物的车辆;特殊用途。

1.1.2 汽车的分类

1. 我国对汽车的分类

采用国标 GB/T 3730.1—2001《汽车和挂车类型的术语和定义》,本标准适用于汽车、挂车、汽车列车。其中汽车按用途分为乘用车和商用车两大类。

(1)乘用车 乘用车在其设计和技术特性上主要用于载运乘客及其随身行李和(或)临时物品,包括驾驶员座位在内,乘用车最多不超过9个座位。乘用车分为以下11种车型。主要有：普通乘用车、活顶乘用车、高级乘用车、小型乘用车、敞篷车、舱背乘用车、旅行车、多用途乘用车、短头乘用车、越野乘用车、专用乘用车。如图 1-1-1 所示。

（a）活顶乘用车

（b）高级乘用车

（c）小型乘用车

（d）敞篷车

（e）舱背乘用车

（f）旅行车

图 1-1-1　乘用车

（2）商用车　商用车在设计和技术特性上用于运送人员和货物，并且可以牵引挂车，但乘用车不包括在内。主要有：客车、半挂牵引车、货车。如图 1-1-2、1-1-3 所示。

①客车。具有 9 个以上座位（包括驾驶员座位）、用于载人及其行李的汽车。客车可分为单车和铰接式、单层和双层式客车等。

图 1-1-2　客车

②载货汽车。用于运载各种货物、在驾驶室内可容纳 2～6 个乘员的汽车。

图 1-1-3　载货汽车

③越野汽车。可用于非公路或无路地区行驶的、属于高通过性的汽车。越野汽车可以是轿车、客车、载货汽车或其他用途的汽车。常见的轮式越野汽车都装备越野轮胎并采用全轮驱动。越野汽车可按其总质量分级，如图 1-1-4 所示。

图 1-1-4　越野汽车

④自卸汽车。载货汽车中货厢能自动举升、货箱栏板能自动打开并倾卸散装货物的汽车。它可大大减轻卸货的工作量，提高生产效率，主要用于工矿企业，如图 1-1-5 所示。

图 1-1-5　自卸汽车

⑤牵引汽车。专门或主要用于牵引挂车的汽车,分为半挂牵引汽车和全挂牵引汽车两种。半挂牵引汽车后部设有牵引座,用于牵引和支承挂车前端,全挂牵引汽车本身独立,带有货厢,其外形与载货汽车相似,但其长度和轴距较短,在其尾部设有拖钩,用来拖带挂车。牵引汽车都装有挂车的制动装置及挂车的电气接线板等,如图1-1-6所示。

图 1-1-6　牵引汽车

⑥专用汽车。用于完成特定作业任务的、根据特殊的使用要求设计或改装而成的汽车。其种类很多,如冷藏车、集装箱车、售货车、检阅车、起重机车、混凝土搅拌车、公安消防车、救护车等,如图1-1-7所示。

图 1-1-7　专用汽车

⑦半挂车。由半挂牵引车牵引、其部分质量由牵引车承受的挂车,如图1-1-8所示。

图 1-1-8　半挂车

2.国际上对汽车的分类

各个国家都自行制订了一系列的汽车标准。但是,各国之间,汽车标准却不尽相同。而汽车又是一种国际性产品,不仅日本的汽车要卖到美国去,而且法国的汽车要开到德国来。各国汽车标准的差异,就会造成国际贸易和国际交往的障碍。因此,国际间汽车标准的协调和统一,就成为十分必要的事情。

国际标准化组织(ISO)专门设立了第 22 委员会,负责制订世界性的国际汽车标准。各成员国制订的汽车标准,原则上不能与国际汽车标准发生冲突。中国是国际标准化组织的成员国,因此,我国的汽车标准也应向国际标准接轨。世界各国对汽车的分类不尽相同,大致上可分为轿车、客车、商用车、特种车、全挂牵引车、半挂牵引车几类。

1.1.3　车辆识别代号

车辆识别代号(Vehicle Identification Numbers,VIN),也称 17 位编码,是国际上通行的标识机动车辆的代码,是制造厂给每一辆车指定的一组字码,可谓一车一码,就如人的身份证一样,具有在世界范围内对一辆车的唯一识别性。当每一辆新出厂的车被刻上 VIN 代号后,此代号将伴随着车辆的注册、保险、年检、维修与保养,直至回收或报废而载人每辆车的服役档案。利用 VIN 代号可方便地查找车辆的制造者、销售者及使用者。

车辆识别代号 VIN 位于易于看到并且能够防止磨损或替换的部位。所选择的部位一般在仪表与前风挡左下角的交界处、发动机前横梁上、左前门边或立柱上、驾驶员左腿前方或前排左座椅下方等处,如图 1-1-9 所示。

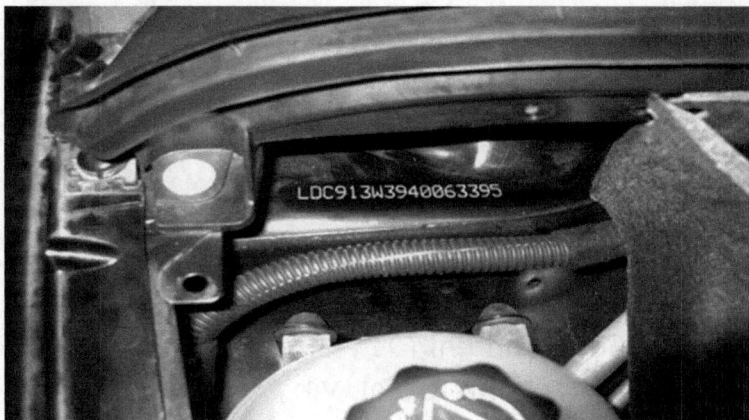

图 1-1-9　车辆识别代号 VIN 的位置

为了与国际标准靠拢,我国颁布了国家标准 GB 16735－2004《道路车辆车辆识别代号(VIN)》。此标准为我国汽车生产的强制性标准,在每一辆出厂的汽车上必须标有 VIN代号。

车辆识别代号 VIN 由三部分组成,如图 1-1-10 所示。

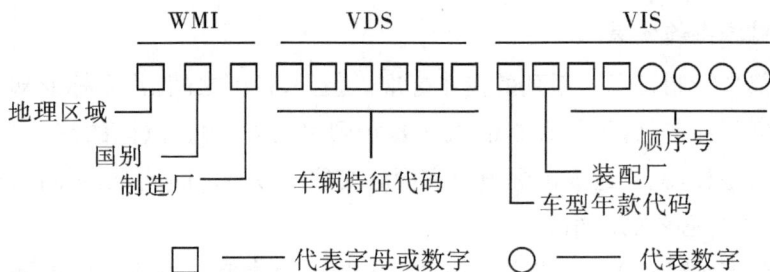

图 1-1-10 车辆识别代号 VIN 的组成

(1)第一部分 世界制造厂识别代码(WMI),它具有世界车辆制造厂的唯一性。WMI 共有 3 位字码,是由制造厂以外的组织预先指定的,用来代表生产国、厂家、车辆类别。如 LFV 为中国一汽大众、LFW 为中国第一汽车集团公司、WDB 为德国奔驰、WBA 为德国宝马、KMH 为韩国现代等。其中,第一位字码代表生产国,为国际汽车厂通用。如 1 为美国、2 为加拿大、3 为墨西哥、J 为日本、L 为中国、Z 为意大利等。ISO 组织授权美国汽车工程师学会 SAE 作为其国际代理,负责为世界各国指定地区代码及国别代码,负责 WMI 的保存与核对。我国机械局汽车行业管理处获得授权负责中国境内(包括中国内地和港、澳、台地区)的车辆识别代号的统一管理,负责 WMI 代号的分配。

(2)第二部分 为车辆特征代码(VDS),由 6 位字码组成,如果制造厂所用字码不足 6 位,则应在剩余位置填入制造厂选定的字母或数字,以表现车辆的一般特征。其代码及顺序由制造厂决定。

(3)第三部分 为车辆指示部分(VIS),是 VIN 的最后部分,由 8 位字码组成。一般情况下,VIS 部分的第 1 位字码指示年份(也有一部分汽车制造厂的车辆指示部分的第 1 位字码并不指示年份,如奔驰(欧款)、宝马(欧款)、雪铁龙、菲亚特、福特在欧洲及亚洲生产的汽车等);第 2 位字码指示生产厂址;后 6 位指示生产序号。

例如,某辆凌志(LEXUS)轿车的 VIN 识别代号为 JT8 BD10UB Y0015678。

其含义如下。

第 1 位:生产国别代码(J 为日本)。

第 2 位:生产厂家代码(T 为丰田汽车公司)。

第 3 位:汽车类别代码(8 为乘用车)。

第 4 位:车身类型代码(B 为四门乘用车)。

第 5 位:发动机型号代码(D 为 2JZGE 3.0L V6)。

第 6 位:汽车系列类型代码(1 为 RX300)。

第 7 位:安全防护系统代码(0 为双前部和侧向安全气囊)。

第 8 位:汽车型号代码(U 为 RX300)。

第 9 位:检验代码(制造厂家内部编码)。

第 10 位:生产年份代码(Y 为 2000),如表 1-1-1 所示。

第 11 位:总装工厂代码(0 为日本)。

第12～17位：出厂顺序代码。

随着车型年款的不同和汽车发往国家的不同(各国政府对 VIN 有不同规定)，VIN 规定会有所不同。有的按公司各分部进行规定(美国 GM)；有的直接按系列车型或车名进行规定(如日本凌志汽车)。在实用中，一般要有两种 VIN 规定才可验证出一辆车的型号和车型参数，因此，大量积累这方面的资料具有重要的意义，随着年款的变化，今后还会陆续出现各种 VIN 规定。

表 1-1-1　汽车生产年份对照表

年份	代码	年份	代码	年份	代码	年份	代码
2000	Y	2005	5	2010	A	2015	F
2001	1	2006	6	2011	B	2016	G
2002	2	2007	7	2012	C	2017	H
2003	3	2008	8	2013	D	2018	J
2004	4	2009	9	2014	E	2019	K

1.2 汽车的总体构造

汽车的组成如下：

汽车通常由发动机、底盘、车身和电气设备等部分组成。如图 1-2-1 所示为典型轿车的总体构造，如图 1-2-2 为汽车总成及零部件。

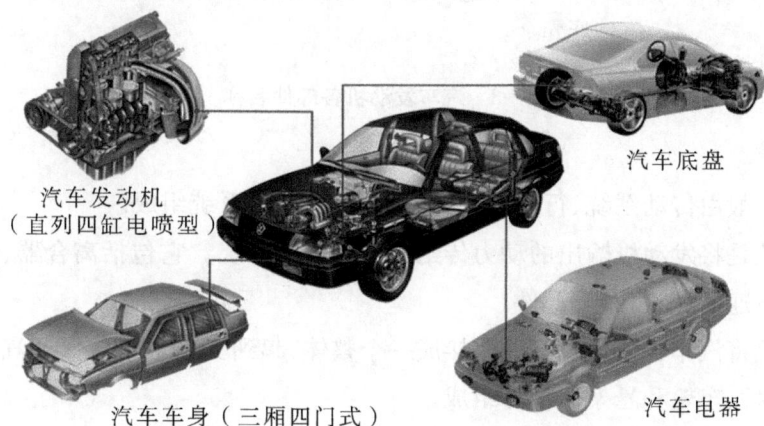

汽车发动机
（直列四缸电喷型）

汽车底盘

汽车车身（三厢四门式）

汽车电器

图 1-2-1　轿车的总体构造

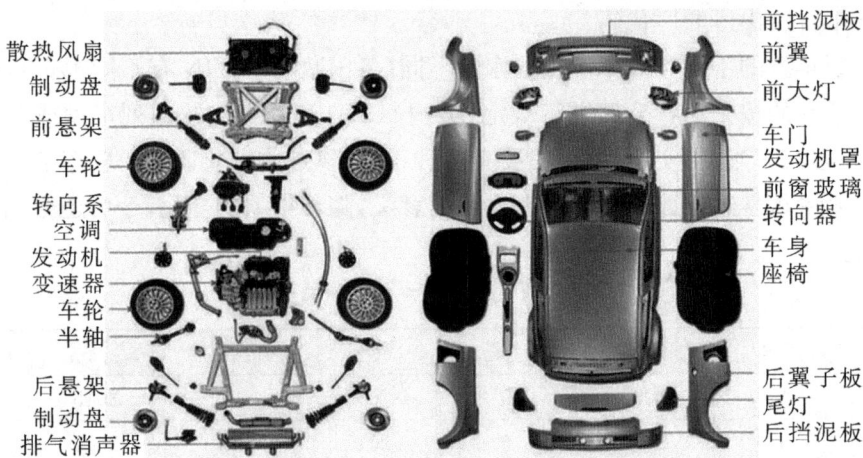

图 1-2-2　汽车总成及零部件

1. 汽车发动机

　　发动机是汽车的动力装置。它的作用是使供入其中的燃料燃烧而发出动力。一般汽车都采用往复活塞式内燃机。它由曲柄连杆机构、配气机构、燃料供给系、冷却系、润滑系、点火系(汽油发动机)和起动系等几部分组成,简称两大机构五大系统。如图 1-2-3 所示。

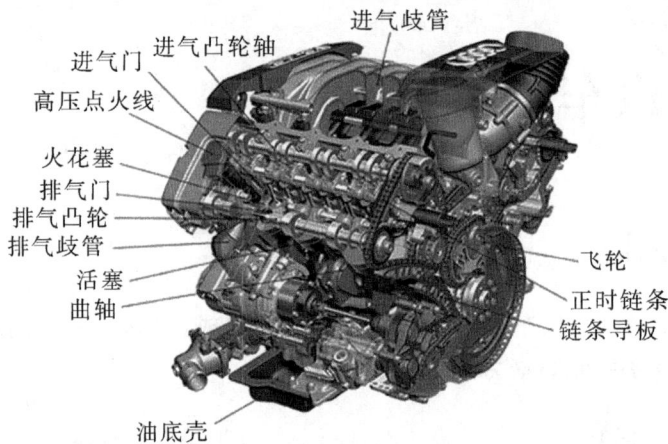

图 1-2-3　汽车发动机各部件名称

2. 汽车底盘

　　汽车底盘一般由传动系统、行驶系统、转向系统和制动系统组成。

　　①传动系统是将发动机输出的动力传给驱动车轮的系统。它包括离合器、变速器、传动轴、驱动桥、主减速器、差速器等部件。

　　②行驶系统将汽车各总成及部件连接成一个整体、起到支承全车并保证汽车正常行驶,一般由车架、车桥、车轮和悬架四部分组成。

　　③转向系统用来控制汽车的行驶方向,保证汽车能按照驾驶员所选定的方向行驶,通过

转向机构改变转向轮(前轮)的偏转角来实现。一般由转向操纵机构、转向器、转向传动机构等组成。

④制动系统使行驶的汽车减速或停车,下坡时稳定车速,并保证汽车能在平地或坡道上可靠地驻车,一般由供能装置、控制装置、传动装置和制动器等部分组成,如图 1-2-4 所示。

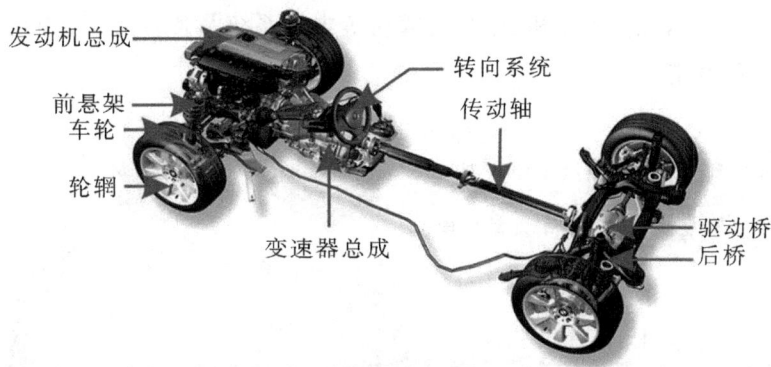

图 1-2-4　汽车底盘及其四大系统

3.汽车车身

车身是形成驾驶员和乘客乘坐空间的装置,也是存放行李等物品的工具。要求它既要为驾驶员提供方便的操作条件,又要为乘客提供舒适的环境;既要保护全体乘员的安全,又要保证货物完好无损,也就是说,车身既是保安部件又是承载部件。在现代汽车中,它又是技术与艺术有机结合的艺术品。轿车车身由本体、内外装饰和车身附件等组成,如图1-2-5所示。

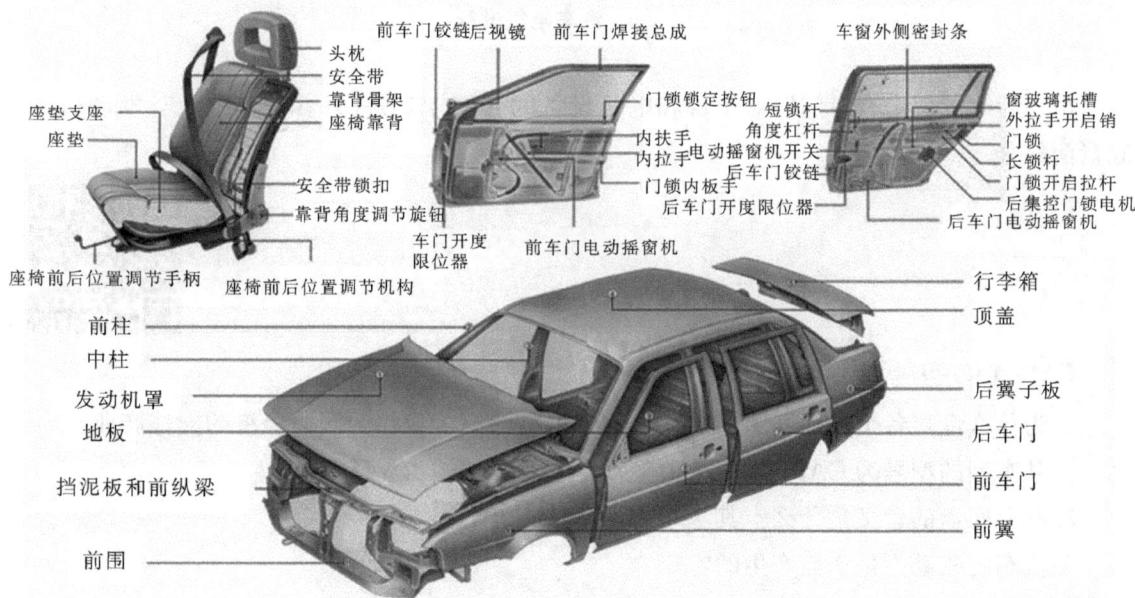

图 1-2-5　汽车车身结构

4.汽车电气设备

电气设备是汽车的重要组成部分。由电源和用电设备两大部分组成,电源包括蓄电池和发电机。用电设备由发动机点火系(汽油机)、起动系、照明和信号装置、空调、仪表和报警系统、电控系统以及辅助电器等组成,如图 1-2-6 所示。对于高级轿车,更多地采用了现代新技术,尤其是电子技术,如微处理机、中央计算机等电控系统及各种人工智能装置等,从而显著地提高了汽车的性能。

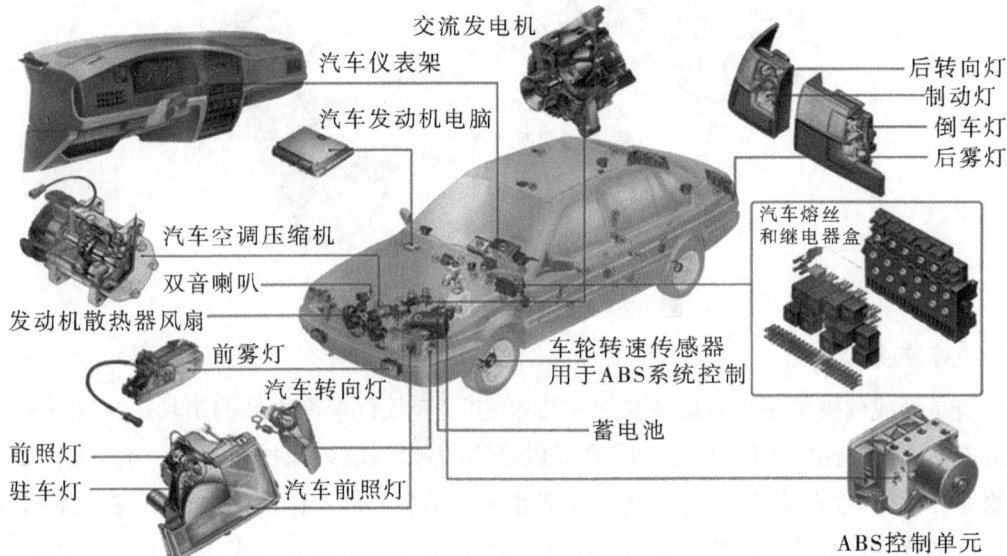

图 1-2-6　汽车电气设备

由于后续课程中有专门针对车身和电气设备的介绍,本书将只着重介绍汽车发动机和底盘两部分。

思考与练习

1.为什么世界各个发达国家几乎无一例外地把汽车工业作为国民经济的支柱产业?

2.某车型的型号为 CA6440,试解释这个编号的全部含义。

3.汽车底盘的含义是什么?其基本作用是什么?

4.汽车的驱动力是如何产生的?

项目2 发动机基本知识

2.1 发动机的分类

发动机的概念源于英语,它的本义是指"产生动力的机械装置",是一种能够把其他形式的能转化为机械能的机器。包括内燃机(汽油发动机等)、外燃机(斯特林发动机、蒸汽机等)、电动机等。

汽车发动机是汽车的动力源,被喻为汽车的心脏,为汽车的行驶提供动力,关系着汽车的三大性能——动力性、经济性、环保性。

将液体燃料或气体燃料和空气混合后直接输入机器内部燃烧而产生热能,热能再转变为机械能,这样的机器又称内燃机,如图2-1-1所示。

图 2-1-1 内燃发动机

汽车发动机种类繁多,可按照不同特征加以分类,常见的有以下八类。

1.按活塞的运动方式分类

根据发动机将热能转化为机械能的主要构件运动形式的不同,可分为往复活塞式,如图2-1-2 和转子活塞式,如图2-1-3 两种。前者活塞在气缸内作往复直线运动,后者活塞在气缸内作旋转运动。

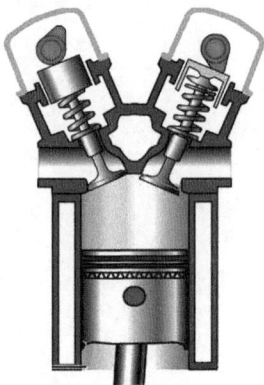

图 2-1-2　往复活塞式发动机

图 2-1-3　转子活塞式发动机

2.按所用燃料分类

根据所用燃料不同,常见发动机可分为汽油发动机,简称汽油机和柴油发动机,简称柴油机。如图2-1-4 和图2-1-5 所示。使用汽油为燃料的内燃机称为汽油机,使用柴油为燃料的内燃机称为柴油机。

汽油机与柴油机比较各有特点:汽油机转速高、质量小、噪音小,起动容易,制造成本低。柴油机压缩比大,热效率高,经济性能和排放性能都比汽油机好。

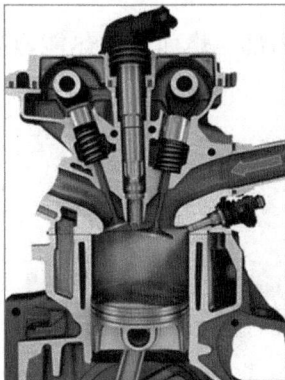

图 2-1-4　汽油机

图 2-1-5　柴油机

3.按点火方式分类

根据点火方式不同,发动机分为点燃式和压燃式两种。点燃式发动机利用电火花使可燃混合气着火,如汽油机,如图 2-1-6 所示。压燃式发动机是通过喷油泵和喷油器,将燃油直接喷入气缸,与气缸内经压缩升温后的空气混合,使之在高温下自燃,如柴油机,如图 2-1-7 所示。

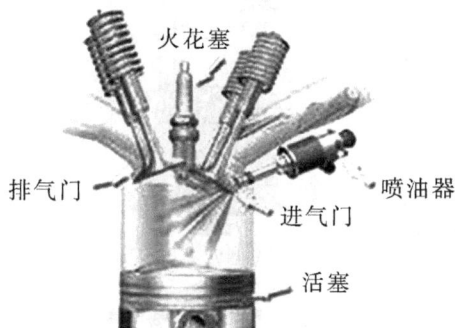

图 2-1-6　汽油机

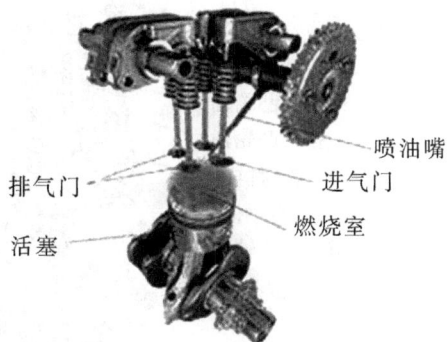

图 2-1-7　柴油机

4. 按行程数分类

内燃机按照完成一个工作循环活塞所需的行程数可分为四行程内燃机和二行程内燃机。

活塞从上止点运行到下止点或从下止点运行到上止点称为一个行程。把曲轴转两圈(720°),活塞在气缸内上下往复运动四个行程,完成一个工作循环的内燃机称为四行程内燃机。

而把曲轴转一圈(360°),活塞在气缸内上下往复运动两个行程,完成一个工作循环的内燃机称为二行程内燃机。

汽车发动机广泛使用四行程内燃机。

5. 按气缸排列方式分类

分为直列式、V 型、W 型和水平对置式发动机,如图 2-1-8 所示。

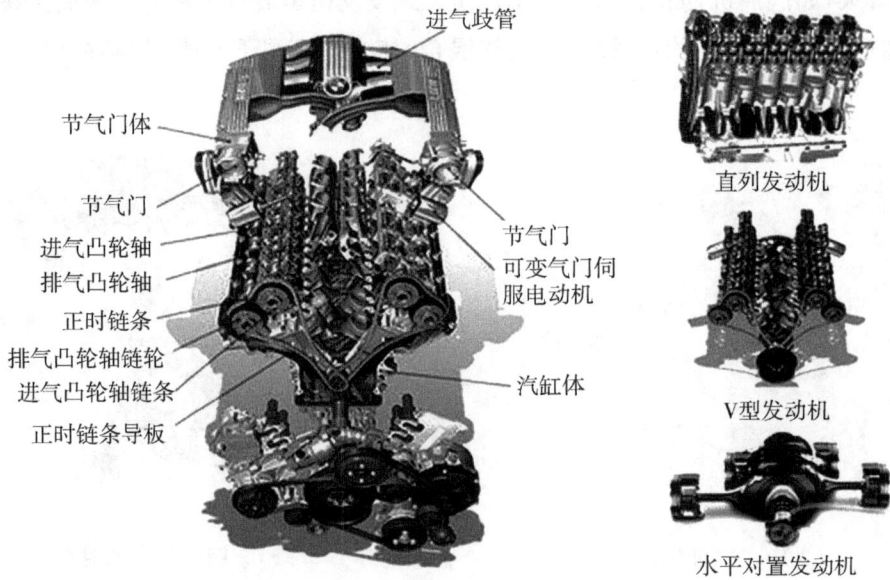

进气歧管

节气门体

节气门

进气凸轮轴

排气凸轮轴

正时链条

排气凸轮轴链轮

进气凸轮轴链条

正时链条导板

节气门
可变气门伺
服电动机

汽缸体

直列发动机

V型发动机

水平对置发动机

图 2-1-8　按气缸排列方式分类的发动机类型

6.按冷却方式分类

分为风冷式(图 2-1-9)和水冷式发动机(图 2-1-10)。

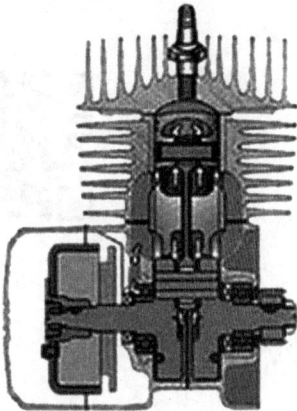

图 2-1-9　风冷式发动机

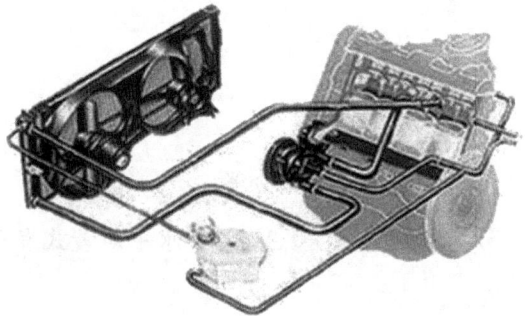

图 2-1-10　水冷式发动机

7.按气门数分类

分为二气门(图 2-1-11)和多气门发动机(图 2-1-12)。

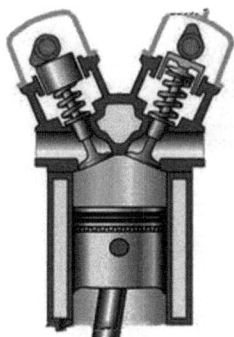

图 2-1-11   二气门发动机

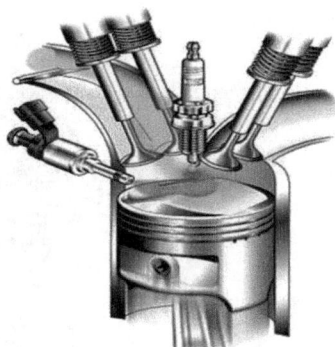

图 2-1-12   多气门发动机

8. 按进气方式分类

分为自然吸气(图 2-1-13)和增压进气发动机(图 2-1-14)。

图 2-1-13   自然吸气

图 2-1-14   涡轮增压

2.2 / 发动机基本术语

在介绍发动机术语之前,让我们先认识一下气缸、活塞等零件,如图 2-2-1 所示。

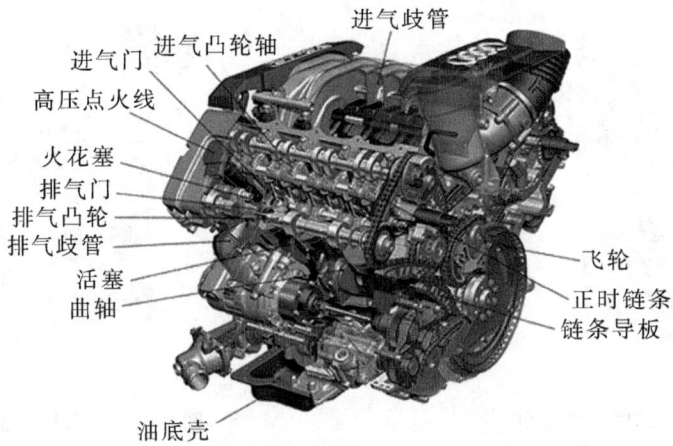

图 2-2-1 汽车发动机零件图

（1）上止点 活塞顶离曲轴中心最大距离时的位置称为上止点（TDC）。

（2）下止点 活塞顶离曲轴中心最小距离时的位置称为下止点（BDC）。如图 2-2-2 所示。

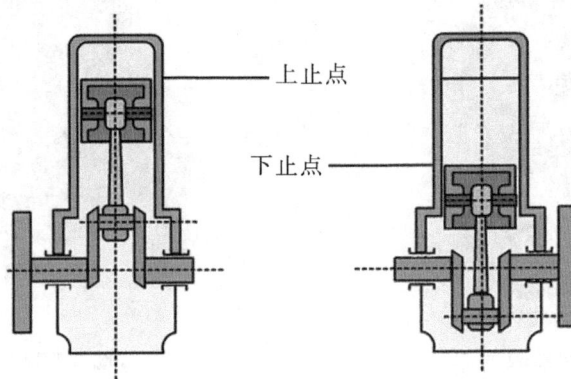

图 2-2-2 发动机上下止点

（3）活塞行程 活塞运行在上下两个止点间的距离称为活塞行程，一般用 S 表示。它等于连杆轴颈旋转直径长度。如图 2-2-3 所示。

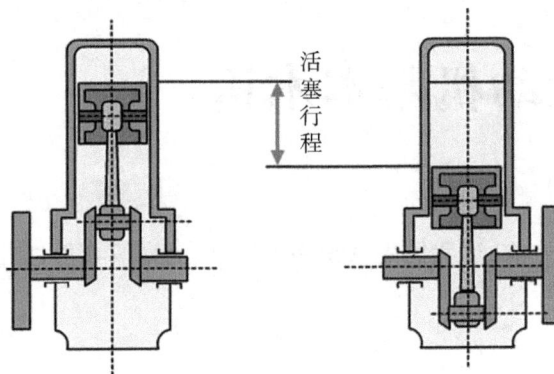

图 2-2-3 发动机的活塞行程

（4）曲柄半径   曲轴旋转中心到连杆轴颈中心之间的距离称为曲柄半径，一般用 R 表示。

（5）工作容积   上、下止点间所包容的气缸容积称为气缸工作容积，一般用 V_H 表示，如图 2-2-4 所示。

习惯上将工作容积用升（L）表示。（$1L=1dm^3=10^3 cm^3=10^6 mm^3$）

$$V_H=\frac{\pi}{4} \cdot D^2 \cdot S \times 10^{-6}(L)$$

式中，D——气缸直径，mm；

　　　　S——活塞行程，mm。

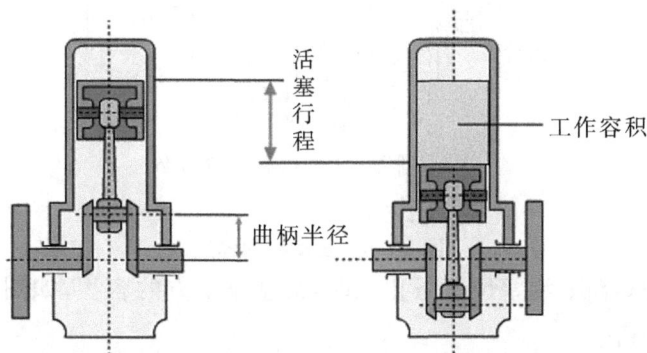

图 2-2-4   发动机的气缸工作容积

（6）燃烧室容积   活塞位于上止点时，活塞顶上方与汽缸盖间的空间，一般用 V_C 表示，如图 2-2-5 所示。

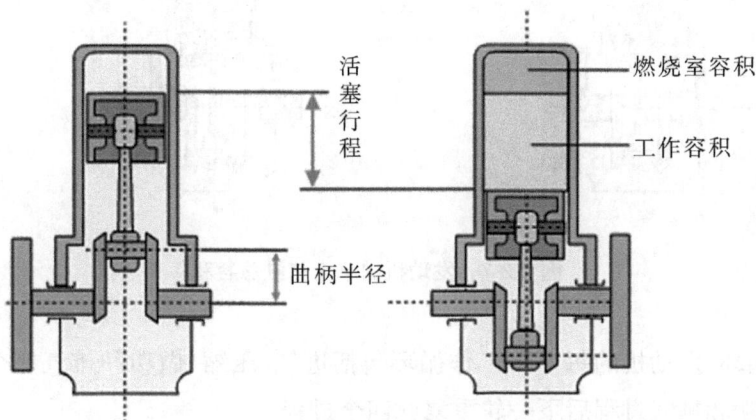

图 2-2-5   发动机的气缸燃烧室容积

（7）发动机排量   多缸发动机各气缸工作容积之和，叫发动机排量，如图 2-2-6 所示，一般用 V_L 表示：

$$V_L=V_H\times i$$

式中，i——气缸数目。

通常讲某车的排量 1.8 升,指的就是 V_L。

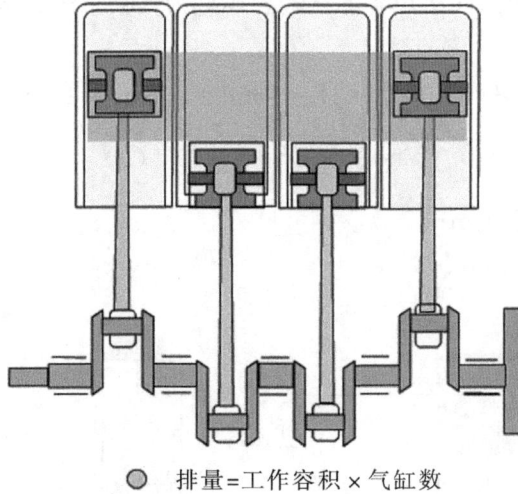

● 排量=工作容积×气缸数

图 2-2-6   发动机的排量

(8)单个气缸总容积 活塞位于下止点时,活塞顶上方的容积,如图 2-2-7 所示,一般用 V_a 表示,$V_a = V_H + V_C$。

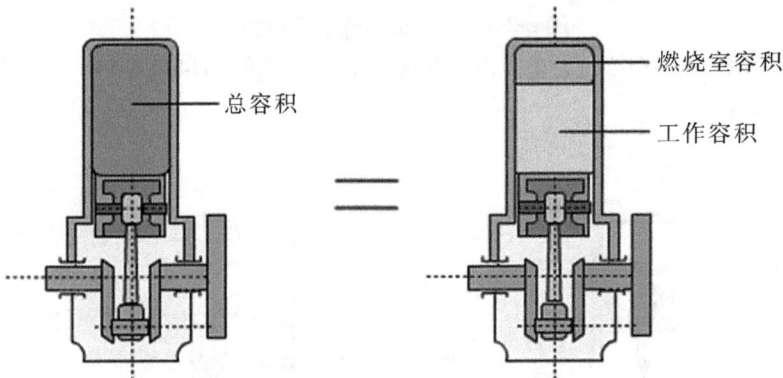

总容积

燃烧室容积

工作容积

图 2-2-7   发动机的单个气缸总容积

(9)工作循环 发动机的每一个工作循环包括进气、压缩、做功和排气四个过程,即完成进气、压缩、做功和排气过程后下一轮重复此四个过程。

(10)压缩比 气缸总容积与燃烧室容积之比值,用压缩比 ε 表示,如图 2-2-8 所示。压缩比表示对进入气缸内气体的压缩程度,它是发动机的一个重要参数。在一定范围内适当提高压缩比,可以改善发动机的经济性和动力性。

汽油发动机的压缩比 εε 一般为 6～10,柴油发动机的压缩比 ε 一般为 16～22。

(11)工况 内燃机在某一时刻的运行状况简称工况,以该时刻内燃机输出的有效功率和

$$压缩比 = \frac{总容积}{燃烧室容积} = \frac{燃烧室容积 + 工作容积}{燃烧室容积} = 1 + \frac{工作容积}{燃烧室容积}$$

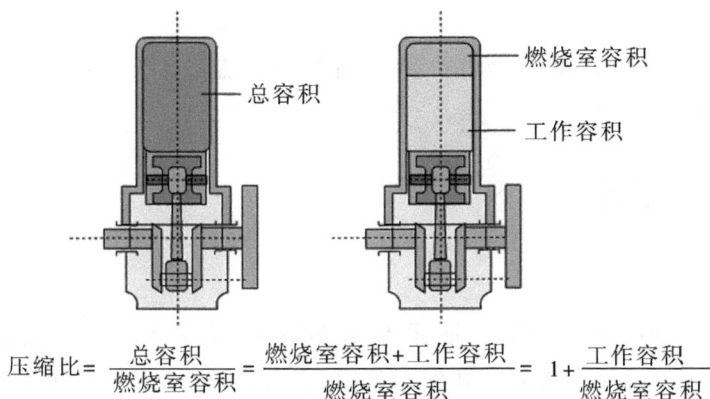

图 2-2-8　发动机的压缩比

曲轴转速表示。曲轴转速即为发动机转速。

(12)负荷率　内燃机在某一转速下发出的有效功率与相同转速下所能发出的最大有效功率的比值称为负荷率,以百分数表示。负荷率通常简称负荷。

2.3
发动机的总体构造

发动机是一部由许多机构和系统组成的复杂机器,其结构形式很多。由于发动机的基本原理相似,故基本构造也大同小异。

传统汽油机通常由两大机构、五大系组成,而柴油机由两大机构、四大系组成。

两大机构是指曲柄连杆机构和配气机构,五大系是指燃料供给系、冷却系、润滑系、点火系(柴油机无此系)和起动系。

2.3.1　两大机构

1.曲柄连杆机构

曲柄连杆机构包括机体组、活塞连杆组、曲轴飞轮组。该机构是发动机借以产生动力,并将活塞的直线往复运动转变为曲轴的旋转运动而输出动力的机构。

2.配气机构

配气机构包括气门组和气门传动组。其作用是使可燃混合气及时进入气缸,并在燃烧后及时将废气从气缸中排出。

2.3.2 五大系统

1.燃料供给系

汽油机的燃料供给系由汽油箱、汽油滤清器、汽油泵、喷油器、供油管(燃油喷射式发动机)、空气滤清器和进气歧管等组成。其作用是向气缸内供给已配好的可燃混合气(缸内喷射式发动机吸入的空气),并控制进入气缸内的可燃混合气的数量,以调节发动机的输出功率和转速,最后将燃烧后的废气排出气缸。

2.冷却系

冷却系有水冷和风冷两种,现代汽车一般都采用水冷式。由水泵、散热器、风扇、节温器、水套等组成。其作用是利用冷却水冷却高温零件,并通过散热器将热量散发到大气中去,从而保证发动机在最适宜的温度范围内工作。

3.润滑系

润滑系由机油泵、集滤器、滤清器、油道、油底壳、调压阀和安全阀等组成。其作用是将润滑油分送至各个摩擦零件的摩擦面,以减小摩擦力,减缓机件磨损,并清洗、冷却摩擦表面,从而延长发动机使用寿命。

4.点火系

汽油机传统点火系包括电源(蓄电池和发电机)、分电器、点火线圈和火花塞等。其作用是按一定时刻向气缸内提供电火花,以点燃缸内的可燃混合气。

5.起动系

由起动机及附属设备组成。其作用是带动飞轮旋转以获得必要的动能和起动转速,使静止的发动机起动并转入自行运转状态。

2.4
四行程发动机的工作原理

汽油机是将汽油和空气混合后的可燃混合气吸入发动机气缸内,用电火花强制点燃使其燃烧,产生热能而膨胀做功的。

柴油机是利用喷油泵使柴油在高压下由喷油器直接喷入发动机气缸内,并与气缸内已经被压缩的高温空气混合形成混合气,自燃后产生热能而膨胀做功。

2.4.1 四行程汽油机的工作原理

四行程汽油发动机每完成一个工作循环需要经过进气、压缩、膨胀(做功)和排气 4 个过程。对应活塞上下 4 个行程,相应的曲轴旋转 720°(两圈),如图 2-4-1 所示。

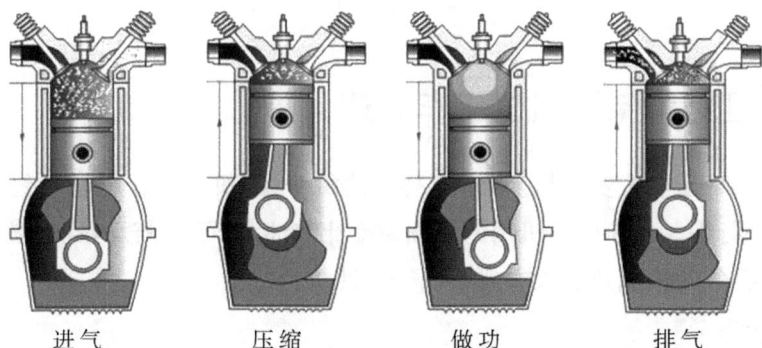

进气   压缩   做功   排气

图 2-4-1 四行程汽油机的工作原理

1. 进气行程

活塞在曲轴的带动下由上止点移至下止点。此时进气门开启,排气门关闭,曲轴同时转动 180°。在活塞移动过程中,气缸容积逐渐增大,气缸内气体压力逐渐降低,气缸内形成一定的真空度,空气和汽油的混合气通过进气门被吸入气缸,并在气缸内进一步混合形成可燃混合气。由于进气系统存在阻力,进气终点气缸内气体压力小于大气压力。进入气缸内的可燃混合气的温度,由于进气管、气缸壁、活塞顶、气门和燃烧室壁等高温零件的加热以及与残余废气的混合而升高到 340~400 K(K 是开氏温度,0 ℃=273.15 K)。

2. 压缩行程

压缩行程时,进、排气门同时关闭。活塞从下止点向上止点运动,曲轴同时转动 180°。活塞上移时,工作容积逐渐缩小,缸内混合气受压缩后压力和温度不断升高,到达压缩终点时,其压力可达 800~2000 kPa,温度达 600~750K(1 标准大气压=101.325 kPa)。

3. 做功行程

当活塞接近上止点时,由火花塞点燃可燃混合气,混合气燃烧释放出大量的热能,使气缸内气体的压力和温度迅速升高。燃烧最高压力达 3000~6000kPa,温度达 2200~2800K。高温高压的燃气推动活塞从上止点向下止点运动,并通过曲柄连杆机构对外输出机械能。随着活塞下移,气缸容积增加,气体压力和温度逐渐下降,其压力降至 300~500kPa,温度降至 1200~1500K。在做功行程,进气门、排气门均关闭,曲轴同时转动 180°。

4. 排气行程

排气行程时,排气门开启,进气门仍然关闭,活塞从下止点向上止点运动,曲轴同时转动180°。排气门开启时,燃烧后的废气一方面在气缸内外压差作用下向缸外排出,另一方面通过活塞的排挤作用向缸外排气。由于排气系统的阻力作用,排气终点的压力稍高于大气压力。排气终点温度约 900~1100 K。活塞运动到上止点时,燃烧室中仍留有一定容积的废气无法排出,这部分废气叫残余废气。

2.4.2 四行程柴油机的工作原理

四行程柴油机(压燃式发动机)和四行程汽油机一样,每个工作循环也经历进气、压缩、做功和排气 4 个行程。由于柴油机用的柴油黏度比汽油大,不易蒸发,且自燃温度又较汽油低,因此可燃混合气的形成及着火方式不同于汽油机。

1. 进气行程

进入气缸的工质(参与工作的物质)是纯空气。由于柴油机进气系统阻力较小,进气终点压力 $Pa=(0.85\sim0.95)$ MPa(1MPa $=1000$ kPa),比汽油机高。进气终点温度 $Ta=300\sim340$ K,比汽油机低。

2. 压缩行程

由于压缩的工质是纯空气,因此柴油机的压缩比比汽油机高(一般为 $=16\sim22$)。压缩终点的压力为 3000~5000 kPa,压缩终点的温度为 750~1000 K,大大超过柴油的自燃温度(约 520 K)。

3. 做功行程

当压缩行程接近终了时,在高压油泵作用下,将柴油以 100 MPa 左右的高压通过喷油器喷入气缸燃烧室中,在很短的时间内与空气混合后立即自行发火燃烧。气缸内气体的压力急速上升,最高达 5000~9000 kPa,最高温度达 1800~2000 K。由于柴油机是靠压缩自行着火燃烧,故称柴油机为压燃式发动机。

4. 排气行程

柴油机的排气与汽油机基本相同,只是排气温度比汽油机低。

▶ 思考与练习

1. 汽车发动机有哪些类型?

2. 四行程往复式内燃机通常由哪些机构与系统组成?它们各有什么功用?

3. 四行程汽油机和四行程柴油机在基本工作原理上有何异同？

4. 柴油机与汽油机在可燃混合气形成方式和点火方式上有何不同？它们所用的压缩比为何不一样？

5. CA488 型四行程汽油机有四个气缸，气缸直径 87.5 mm，活塞行程 92 mm，压缩比为 8.1，试计算其气缸工作容积、燃烧室容积和发动机排量。

项目3 曲柄连杆机构

3.1 / 曲柄连杆机构的功用与组成

3.1.1 曲柄连杆机构的功用

曲柄连杆机构是往复活塞式内燃机将热能转变为机械能的主要机构。其功用是把燃气作用在活塞顶面上的压力转变为曲轴的转矩,向工作机械输出机械能。

3.1.2 曲柄连杆机构的组成

曲柄连杆机构的组成如图 3-1-1。曲柄连杆机构由机体组、活塞连杆组和曲轴飞轮组三部分组成。

图 3-1-1 曲柄连杆机构的组成

①机体组。主要包括气缸体、气缸盖、气缸套、气缸垫、油底壳等机件。

②活塞连杆组。主要包括活塞、活塞环、活塞销和连杆等机件。

③曲轴飞轮组。主要包括曲轴、飞轮、扭转减振器等机件。

3.2 / 机体组

机体组是发动机的骨架,是曲柄连杆机构、配气机构和发动机各系统主要零部件的装配基体。气缸盖用来封闭气缸顶部,并与活塞顶和气缸壁一起形成燃烧室。另外,气缸盖和机体内的水套、油道以及油底壳又分别是冷却系统和润滑系统的组成部分。

发动机机体组主要由气缸盖罩、气缸盖、气缸垫、气缸体及油底壳等组成。镶气缸套的发动机还包括干式或湿式气缸套。

3.2.1　气缸体

1. 气缸体的工作条件及要求

气缸体与曲轴箱是连铸体。绝大多数水冷发动机的气缸体与曲轴箱连铸在一起,而且多缸发动机的各个气缸也合铸成一个整体,如图 3-2-1 所示。

图 3-2-1　气缸体

在发动机工作时,气缸体承受拉、压、弯、扭等不同形式的机械负荷,同时还承受很大的热负荷。因此,气缸体应具有足够的强度和刚度,且耐磨损和耐腐蚀。为减轻整机的重量,应力求结构紧凑、质量轻,以减少整机的尺寸和质量。

2. 气缸体材料

气缸体一般用高强度灰铸铁或铝合金铸造。最近,在轿车发动机上采用铝合金气缸体的越来越普遍。如奥迪 A8 发动机,与铸铁气缸体相比,铝合金气缸体有下列优点。

①全铝气缸体与铝活塞的热膨胀系数相同,因此,活塞与气缸的间隙可以控制到最小,从而可以降低噪声和机油消耗量。

②铝合金的导热性好,因此采用全铝气缸体可以提高压缩比,有利于提高发动机的功率。

③铝合金气缸体质量轻,有利于前置发动机前轮驱动的轿车的前后轮载荷的合理分配。

④由于铝合金气缸体散热性好,可以减少冷却液容量,减小散热器尺寸,所以可以使整个发动机轻量化。

铝合金气缸体的缺点是成本高。

3. 气缸体构造

气缸体是结构极为复杂的箱形零件,其大部分壁厚均为铸造工艺许用的最小壁厚。在气缸体侧壁和前后壁的内外表面以及缸间的横隔板上均有加强肋,旨在减小气缸体质量的同时,保证气缸体有足够的强度和刚度。在气缸体的前后壁和缸间横隔板上铸有支承曲轴的主轴承座或主轴承座孔以及满足润滑需要的纵、横油道。在水冷发动机气缸的外壁铸有冷却水套和布水室,以增强散热。

3.2.2　气缸盖和气缸垫

1. 气缸盖

气缸盖是配气机构的安装基体,也是气缸的密封盖,与气缸及活塞顶部组成燃烧室。气缸盖与高温高压燃气直接接触,承受气体压力和气缸盖螺栓的预紧力,具有较大的热负荷和机械负荷。为了保证气缸的密封性,气缸盖应具有足够的强度、刚度和散热特性,确保不会产生损坏和较大变形,如图 3-2-2 所示。

图 3-2-2　汽缸盖

现有车用汽油机气缸盖基本上都采用铝合金材料。部分柴油机上也有的采用铝合金材料,一般大功率柴油机气缸盖由灰铸铁或合金铸铁铸成。

如天津夏利、二汽富康、上海桑塔纳等轿车发动机均采用铝合金的气缸盖,以适应高速高负荷强化汽油机散热及提高压缩比的需要。气缸盖的下平面用于密封气缸和构成燃烧室,气缸盖的上部空间用于安装配气机构的凸轮轴。为防止凸轮溅起机油,在凸轮轴上面设机油反射罩。整个气缸盖上面装有气缸盖罩。

燃烧室的形状和大小对发动机工作影响很大,汽油机的燃烧室是当活塞位于上止点时,由活塞顶部及气缸盖上相应的凹部空间组成。常用汽油机燃烧室有以下几种(如图3-2-3)。

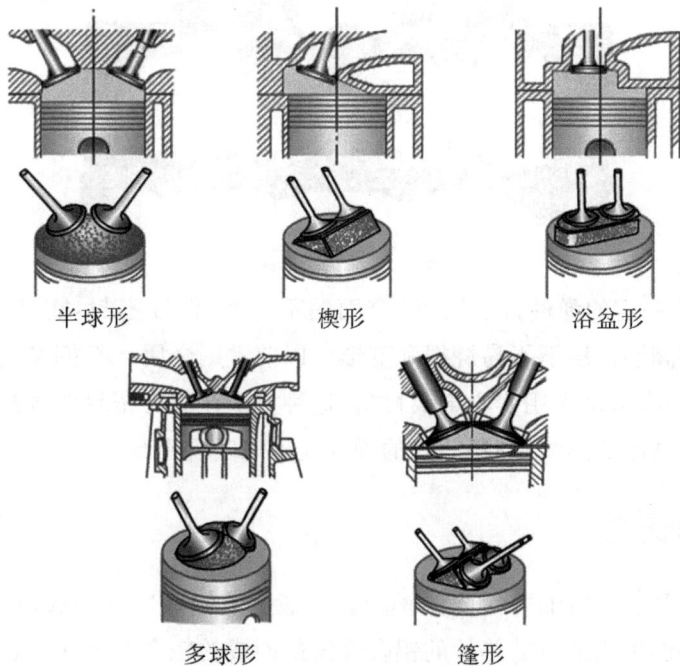

半球形　　　楔形　　　浴盆形

多球形　　　篷形

图 3-2-3　常见燃烧室形状

(1)楔形燃烧室　楔形燃烧室结构简单、紧凑,散热面积小,热损失也小,充气效率高,配气机构简单,但火花塞置于楔形燃烧室高处,火焰传播距离长。

(2)浴盆形燃烧室　浴盆形燃烧室结构也较紧凑、简单,气门与气缸轴线平行,进气弯道较大。燃烧速度快,热效率高,在压缩终了时能形成挤气涡流。一般用于每缸两气门发动机上,如东风 EQ6100-1、捷达 EA827、奥迪 100 等汽油机。

(3)半球形燃烧室　结构紧凑,火花塞布置在燃烧室中央,火焰行程短、燃烧速率高、散热少、热效率高。允许气门双行排列,进气口直径较大,充气效率较高。虽然配气机构较复杂,但有利于排气净化,在轿车发动机上广泛应用。

(4)多球形燃烧室　多球形燃烧室是由两个以上半球形凹坑组成的,其结构紧凑,面容比小,火焰传播距离较短,气门直径较大,且能产生挤气涡流。夏利 TJ376Q 型汽油机即此种燃烧室。

(5)篷形燃烧室 篷形燃烧室是近年来高性能多气门轿车发动机上广泛应用的燃烧室。特别是小气门夹角的浅篷形燃烧室得到了较大的发展。欧宝 V6、奔驰 320E、三菱 3G81、富士 EJ20 等发动机均为篷形燃烧室。其中 3 G81 型发动机为每缸五气门,其余均为四气门发动机。

2. 气缸垫

气缸垫装于气缸盖和气缸体之间,保证气缸盖与气缸体间的密封,防止发动机漏气、漏水或漏油,气缸垫上有冷却水和润滑油流通孔,如图 3-2-4 所示。

图 3-2-4 气缸垫

气缸垫需要有一定的弹性,能补偿结合面的不平度,保证密封,需具有较好的耐热、耐压和耐腐蚀性。在高温高压下不易烧损和变形。以前常用金属—石棉结构或金属—复合材料结构的气缸垫,现在大多采用实心金属衬垫,这种衬垫在需要密封的气缸孔和水孔还有油孔周围冲压出一定高度的凸纹,利用凸纹的弹性变形来实现密封。

3.2.3 油底壳

油底壳的作用是贮存机油并封闭曲轴箱。一般由薄钢板冲压而成,也有的发动机为达到良好的散热效果而采用带有散热片的铝合金铸造而成的轻金属油底壳。

为保证发动机纵向倾斜时机油泵仍能吸到机油,油底壳中部或后部做得较深。有时在油底壳中还设有挡油板,以减轻油面波动。底部装有磁性的放油螺栓,以吸附润滑油中的铁屑,减少发动机的磨损。油底壳的结构如图 3-2-5 所示。

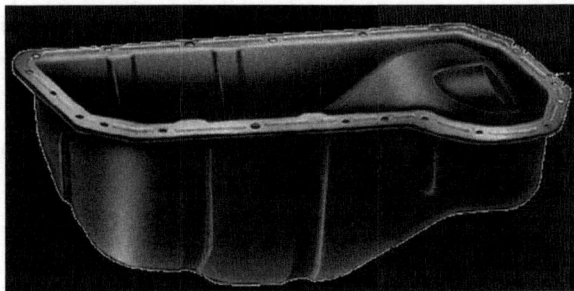

图 3-2-5 油底壳的结构

3.3

活塞连杆组

活塞连杆组主要由活塞、活塞环、活塞销、连杆等组成,如图 3-3-1 所示。

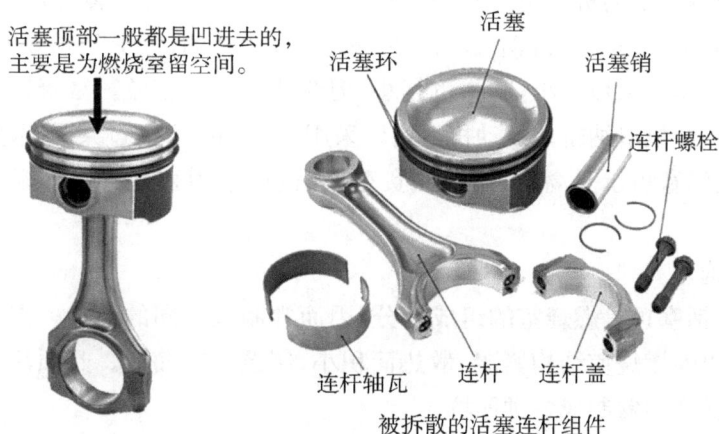

活塞顶部一般都是凹进去的,
主要是为燃烧室留空间。

活塞
活塞环
活塞销
连杆螺栓
连杆轴瓦　连杆　连杆盖
被拆散的活塞连杆组件

图 3-3-1　活塞连杆组

3.3.1　活塞

活塞是作为一个整体通过锻造或铸造成型后加工而成的,通常把活塞分为三个部分,即活塞顶、活塞头、活塞裙,如图 3-3-2 所示。

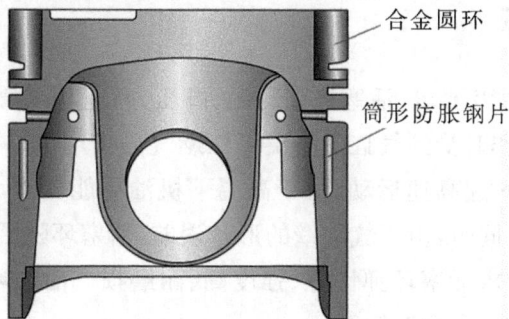

合金圆环
筒形防胀钢片

图 3-3-2　活塞

(1)活塞的工作条件及要求　活塞的主要作用是承受气缸中的燃烧压力,并将此力通过活塞销和连杆传给曲轴;此外,活塞还与气缸盖、气缸壁共同组成燃烧室。

由于活塞顶部直接与高温燃气接触,受周期性变化的气体压力和惯性力的作用,且散热及润滑条件差,因此对活塞提出如下要求。

①具有足够的强度和刚度,特别是活塞环槽区域要求有较大的强度,以免活塞环被击碎。

②具有较小的质量,以保持较小的惯性力。

③具有耐热的活塞顶及弹性的活塞裙。

④具有良好的导热性和极小的热膨胀性,以便有较小的安装间隙。

⑤活塞与气缸壁间有较小的摩擦因数。

(2)活塞的材料 发动机活塞最常用的材料是铝硅合金。除母体金属铝外,其合金成分的质量分数是:硅11%～14%,铜、镍、镁各1%,以及少量的(低于1%)铁、钛和锌。其中硅的成分越多,则热膨胀系数越小,磨损也越小,但制造工艺性较差。富康轿车的活塞材料为共晶硅铝合金,上海桑塔纳轿车发动机活塞则采用 Si—Cu—Mg 过共晶铝硅合金材料制造。车用柴油机因其活塞需承受高热、高机械负荷,故也有采用合金铸铁和耐热钢作为活塞材料的。

(3)活塞的构造

①活塞顶。活塞顶是燃烧室的组成部分,因而常制成不同的形状。汽油机活塞顶多采用平顶或凹顶,以使燃烧室结构紧凑,散热面积小,制造工艺简单。凸顶活塞常用于二行程汽油机,柴油机活塞顶常制成各种凹坑。

②活塞头。活塞顶至最下面一道活塞环槽之间的部分称为活塞头。其作用是承受气体压力、防止漏气、将热量通过活塞环传给气缸壁。活塞头切有若干环槽,用以安装活塞环。上面的2～3道槽用来安装气环,下面的一道用来安装油环。油环槽的底部钻有若干小孔,以使油环从气缸壁上刮下的多余润滑油经此流回油底壳。

③活塞裙。活塞环槽以下的所有部分称为活塞裙。其作用是引导活塞在气缸中做往复运动,并承受侧压力。

3.3.2 活塞环

(1) 活塞环工作条件及要求 活塞环在高温、高压、高速和润滑困难的条件下工作,特别是第一道环。活塞环工作时受到气缸中高温高压燃气的作用,第一道环温度可高达600 K,活塞环在气缸内随活塞一起高速运动,由于高温下机油可能变质,润滑条件差,难以保证良好的润滑,使磨损严重。同时,由于气缸壁的形状误差,活塞环随活塞往复运动时,受到交变应力而易折断。因此,要求活塞环弹性好、强度高、耐磨损。活塞环采用的材料有耐热不锈钢、优质碳素钢、球墨铸铁、合金铸铁等。

(2)活塞环的材料 活塞环的材料多采用合金铸铁或球墨铸铁。为改善活塞环的滑动性能和磨合性能,其表面应涂以保护层,如经磷酸盐处理或镀锌、镀钼。对于承受压力最大的第一道气环的工作表面常镀上多孔性铬。多孔性铬层硬度高,并能贮存少量的润滑油,从而可延长活塞环的使用寿命。其他各道活塞环大都采用镀锡或磷化处理,以改善其磨合性。

(3)活塞环的结构　活塞环是具有弹性的开口环,分为气环和油环,如图 3-3-3 所示。

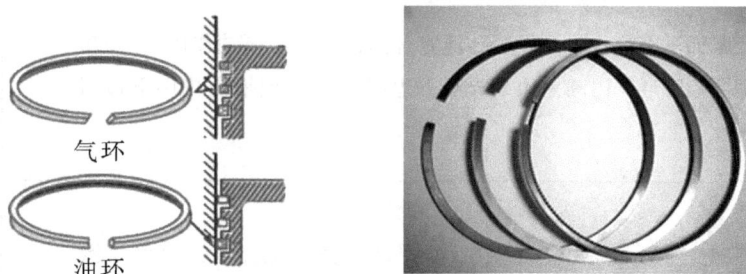

图 3-3-3　活塞环

①气环。气环在自由状态下外径大于气缸直径,用专用工具将它与活塞一起装入气缸后,外表面紧贴在气缸壁上,形成第一密封面,活塞环与环槽端面形成第二密封面,作用在环背的气体压力也大大加强了第一密封面的密封作用。气环密封效果一般与气环数量有关,漏气的唯一通道是活塞环的开口间隙,多道活塞环的开口相互错开,形成迷宫似的漏气通道,由于侧隙、径向间隙和端隙都比较小、流动阻力大,压力迅速下降,最后漏入曲轴箱的气体很少,如图 3-3-4 所示。

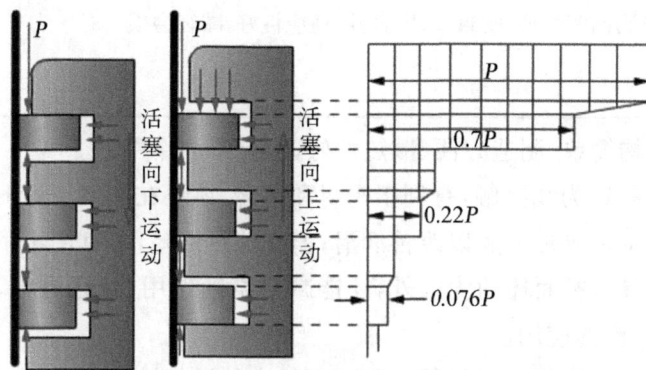

图 3-3-4　气环密封原理

气环的断面形状很多,常见的有以下几种,如表 3-3-1 所示。

表 3-3-1　各活塞环断面

形状	特点	示意图
矩形环	结构简单、制造方便、易于生产、应用面广;磨合性差,有"泵油作用"	

（续表）

形状	特点	示意图
扭曲环	断面不对称，受力不平衡，活塞环扭曲，消除"泵油作用"。做功行程同矩形环。内圆上边或外圆下边切掉为正扭曲环；内圆下边切掉为反扭曲环	
锥面环	减少了环与气缸壁的接触面，提高了表面接触压力，有利于磨合和密封。传热性差，不做第一道环。记号向上	
梯形环	抗黏结性好，经常用做柴油机第一道气环	
桶面环	外圆为凸圆弧形，密封性、磨合性、适应性好，减轻磨损	

（a）矩形环。结构简单、制造方便、散热性好；但有泵油作用。

（b）锥面环。与缸壁为线接触，有利于密封和磨合，该环在活塞下行时有刮油作用，上行时有布油作用，并可形成楔形油膜以改善润滑；但其传热性差，不宜用于第一道气环。

（c）扭曲环。除具有锥面环的优点外，还能减小泵油作用、减轻磨损、提高散热能力，目前在发动机上得到广泛的应用。

（d）梯形环。它的主要优点是能使沉积在环槽中的结焦被挤出，避免了活塞环被黏结在环槽中而折断，同时其密封作用强，使用寿命长；但上、下两面的精磨工艺较复杂。

（e）桶面环。上、下行都可形成楔形油膜而改善润滑，对活塞在气缸内摆动的适应性好，接触面积小，有利于密封，但凸圆弧表面的加工较困难。

②油环。无论活塞上行或下行，油环都能将气缸壁上多余的润滑油刮下来，经活塞上的回油孔流回油底壳。目前汽车发动机常用的油环有两种。

（a）普通油环。其断面与矩形气环相似。为增强刮油效果，提高对缸壁的压力，在其外圆上切有环形槽，槽底开有若干回油用的小孔或狭缝。

（b）组合油环。由上、下刮片和产生径向、轴向弹力作用的衬簧组成。其主要优点为刮油能力强，对缸套变形的适应性好，回油通路大。因此，组合油环的应用日益增多。如一汽奥迪100、天津夏利、广州标致等轿车发动机上均用组合油环，如图3-3-5所示。

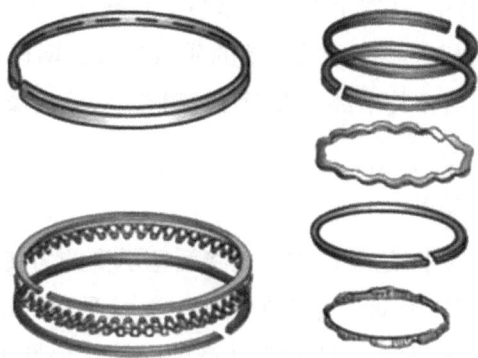

图 3-3-5　普通油环和组合油环

3.3.3　活塞销

（1）活塞销的工作条件及要求　活塞销用来连接活塞和连杆,并将活塞承受的力传给连杆或相反。活塞销在高温条件下承受很大的周期性冲击负荷,且由于活塞销在销孔内摆动角度不大,难以形成润滑油膜,因此润滑条件较差。为此活塞销必须有足够的刚度、强度和耐磨性,质量尽可能小,销与销孔应该有适当的配合间隙和良好的表面质量。在一般情况下,活塞销的刚度尤为重要,如果活塞销发生弯曲变形,可能使活塞销座损坏。

（2）活塞销的材料　活塞销的功用是连接活塞和连杆小头,将活塞所承受的气体压力传给连杆。活塞销在高温下,承受极大的周期性冲击载荷,润滑条件差。因此要求活塞销具有足够的强度、刚度和耐磨性,且质量要小。活塞销的造型为管状。

活塞销的材料一般为低合金渗碳钢（15 Cr3 或 16MnCr5）。对高负荷发动机则采用渗氮钢（34CrAl6 或 32AlCrMo4）。先经表面渗碳或渗氮以提高其表面硬度,并使心部具有一定的冲击韧性,然后进行精磨和研磨。

（3）活塞销的结构　活塞销的内孔有圆柱形、两段截锥与一段圆柱组合、两段截锥形等多种形状（如图3-3-6）。

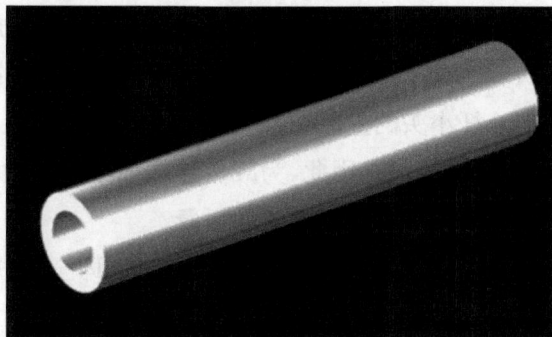

图 3-3-6　活塞销形状

活塞销的结构形状很简单,基本上是一个厚壁空心圆柱。其内孔形状有圆柱形、两段截锥形和组合形。圆柱形孔加工容易,但活塞销的质量较大。两段截锥形孔的活塞销质量较小,且因为活塞销所受的弯矩在其中部最大,所以接近于等强度梁,但锥孔加工较难。

3.3.4 连杆

(1)连杆的工作条件及要求 连杆的作用是将活塞承受的力传给曲轴,推动曲轴转动,变活塞的往复运动为曲轴的旋转运动。连杆在工作中要承受活塞销传来的气体压力、活塞连杆组往复运动的惯性力和连杆大头绕曲轴旋转产生的旋转惯性力的作用,且连杆本身又是一个较长的杆件,因此要求连杆要有足够的强度、刚度,重量要尽量轻。

(2)连杆的材料 连杆一般采用 45、40Cr 等中碳钢(如上海桑塔纳发动机连杆)或中碳合金钢(如二汽富康发动机连杆)经模锻或辊锻制成,也有少数用球墨铸铁制成。为提高疲劳强度,连杆常进行表面喷丸处理。对于小型发动机的连杆则常用高强度铝合金。

(3)连杆的结构 连杆由连杆小头、连杆杆身和连杆大头三部分组成(如图 3-3-7)。

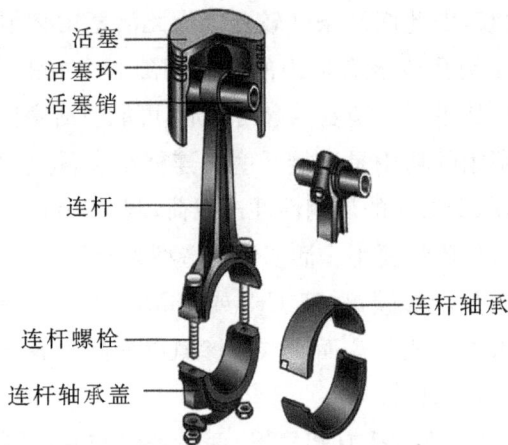

活塞
活塞环
活塞销
连杆
连杆轴承
连杆螺栓
连杆轴承盖

图 3-3-7 连杆结构

①连杆小头。小头的结构形状取决于活塞销的尺寸及其与连杆小头的连接方式。在发动机做功行程中,连杆小头受力最大,燃烧爆发压力通过活塞、活塞销传到连杆小头下部。连杆小头的下部应力大,而连杆小头的上部在整个工作过程中的受力相对要小,而活塞销座孔的上部受力比销座孔的下部受力大。因此,为减少连杆和活塞在做功行程的应力,现代发动机连杆小头常做成楔形,还可以减小连杆小头的质量。

在汽车发动机中连杆小头与活塞销的连接方式有两种,即全浮式和半浮式,如图 3-3-8 所示。

全浮式活塞销工作时,在连杆小头孔和活塞销座孔中转动,可以保证活塞销沿四周磨损均匀。为防止活塞销两端刮伤气缸壁,在活塞销孔外侧装置活塞销挡圈。

半浮式活塞销是用螺栓将活塞销夹紧在连杆小头孔内,这时活塞销只在活塞销座孔内转动,在小头孔内不转动。小头孔不装衬套,销孔中也不装活塞销挡圈。

连杆小头孔与全浮式活塞销之间有相对运动,常在连杆小头孔压入减磨的青铜衬套,为了润滑活塞销与衬套,在小头和衬套上铣油槽或钻油孔以收集发动机运转时飞溅上来的润滑油并用以润滑。有的发动机在连杆杆身钻有纵向油道,对连杆小头进行压力润滑。

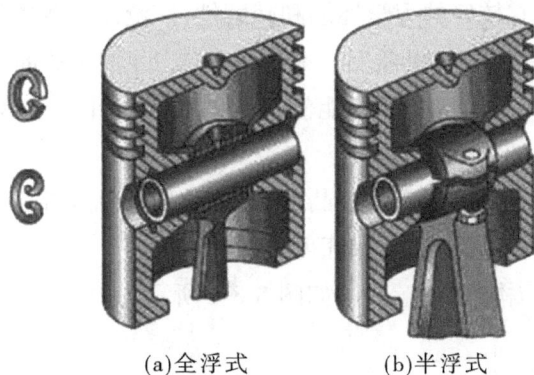

(a)全浮式　　　　　　　(b)半浮式

图 3-3-8　连杆小头与活塞销的连接

②连杆杆身。连杆杆身通常做成"工"字形断面,刚度大、质量小,适于模锻,采用大圆弧过渡。采用压力润滑的连杆,杆身中部设有连通大头和小头的油道。有些发动机还在连杆小头加工喷油孔对活塞进行冷却。

③连杆大头。连杆大头与曲轴的连杆轴颈相连,一般采用分开式,通过螺栓进行连接和紧固,以便在拆卸发动机时能从气缸上端取出。

平切的切面与杆身轴线垂直,汽油机多采用这种方式。一般汽油机连杆大头的横向尺寸小于气缸直径,可以方便地通过气缸进行拆装。

斜切的切面与杆身的轴线成一定角度,柴油机多采用这种方式。柴油机压缩比大,受力较大,曲轴的连杆轴颈粗,加上紧固螺栓的空间,连杆大头尺寸往往大于气缸直径。为了使连杆大头能通过气缸便于拆装,一般采用斜切口。

连杆大头的两部分用连杆螺栓紧固在一起,连杆螺栓不但受拉伸并承受交变的冲击性载荷。通常采用挠性螺栓,用优质合金钢(40Cr、35CrMo 等)锻制。为保证工作可靠,常采用锁止装置,如开口销、双螺母、自锁螺母等。

连杆轴承装在连杆大头孔内,用以保护连杆轴颈(曲柄销)及连杆大头孔。现代汽车发动机用的连杆轴承是由钢背和减磨层组成的分成两半的薄壁轴承。钢背由厚 1~3 mm 的低碳钢带制成,既有足够的强度以承受近乎冲击性的载荷,又有一定的刚度以便与轴承孔良好地贴合。减磨层由厚 0.3～0.7 mm 的薄层减磨合金制成,减磨合金具有保持油膜、减少摩擦阻力和易于磨合的作用。目前汽车发动机的轴承减磨合金主要有以下几种。

(a)巴氏合金。减磨性好,但机械强度较低、耐热性较差,常用于负荷不大的汽油机。

(b)铜铅合金。机械强度高、承载能力大、耐热性较好,但减磨性能差。为此,常在其表面镀一层厚度为 0.02～0.03 mm 的铟或锡,用于高强化的柴油机。

(c)高锡铝合金。具有较好的力学性能和减磨性,广泛用于各类汽油机和柴油机上。

连杆轴承的背面应有很高的粗糙度。在自由状态下,轴承的曲率半径和周长都略大于连杆大头孔的曲率半径和周长,装入后,能使其紧贴在大头孔壁上,以利散热和防止润滑油从轴承背面流失。

在两个轴承的剖分面上,均制有定位凸键,以防止连杆轴承在工作中发生转动或轴向移动;在其内表面加工有油槽用以贮油,保证可靠的润滑。

V 形发动机连杆的结构通常有 3 种,如图 3-3-9 所示。

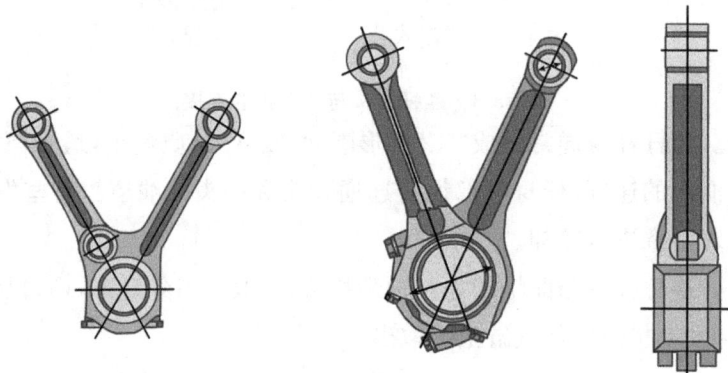

图 3-3-9　V 形发动机连杆的结构示意图

(a)并列连杆式。连杆可以通用,两列气缸中的活塞连杆组的运动规律相同;但曲轴的长度增加。

(b)主副连杆式。可不增加发动机的轴向长度;但主副连杆不能互换,两列气缸的活塞连杆组的运动规律不同。

(c)叉形连杆式。两列气缸中的活塞连杆组的运动规律相同;但叉形连杆的制造工艺复杂,且大头的刚度较低。

3.4 曲轴飞轮组

曲轴飞轮组主要由曲轴和飞轮以及其他不同作用的零件和附件组成,如图 3-4-1 所示。

图 3-4-1　曲轴飞轮组

3.4.1　曲轴

(1)曲轴的作用与材料　曲轴的主要作用是将活塞连杆组传来的气体压力转变为转矩,用以驱动汽车的传动系统、发动机的配气机构以及其他辅助装置。

曲轴在工作中,要承受周期性变化的气体压力、往复惯性力、离心力及由此而产生的转矩和弯矩的共同作用。因此要求曲轴要有足够的刚度、强度,各工作表面润滑良好、耐磨,并需要很好的平衡。

目前,曲轴多采用优质中碳钢或铬镍钢(18CrNi5)、铬铝钢(34CrAl16)模锻而成,

轴颈再经表面淬火或氮化处理,最后进行精加工,以提高耐磨性。例如,上海桑塔纳发动机曲轴采用优质 50 中碳钢锻制而成,先正火后半精加工,经中频淬火后再精加工,在圆角过渡处不经淬火,采用冷滚压强化工艺,以提高疲劳强度。另外,稀土球墨铸铁曲轴在国产车上应用较多。

(2)曲轴的构造　曲轴一般由主轴颈、连杆轴颈、曲柄、平衡块、前端轴和后端凸缘(功率输出端)等组成,如图 3-4-2 所示。

一个连杆轴颈和它两端的曲柄及相邻两个主轴颈构成一个曲拐。曲拐的数目取决于发动机的气缸数目及其排列方式,直列发动机的曲拐数等于气缸数;而 V 形和对置式发动机的曲拐数为气缸数的一半。

①按单元曲拐连接方法的不同,曲轴可分为整体式(如图 3-4-2)和组合式(如图 3-4-3)

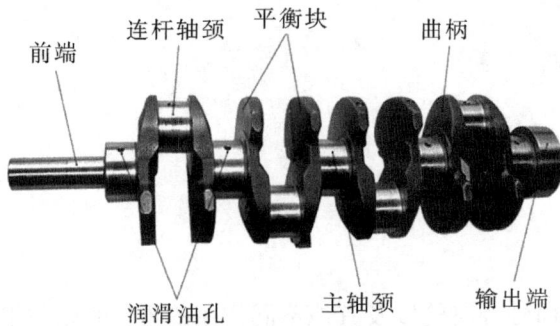

图 3-4-2　整体式曲轴

两种。除连杆大头为整体式的小型汽油机或采用滚动轴承作为曲轴主轴承的发动机（隧道式气缸体）采用组合式曲轴外，通常发动机多采用整体式曲轴。

图 3-4-3　组合式曲轴

②曲轴按其主轴颈数目的多少分为全支承曲轴及非全支承曲轴。

在相邻两曲拐间都设置一个主轴颈的曲轴，称为全支承曲轴；否则称为非全支承曲轴。全支承曲轴刚度较好且主轴颈的负荷相对较小，多用于柴油机和负荷较大的汽油机，如上海桑塔纳、一汽奥迪 100 型轿车发动机的曲轴。非全支承结构和制造工艺简单，多用于中小负荷的汽油机。

为减小质量和离心力，有时将连杆轴颈和主轴颈做成空心的。在主轴颈、连杆轴颈和轴承上都钻有径向油孔，通过斜向油道相连以使润滑油进入主轴颈和连杆轴颈的工作表面。当连杆轴颈上的油孔与连杆大头上的油孔对准时，润滑油可从中喷出，对配气机构和气缸壁进行飞溅润滑。在连杆轴颈和轴承上的径向油孔内，有时插入一个吸油管，其管口位于油腔中心。当曲轴旋转时，润滑油中的机械杂质因离心作用而甩向油腔壁，使流入连杆轴颈工作表面的润滑油得以净化。

曲轴平衡重用来平衡旋转惯性力及其力矩，以使发动机运转平稳，并可减少曲轴主轴承的负荷。对四缸、六缸等直列发动机，其旋转惯性力和旋转惯性力矩是外部平衡的，但是内部不平衡，曲轴仍承受内弯矩的作用。因此，通常在曲柄的相反方向设置平衡重，使其产生的力矩与上述惯性力矩相平衡。

平衡重有的与曲轴制成一体，有的单独制成后再用螺栓固定在曲轴上，称为装配式平衡重。有些刚度较大的全支承曲轴也可不设平衡重。曲轴不论有无平衡重，经动平衡试验，对不平衡的曲轴常在其偏重的一侧去掉一些质量。

曲轴前端是第一道主轴颈之前的部分，装有驱动其他装置的机件（正时齿轮、带轮）及其起动爪、止推垫片及扭转减振器等,如图3-4-4所示。曲轴后端是最后一道主轴颈之后的部分,在其后端为安装飞轮的曲轴凸缘盘,如图3-4-5所示。

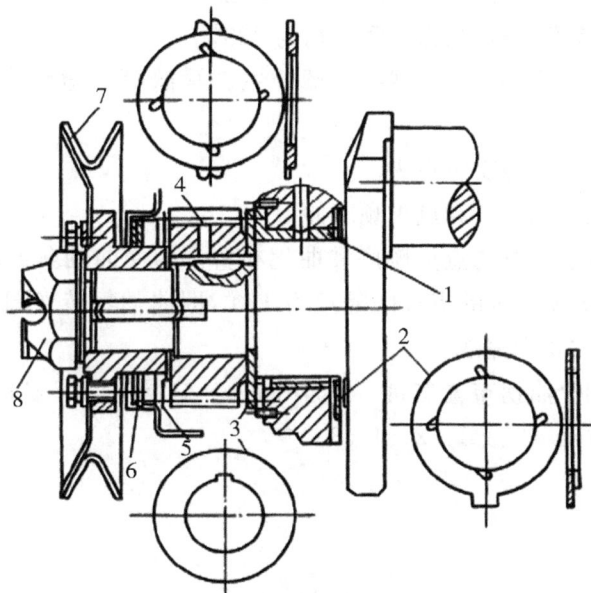

1、2—滑动推力轴承;3—止推垫片;4—正时齿;5—甩油盘;6—油封;7—带轮;8—起动爪

图 3-4-4 曲轴前端

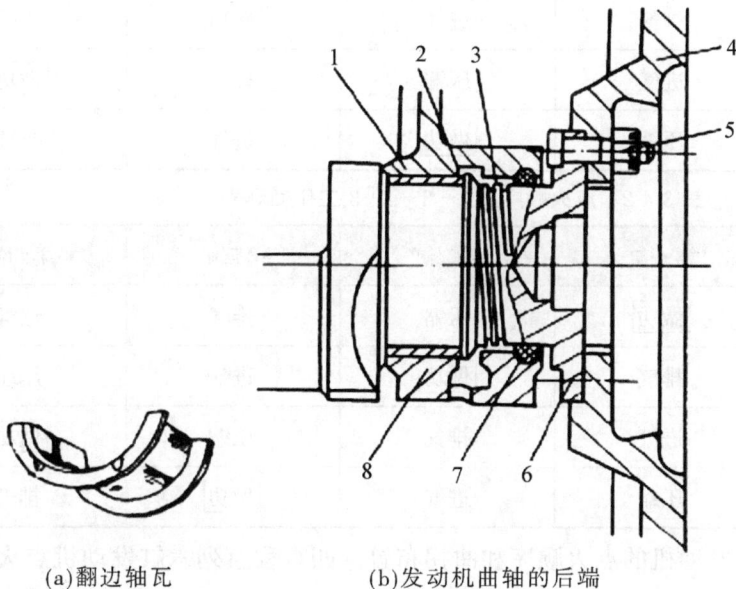

(a)翻边轴瓦   (b)发动机曲轴的后端

1—轴承座(气缸体);2—甩油盘;3—回油螺纹;4—飞轮;5—悦轮螺栓、螺母;6—曲轴凸缘盘;7—填料油封;8—主轴承盖

图 3-4-5 曲轴后端

（3）曲拐的布置与多缸发动机的工作顺序 曲轴的形状及各曲拐的相对位置取决于气缸数、气缸排列形式和发动机的工作顺序。在选择各缸的工作顺序时，应注意以下几点。

①应使各缸的做功间隔尽量均衡，即发动机每完成一个工作循环，各缸都应发火做功一次，对于缸数为的四行程发动机，其点火间隔角为 $720°/i$。

②连续做功的两缸相距尽可能远些，以减轻主轴承载荷和避免进气行程中发生抢气现象。

③V 形发动机左右两列应交替点火。

常见多缸发动机的曲拐布置和点火顺序如下。

①四行程直列四缸发动机的点火顺序和曲拐布置。为使曲轴获得均匀的转速，工作平稳柔和，四行程直列四缸发动机的点火间隔角为 180°，即曲轴每转半圈做功一次，四个缸的做功行程交替进行，在 720° 内完成。

直列四缸发动机四个曲拐布置在同一平面内。1、4 缸同向，2、3 缸同向，并错开 180°，其点火顺序有两种，1－3－4－2 或 1－2－4－3。

表 3-4-1　点火顺序为 1－3－4－2 工作循环表

曲轴转角(°)	第一缸	第二缸	第三缸	第四缸
0～180	做功	排气	压缩	进气
180～360	排气	进气	作功	压缩
360～540	进气	压缩	排气	做功
540～720	压缩	做功	进气	排气

表 3-4-2　点火顺序为 1－2－4－3 工作循环表

曲轴转角(°)	第一缸	第二缸	第三缸	第四缸
0～180	做功	压缩	排气	进气
180～360	排气	做功	进气	压缩
360～540	进气	排气	压缩	做功
540～720	压缩	进气	做功	排气

②四行程直列六缸发动机的点火顺序和曲拐布置。四行程直列六缸发动机点火间隔角为 120°，六个曲拐分别布置在三个平面内，一种点火顺序是 1－5－3－6－2－4；另一种点火顺序是 1－4－2－6－3－5。

表 3-4-3　点火顺序为 1－5－3－6－2－4 工作循环表

曲轴转角(°)		第一缸	第二缸	第三缸	第四缸	第五缸	第六缸
0~180	0~60			进气	做功	压缩	
	60~120	做功	排气				进气
	120~180			压缩	排气		
180~360	180~240		进气			做功	
	240~300	排气					压缩
	300~3600			做功	进气		
360~540	360~420		压缩			排气	
	420~480	进气					做功
	480~540			排气	压缩		
540~720	540~600		做功			进气	
	600~660	压缩		进气			排气
	660~720		排气		做功	压缩	

③四行程 V 形八缸发动机的点火顺序。四行程 V 形八缸发动机的点火间隔为 90°，V 形动机左右两列中对应的一对连杆共用一个曲拐，所以 V 形八缸发动机只有四个曲拐。曲拐布置可以与四缸发动机相同，四个曲拐布置在同一平面内，点火顺序为 1－8－4－3－6－5－7－2。

3.4.2　曲轴扭转减振器

在发动机工作过程中，连杆作用于曲轴上的力呈周期性变化，从而使质量较小的曲拐的转速相对于质量较大的飞轮的转速忽快忽慢，造成曲轴的扭转振动。当曲轴自振频率与连杆传来的呈周期性变化的激振力频率成整倍数关系时，曲轴就会发生共振。从而引起功率损失，曲轴扭转变形甚至断裂，这时齿轮磨损严重、产生冲击噪声等后果。为此，在有些发动机（特别是那些曲轴刚度较小、旋转质量大、缸数多及转速高的发动机）的曲轴前端都装有曲轴扭转减振器。

汽车发动机常用的曲轴扭转减振器为摩擦式扭转减振器，可分为橡胶式扭转减振器、硅油式扭转减振器和硅油-橡胶扭转减振器。

1. 橡胶式扭转减振器

减振器壳体与曲轴连接，减振器壳体与扭转振动惯性质量黏结在硫化橡胶层上，如图 3-4-6 所示。发动机工作时，减振器壳体与曲轴一起振动，由于惯性质量滞后于减振器壳体。因而在两者之间产生相对运动，使橡胶层来回揉搓，振动能量被橡胶的内摩擦阻尼吸收，从而使曲轴的扭转振动得以消减。天津夏利、上海桑塔纳、一汽奥迪 100 型轿车发动机的曲轴上都装有此类减振器。

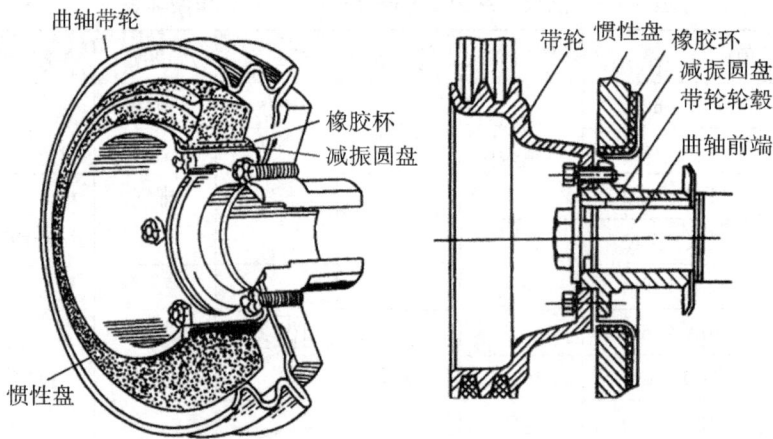

图 3-4-6　胶式扭转减振器

2.硅油式扭转减振器

由钢板冲压而成的减振器壳体与曲轴连接。侧盖与减振器壳体组成封闭腔,其中滑套着扭转振动惯性质量。惯性质量与封闭腔之间留有一定的间隙,里面充满高黏度硅油。当发动机工作时,减振器壳体与曲轴一起旋转、一起振动,惯性质量则被硅油的黏性摩擦阻尼和衬套的摩擦力所带动。由于惯性质量相当大,因此它近似做匀速转动,于是在惯性质量与减振器壳体间产生相对运动。曲轴的振动能量被硅油的内摩擦阻尼吸收,使扭振消除或减轻。

硅油扭转减振器减振效果好、性能稳定、工作可靠、结构简单、维修方便,所以在汽车发动机上的应用日益普遍。但它需要良好的密封和较大的惯性质量,致使减振器尺寸较大。

3.硅油橡胶扭转减振器

硅油橡胶扭转减振器中的橡胶环主要作为弹性体,并用来密封硅油和支撑扭转振动惯性质量。在封闭腔内注满高黏度硅油。硅油橡胶扭转减振器集中了硅油扭转减振器和橡胶扭转减振器二者的优点,即体积小、质量轻和减振性能稳定等。

3.4.3　飞轮

飞轮是一个较重的铸铁或精冲钢板圆盘,用螺栓固定在曲轴后端的接盘上,转动惯量大,用来贮存做功行程的能量,克服进气、压缩和排气行程的阻力和其他阻力,使曲轴尽量均匀地旋转(如图 3-4-7)。

飞轮外缘有与起动电机驱动齿轮啮合的齿圈,供起动发动机用。汽车离合器装在飞轮上,利用飞轮后端面作为驱动件的摩擦面,用来对外传递动力。飞轮高速旋转,要进行精确地平衡校准,以达到静平衡和动平衡。

飞轮与曲轴在制造时一起进行动平衡实验,拆装时为了不破坏它们之间的平衡关系,飞

(a)CAB 102型　　　(b)EQ6100-1型　　　(c)BJ4920型

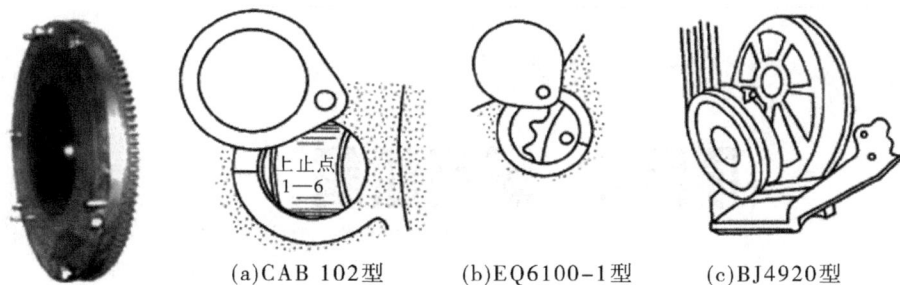

飞轮实物结构及部分车型正时记号示意图

图 3-4-7　飞轮的结构

轮与曲轴之间应有严格不变的相对位置。通常用定位销和不对称布置的螺栓来定位。另外,在飞轮轮缘上都刻有压缩上止点和转角的标记用以确定配气正时。

思考与练习

1. 曲柄连杆机构的功用如何?由哪些主要零件组成?

2. 机体的曲轴箱有哪三种结构形式?各有何优缺点?

3. 活塞环的断面形状为什么很少做成矩形的?

4. 安装气环时应注意些什么?

5. 发动机对活塞有何要求?现代发动机活塞都采用什么材料?

6. CA6102发动机两个正时齿轮的材料不一样,且采用斜齿轮,这是为什么?

7. 活塞在工作中易产生哪些变形?为什么?怎样防止这些变形?

8. 气缸盖的作用是什么?安装时有什么要求?

项目4 配气机构

4.1 配气机构的功用与配气相位

4.1.1 配气机构的功用

四行程汽车发动机都采用气门式配气机构。其功用是按照发动机的工作顺序和工作循环的要求,定时开启和关闭各缸的进、排气门,使新气进入气缸,废气从气缸排出。

所谓新气,对于汽油机就是汽油与空气的混合物,对于柴油机则为纯净的空气。如图 4-1-1为配气机构示意图。

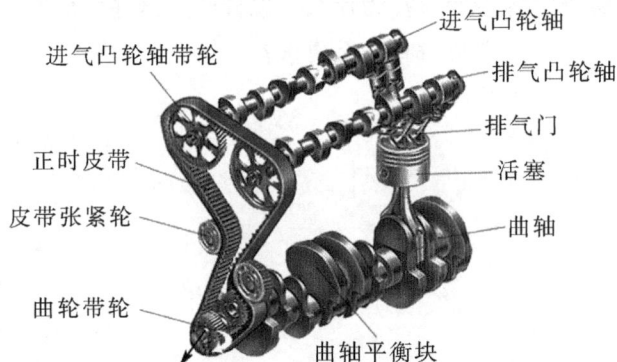

图 4-1-1 配气机构示意图

进入气缸内的新气数量或称进气量对发动机性能的影响很大。进气量越多,发动机的有效功率和转矩就越大。因此,配气机构首先要保证进气充分,进气量尽可能多;同时,废气要排除干净,因为气缸内残留的废气越多,进气量将会越少。其次,配气机构的运动件应该具有较小的质量和较大的刚度,以使配气机构具有良好的动力特性。

为了保证发动机每个气缸均排气彻底,进气充分,要求气门具有尽可能大的通过能力。新鲜空气或可燃混合气被吸进气缸越多,则发动机可能发出的功率就越大。新鲜空气或可燃混合气充满气缸的程度,用充气效率 η_V 来表示。

所谓充气效率就是指在进气过程中,实际进入气缸的新鲜空气或可燃混合气的质量与在理想状况下充满气缸工作容积的新鲜空气或可燃混合气的质量之比。其公式如下:

$$\eta_V = M/M_0$$

式中,M——进气过程中,实际充入气缸的新鲜空气或可燃混合气的质量;

M_0——理想状态下,充满气缸工作容积的新鲜空气或可燃混合气的质量。

充气效率 η_V 是衡量发动机换气质量的参数。充气效率越高,表明进入气缸内的新鲜空气或可燃混合气的质量越多,可燃混合气燃烧时可能放出的热量越大,发动机发出的功率也就越大。对于一定工作容积的发动机而言,充气效率与进气终了时气缸内的压力和温度有关。此时压力越高,温度越低,则一定容积的气体质量就越大,因而充气效率越高。

4.1.2　配气相位

进入气缸内的新气量越多,发动机的动力性越好。影响进气量的因素很多,而进、排气门开启和关闭的时刻便是其中之一。

用曲轴转角表示的进、排气门的实际开闭时刻和开启持续时间,称为配气相位。通常用相对于上、下止点曲拐位置的曲轴转角的环形图来表示,这种图形称为配气相位图,如图 4-1-2所示。

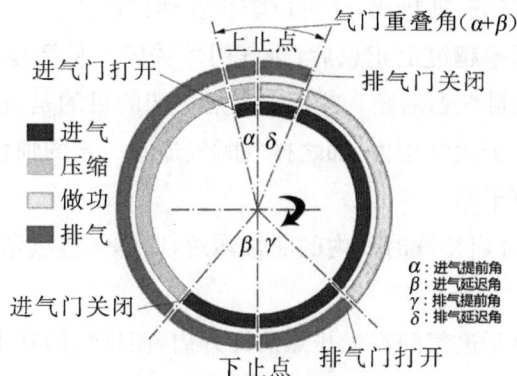

图 4-1-2　配气相位图

理论上,四行程发动机的进气门当曲拐处在上止点时开启,下止点时关闭;排气门则当曲拐在下止点时开启,上止点时关闭。进气时间和排气时间各占180°曲轴转角。但实际上发动机转速很高,活塞每一行程历时相当短,势必会造成进气不足和排气不净,从而使发动机功率下降。因此,现代发动机都采取延长进、排气时间的方法,即实际开闭时刻不是恰好在上、下止点,而是提前开、迟后关一定的曲轴转角。以改善进、排气状况,从而提高发动机的动力性。

1. 进气门的配气相位

(1)进气提前角 在排气行程接近终了、活塞到达上止点之前,进气门便开始开启,从进气门开始开启到活塞移到上止点所对应的曲轴转角 α 称为进气提前角。进气门提前开启的目的是为了保证进气行程开始时进气门已开大,减小进气阻力,从而使新鲜气体能顺利地充入气缸。

(2)进气迟后角 在进气行程下止点过后,活塞又上行一段,进气门才关闭。从下止点到进气门关闭所对应的曲轴转角 β 称为进气迟后角。进气门迟后关闭的目的是:由于活塞到达下止点时,气缸内压力仍低于大气压力,且气流还有相当大的惯性,可以利用气流惯性和压力差继续进气。

由此可见,进气门开启持续时间内的曲轴转角,即进气持续角为 $\alpha+180°+\beta$。α 角一般为 $10°\sim30°$,β 角一般为 $40°\sim80°$。

2. 排气门的配气相位

(1)排气提前角 在做功行程接近终了、活塞到达下止点之前,排气门便开始开启。从排气门开始开启到活塞移到下止点所对应的曲轴转角 γ 称为排气提前角。排气门提前开启的目的是:当做功行程的活塞接近下止点时,气缸内的气体还有 $0.30\sim0.50$ MPa 的压力,此压力对做功的作用已经不大,但仍比大气压力高,可利用此压力使气缸内的废气迅速地自由排出,待活塞到达下止点时,气缸内只剩 $0.11\sim0.12$ MPa 的压力,使排气行程所消耗的功率大为减小,此外,高温废气迅速地排出,还可以防止发动机过热。

(2)排气迟后角 活塞越过上止点后,排气门才关闭。从活塞在上止点到排气门关闭所对应的曲轴转角 δ 称为排气迟后角。排气门迟后关闭的目的是:由于活塞到达上止点时,气缸内的残余废气压力高于大气压力,加之排气时气流有一定的惯性,仍可以利用气流惯性和压力差把废气排放得更干净。

由此可见,排气门开启持续时间内的曲轴转角,即排气持续角为 $\gamma+180°+\delta$。γ 角一般为 $40°\sim80°$,δ 角一般为 $10°\sim30°$。

(3)气门重叠角 由于进气门在上止点前即开启,而排气门在上止点后才关闭,这就出现了在一段时间内,进、排气门同时开启的现象,这种现象称为气门叠开。同时开启的曲轴转角 $\alpha+\delta$ 称为气门重叠角。由于新鲜气流和废气流的流动惯性都比较大,在短时间内是不会改变流向的,因此只要气门重叠角选择适当,就不会有废气倒流进入气管和新鲜气体随同废气排出的可能性。相反,由于废气气流周围有一定的真空度,对排气速度有一定影响,从进气门进入的少量新鲜气体可对此真空度加以填补,还有助于废气的排出。

　　不同发动机,由于其结构形式、转速各不相同,因而配气相位也不相同。同一台发动机转速不同也应有不同的配气相位,转速愈高,提前角和迟后角也应愈大,但这种结构复杂,仅在少数发动机上采用。采用不变的配气相位发动机,它只适应于发动机某一常用的转速。最有利的配气相位需通过反复试验确定。

4.2 配气机构类型

　　配气机构的种类主要有以下几种分类形式。

4.2.1　按凸轮位置分类

　　按凸轮位置分有凸轮轴顶置式、凸轮轴下置式和凸轮轴中置式,如图 4-2-1 所示。

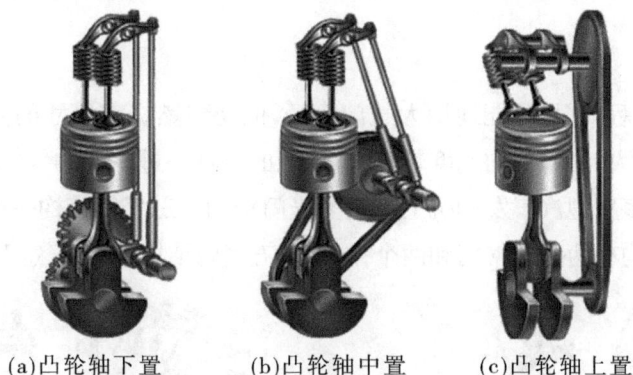

(a)凸轮轴下置　　　(b)凸轮轴中置　　　(c)凸轮轴上置

图 4-2-1　按凸轮位置分类的配气机构

　　高速车用发动机要求配气机构的质量和惯性要小,多采用顶置式凸轮轴,运动件少、传动链短、整个机构的刚度大、往复惯性质量小。

4.2.2　按传动方式分类

　　按传动方式分有链条传动、齿形带传动和齿轮传动,如图 4-2-2 所示。

　　链条传动多用于凸轮轴顶置式配气机构,车用高速发动机广泛采用齿形带来代替链传动,噪声小、成本低。但齿形带由于存在一定的老化时间,一些发动机仍然采用链传动。齿轮传动多用在凸轮轴下置或中置式配气机构,大功率柴油机驱动凸轮轴所需转矩大,即使采用顶置式配气机构,也采用齿轮传动。

(a)链传动机构　　　　　(b)齿形带传动机构　　　　　(c)齿轮传动机构

图 4-2-2　按传动方式分类的配气机构

4.2.3　按每缸气门数目分类

按每缸气门数目分有二气门、三气门、四气门和五气门,如图 4-2-3 所示。

为了改善换气过程,需尽可能地增大气门直径,但受到燃烧室尺寸的限制,气门直径不能过大。当气缸直径较大,活塞平均速度较高时,传统的每缸一进一排的气门结构已无法保证良好的换气质量,在很多新型汽车发动机上采用多气门结构。三气门结构一般是两个进气门、一个排气门,四气门结构有两个进气门和两个排气门,五气门结构三个进气门和两个排气门。

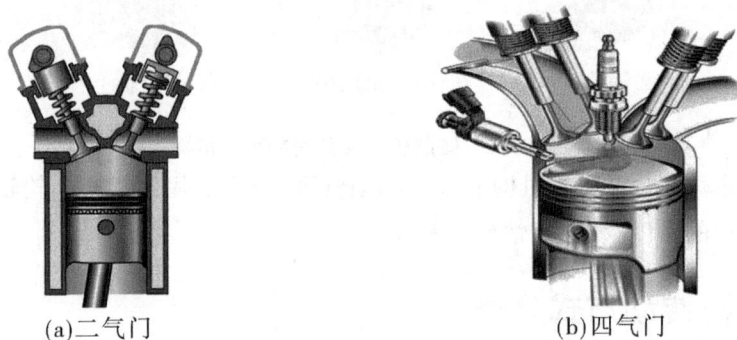

(a)二气门　　　　　　　　　　　　(b)四气门

图 4-2-3　按每缸气门数目分类的配气机构

传统二气门结构均采用单个凸轮轴,随着气门数目的增加,凸轮轴数目也增加为两个。因此,根据凸轮轴数目分有单凸轮轴式和双凸轮轴式配气机构,如图 4-2-4 所示。

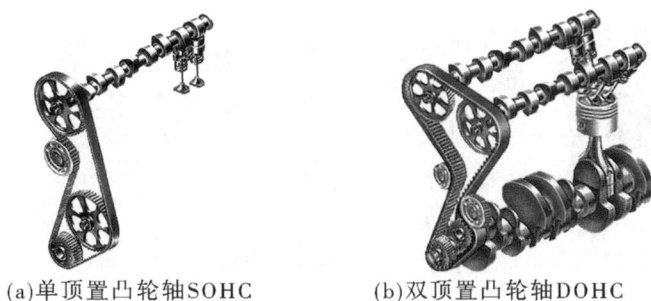

(a)单顶置凸轮轴SOHC　　　　　　(b)双顶置凸轮轴DOHC

图 4-2-4　按凸轮轴数目分类的配气机构

4.2.4　根据气门驱动方式分类

根据气门驱动方式分为摇臂式、摆臂式、直接驱动等,如图 4-2-5、图 4-2-6、图 4-2-7 所示。

摇臂式一般为中间支点,摆臂式的支点在末端,也称为末端支点摇臂式。直接驱动式没有摇臂,凸轮轴直接由挺柱推动气门。

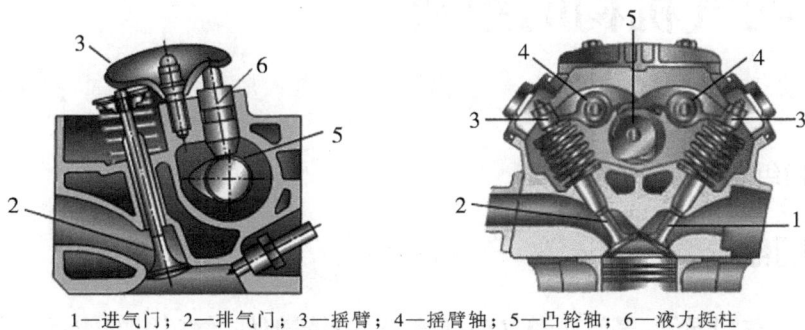

1—进气门；2—排气门；3—摇臂；4—摇臂轴；5—凸轮轴；6—液力挺柱

图 4-2-5　摇臂驱动、单凸轮轴上置式配气机构

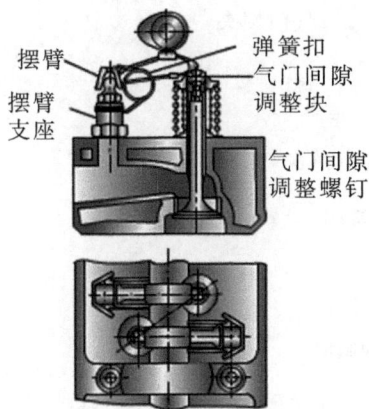

(a)单上置凸轮轴（SOHC）　　　　　　(b)双上置凸轮轴（DOHC）

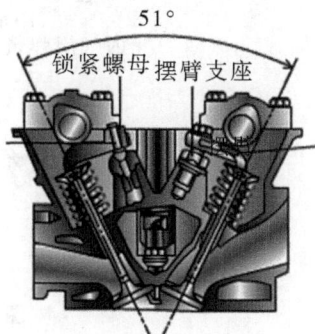

图 4-2-6　摆臂驱动、凸轮轴上置式配气机构

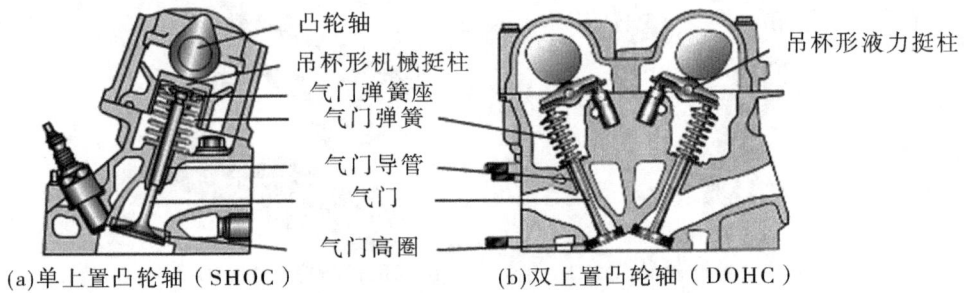

(a)单上置凸轮轴（SHOC）　　　(b)双上置凸轮轴（DOHC）

图 4-2-7　直接驱动、凸轮轴上置式配气机构

4.3 配气机构的组成

配气机构由气门组和气门传动组组成。

4.3.1　气门组

气门组包括气门、气门导管、气门座和气门弹簧等主要零部件，气门组的作用是实现气缸的密封。气门组的组成如图 4-3-1 所示。

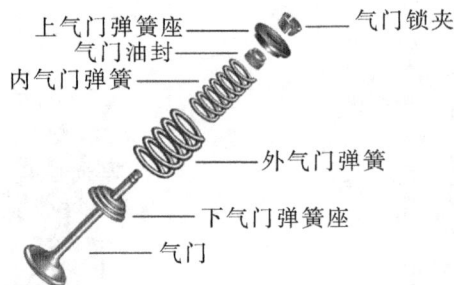

图 4-3-1　气门组的组成

1.气门

气门由头部和杆部两部分组成，头部用来封闭气缸的进、排气通道，杆部则主要为气门的运动导向，如图 4-3-2 所示。

1—气门顶面；2—气门锥面；3—气门锥角；
4—气门锁夹槽；5—气门尾端面

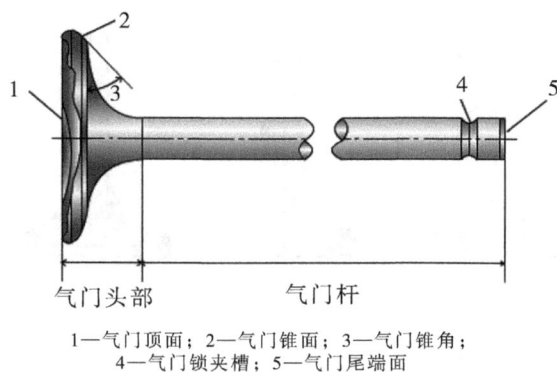

图 4-3-2　气门的结构

气门的作用是与气门座相配合,对气缸进行密封,并按工作循环的要求定时开启和关闭,使新鲜气体进入气缸,使废气排出气缸。气门头部受高温作用,承受高压及气门弹簧和传动组惯性力的作用,气门杆在气门导管中做高速直线往复运动,其冷却和润滑条件差,因此,要求气门必须具有足够的强度、刚度、耐热和耐磨能力。进气门材料常采用合金钢(铬钢或镍铬钢等),排气门则采用耐热合金钢(硅铬钢等)。

另外,为了改善气门的导热性能,在气门内部充注金属钠,钠在 970℃时为液态,液态钠可将气门头部的热量传给气门杆,冷却效果十分明显。奥迪 A6 轿车发动机排气门即采用钠冷却气门,如图 4-3-3 所示。

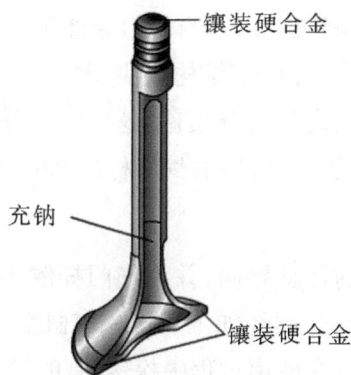

图 4-3-3　充钠排气门

(1)气门头部　气门头部的形状有平顶、喇叭形顶和球面顶,如图 4-3-4 所示。目前使用最多的是平顶气门头。平顶气门头结构简单,制造容易,吸热面积较小,质量小,进、排气门均可采用。喇叭形顶头部与杆部的过渡部分具有一定的流线型,气流流通较便利,可减小进气阻力,但其顶部受热面积较大,故多用于进气门,而不宜用于排气门。球面顶气门头部,其强度高,排气阻力小,废气清除效果好,适用于排气门,但球形气门顶部的受热面积大,质量和惯性力也大,加工较困难。

气门头部与气门座圈接触的工作面,是与杆部同心的锥面,通常将这一锥面与气门顶

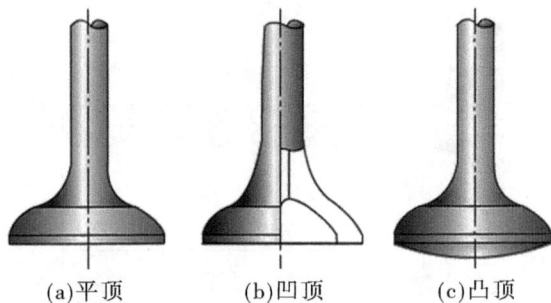

| (a)平顶 | (b)凹顶 | (c)凸顶 |

图 4-3-4　气门头部的结构形式

部平面的夹角称为气门锥角,一般做成 30°或 45°。采用锥形工作面的目的如下。

就像锥形塞子可以塞紧瓶口一样,能获得较大的气门座合压力,以提高密封性和导热性;气门落座时有定位作用;避免使气流拐弯过大而降低流速。

为保证良好密合,装配前应将气门头与气门座二者的密封锥面互相研磨,研磨好的零件不能互换。

气门头部直径越大,气门口通道截面就越大,进、排气阻力就越小。由于最大尺寸受燃烧室结构的限制,考虑到进气阻力比排气阻力对发动机性能的影响大得多,为尽量减小进气阻力,进气门直径往往大于排气门。另外,排气门稍小些,还不易变形。

(2)气门杆部　气门杆是圆柱形,在气门导管中不断进行上、下往复运动。气门杆部应具有较高的加工精度和较小的表面粗糙度值,与气门导管保持正确的配合间隙,以减小磨损和起到良好的导向、散热作用。气门杆尾部结构取决于气门弹簧座的固定方式。常用的结构是用剖分或两半的锥形锁片来固定气门弹簧座,这时气门杆的尾部可切出环形槽来安装锁片,也可以用锁销来固定气门弹簧座,对应的气门杆尾部应有一个用来安装锁销的径向孔。

2.气门导管

气门导管的功用是给气门的运动导向,并为气门杆散热,其结构如图 4-3-5 所示。为便于调换或修理,气门导管内、外圆柱面经加工后压入气缸盖或气缸体的气门导管孔中,然后再精铰内孔。为了防止气门导管在使用过程中松落,有的发动机对气门导管用卡环定位,使气门弹簧下座将卡环压住,导管就有了可靠的轴向定位。气门杆与气门导管之间一般留有 0.05～0.12 mm 的间隙,以使气门杆能在导管中自由运动。气门导管的工作温度较高,润滑比较困难,一般用含石墨较多的铸铁或铁基粉末冶金制成,以提高自润滑性能。

3.气门座

气缸盖或气缸体的进、排气道与气门锥面相结合的部位称为气门座,它也有相应的锥面。气门座的作用是靠其内锥面与气门锥面的紧密贴合密封气缸,并接受气门传来的热量。气门座可在气缸盖上(气门顶置时)或气缸体上(气门倒置时)。因为气门座在高温下工作,磨损严重,故有不少发动机的气门座是用耐热钢材或合金铸铁单独制成气门座圈,然后镶嵌

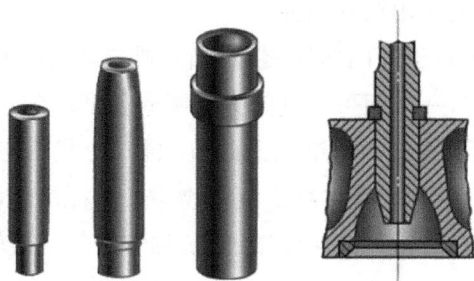

图 4-3-5 气门导管与气门座

入气缸盖或气缸体上的气门座圈孔中,以便提高其使用寿命,同时便于更换。

4.气门弹簧

气门弹簧借其张力克服气门关闭过程中气门及传动件因惯性力而产生的间隙,以保证气门及时落座并紧密贴合,同时也可防止气门在发动机振动时因跳动而破坏密封。因此要求气门弹簧具有足够的刚度和安装预紧力。

气门弹簧多用中碳铬钒钢丝或硅铬钢丝制成圆柱形螺旋弹簧,如图 4-3-6 所示。气门弹簧在工作时承受频繁的交变载荷,为保证其可靠的工作,气门弹簧应有合适的弹力、足够的刚度和抗疲劳强度。加工后应对气门弹簧进行热处理,钢丝表面要磨光、抛光或喷丸处理,借以提高疲劳强度,增强气门弹簧的工作可靠性。

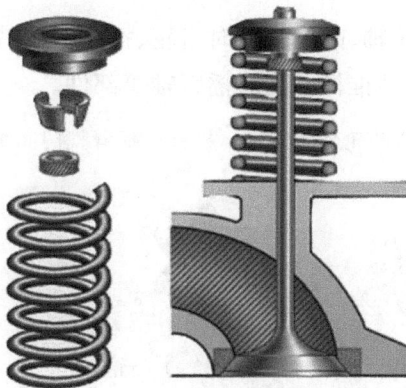

图 4-3-6 气门弹簧和气门座

安装时,气门弹簧的一端支承在气缸盖或气缸体上,而另一端则压靠在气门杆尾端的弹簧座上,弹簧座用锁片固定在气门杆的末端。为了防止弹簧发生共振,可采用变螺距的圆柱形弹簧,如红旗 CA7560 型汽车 8V100 型发动机气门弹簧。大多数高速发动机是一个气门装有同心安装的内、外两根气门弹簧,这样不但可以防止共振,而且当一根弹簧折断时,另一根仍可维持工作。此外,还能减小气门弹簧的高度。当装用两根气门弹簧时,气门弹簧的螺旋方向和螺距应各不相同,这样可以防止折断的弹簧圈卡入另一个弹簧圈内。一汽奥迪100 型、捷达/高尔夫、上海桑塔纳及广州标致 505 型轿车发动机均采用双气门弹簧;另外,

CA6102、BJ492Q 型汽油机也采用双气门弹簧。

如果气门在工作中能相对于气门座缓慢地旋转，则二者之间的密合和使用寿命可大为提高。这是因为气门旋转时，一方面可使气门头沿圆周温度均匀，减少了气门头部受热变形的可能性；另一方面还有助于清除密封锥面上的沉积物，使气门与气门座保持良好的接触，以使散热和密封；此外，气门的旋转还可减少沉积物对气门杆的黏滞，从而使气门及时落座。为此，有些发动机(如国产 1352 系列和 485 柴油机)加装有气门旋转装置，如图 4-3-7 所示。

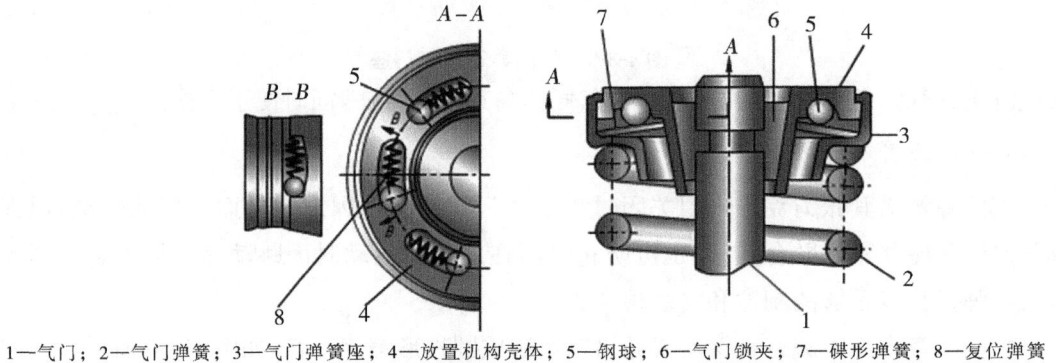

1—气门；2—气门弹簧；3—气门弹簧座；4—放置机构壳体；5—钢球；6—气门锁夹；7—碟形弹簧；8—复位弹簧

图 4-3-7 气门旋转装置

4.3.2 气门传动组

气门传动组主要包括凸轮轴、凸轮轴正时齿轮、挺柱，如图 4-3-8 所示。有的发动机采用摇臂结构，气门传动组中还包括推杆、摇臂、摇臂轴等部件。

气门传动组包括凸轮轴、挺柱、推杆、摇臂气门间隙调整螺钉等

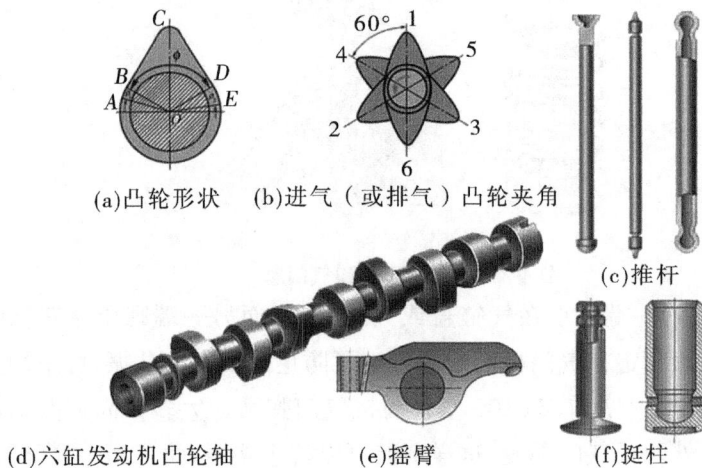

(a)凸轮形状　(b)进气（或排气）凸轮夹角　(c)推杆

(d)六缸发动机凸轮轴　(e)摇臂　(f)挺柱

图 4-3-8 气门传动组的组成

气门传动组的作用是使气门按发动机配气相位规定的时刻及时开、闭，并保证规定的开

启时间和开启高度。

1. 凸轮轴

凸轮轴上配有不同轮廓的进气和排气凸轮,使气门按照一定的配气相位和工作次序开启与关闭,并保证气门有足够的升程,如图 4-3-9 所示。

图 4-3-9　凸轮轴

(1)工作条件及要求　工作中凸轮轴承受周期性的冲击载荷,且凸轮表面接触应力大,相对滑动速度高,要求凸轮表面耐磨,具有较小的表面粗糙度及良好的润滑等,凸轮轴需要足够的韧性和刚度。一般用优质钢模锻造而成,也有采用合金铸铁或球墨铸铁铸造。

(2)凸轮　凸轮轮廓应保证气门开启和关闭的持续时间符合配气相位的要求,且气门要有合适的升程,足够大的气门通道面积,保证气门的升降过程具有一定的运动规律。凸轮轮廓形状包括以凸轮旋转中心为中心的圆弧、凸轮上升段和凸轮下降段。为防止气门开启和关闭落座时强烈的冲击,在上升段和下降段靠近圆弧段一侧都设计缓冲段。

凸轮轴上各同名凸轮(各进气凸轮或各排气凸轮)的相对角位置与凸轮轴旋转方向、发动机工作顺序及气缸数或做功间隔角有关。如果从发动机前端看凸轮轴逆时针方向旋转,则工作顺序为 1—3—4—2 的四缸发动机其做功间隔角为 180°曲轴转角,那么各同名凸轮间的夹角为 90°。对于工作顺序为 1—5—3—6—2—4 的六缸发动机,其同名凸轮间的夹角为 60°。同一气缸的进、排气凸轮的相对角位置即异名凸轮相对角位置,决定于配气定时及凸轮轴旋转方向。

2. 挺柱

挺柱的作用是将凸轮的推力传递给推杆或气门杆,并承受凸轮轴旋转时所施加的侧向力。挺柱可分为普通挺柱和液力挺柱两种。

(1)普通挺柱　配气机构采用的挺柱有筒式和滚轮式两种结构形式,如图 4-3-10 所示。筒式挺柱圆周钻有通孔,便于筒内收集的机油流出对挺柱底面及凸轮加以润滑;另外,由于挺柱中间为空心,其质量可减轻。滚轮式挺柱可以减少磨损,但结构较复杂,质量较大,多用于大缸径柴油机的配气机构上。

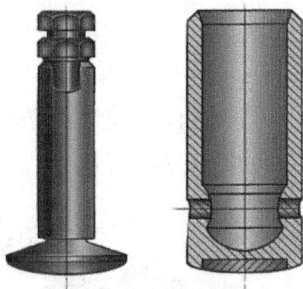

图 4-3-10　普通挺柱

挺柱工作时,由于受凸轮侧向推力的作用,会稍有倾斜,并且由于侧向推力的方向是一定的,将引起挺柱与导管之间的单面磨损,同时挺柱与凸轮固定不变地在一处接触,也会造成磨损不均匀。为此,挺柱在结构上有的制成球面,而且把凸轮面制成带锥度形状。这样凸轮与挺柱的接触点偏离挺柱轴线,当挺柱被凸轮顶起上升时,接触点的摩擦力使其绕本身轴线转动,以达到磨损均匀的目的。

(2)液力挺柱　在配气机构中预留气门间隙将使发动机工作时配气机构产生撞击和噪声。为了消除这一弊端,有些发动机尤其是轿车发动机采用液力挺柱,借以实现零气门间隙。气门及其传动件因温度升高而膨胀,或因磨损而缩短,都会由液力作用来自行调整或补偿,如图 4-3-11 所示。

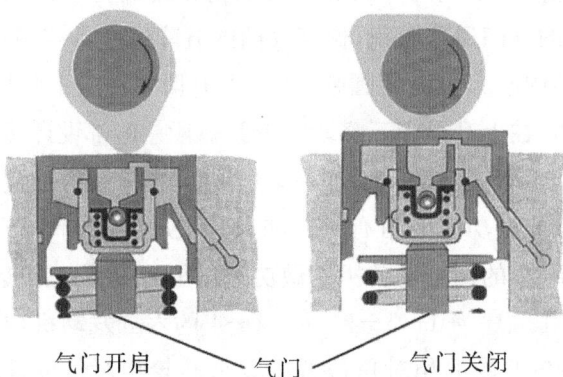

气门开启　　气门　　气门关闭

图 4-3-11　液力挺柱工作原理示意图

3.推杆

推杆的作用是将凸轮轴经过挺柱传来的推力传递给摇臂,它是配气机构中最易弯曲的细长零件,如图 4-3-12 所示。为了减小质量并保证有足够的刚度,推杆通常采用冷拔无缝钢管制成,对于缸体和缸盖都是铝合金制造的发动机,其推杆最好用硬铝制造。推杆可以是实心的,也可以是空心的。实心推杆一般是同球形支座锻成一个整体,然后进行热处理。空心推杆前者的球头与杆身做成整体,后者的两端与杆身是用焊接或压配的方法连成一体,且具有不同的形状,这不仅是为了与摇臂上的气门间隙调整螺钉的球形头部相适应,而且还可以在凹球内积存少量的润滑油以减小磨损。

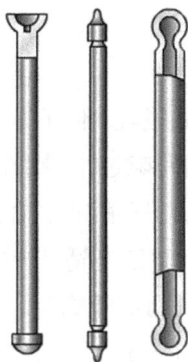

图 4-3-12　推杆

4. 摇臂

摇臂(图 4-3-13)的作用是将推杆和凸轮传来的运动和作用力,改变方向传给气门使其开启。摇臂在摆动过程中承受很大的弯矩,因此应有足够的强度和刚度以及较小的质量。摇臂由锻钢、可锻铸球、球墨铸铁或铝合金制造。摇臂是一个双臂杠杆,以摇臂轴为支点,两臂不等长。短臂端加工有螺纹孔,用来拧入气门间隙调整螺钉。长臂端加工成圆弧面,是推动气门的工作面。

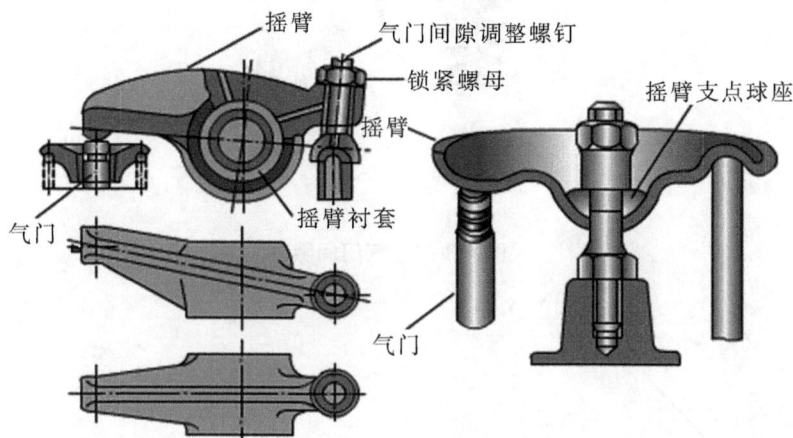

图 4-3-13　摇臂

摇臂孔内镶有衬套并通过空心的摇臂轴支撑在摇臂轴座上,摇臂轴座固定在气缸盖上。摇臂内钻有润滑油道和油孔,机油从支座的油道经摇臂轴内腔和摇臂中的油道流向摇臂两端进行润滑。为了防止摇臂的窜动,在摇臂轴上每两个摇臂之间都装有定位弹簧。摇臂的一端螺纹孔中安装调节螺钉,螺钉的球头与推杆顶端的凹球座相接触,用以调节气门间隙。

4.3.3 气门间隙

发动机在冷态下,当气门处于关闭状态时,气门与传动件之间的间隙称为气门间隙,如图 4-3-14 所示。

发动机工作时,气门及其传动件,如挺柱、推杆等都将因温度升高而膨胀伸长。如果气门及其传动件之间,在冷态时无间隙或间隙过小,则在热态下,气门及其传动件的受热膨胀势必会引起气门关闭不严,造成发动机在压缩和做功行程中漏气,从而使功率下降,严重时甚至不易起动。为了消除这种现象,通常留有适当的气门间隙,以补偿气门受热后的膨胀量。气门间隙的大小由发动机制造厂根据试验确定,一般在冷态时,进气门的间隙为 $0.25 \sim 0.30$ mm,排气门的间隙为 $0.30 \sim 0.35$ mm。气门间隙过大,将影响气门的开启量,同时在气门开启时产生较大的冲击响声。为了能对气门间隙进行调整,在摇臂(或挺柱)上装有调整螺钉及其锁紧螺母。

在装用液力挺柱的配气机构中,不预留气门间隙。

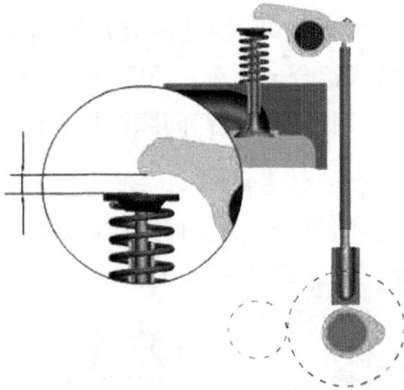

图 4-3-14　气门间隙

4.4
可变配气相位机构

4.4.1 可变配气相位

在高速汽油发动机上,固定的配气相位很难满足发动机高、低速时的性能要求,因此,有些发动机采用可变配气相位电控装置(简称 VTEC)。如图 4-4-1 所示。

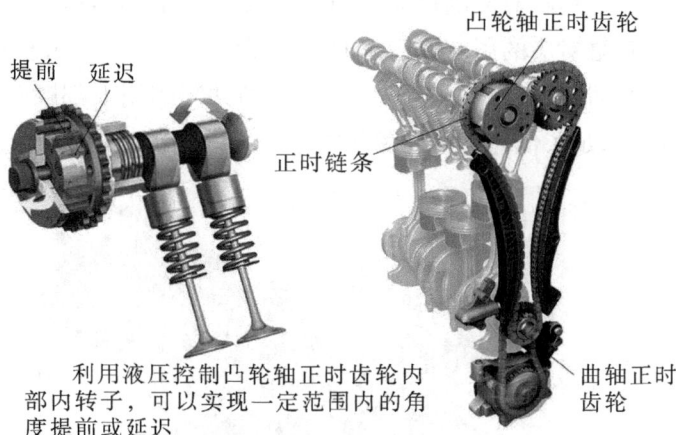

图 4-4-1　可变配气相位机构

在低速时,活塞运动得慢,使得可燃混合气能够跟随活塞的运动。进气门必须较早地被关闭,使得可燃混合气不会被强行排回进气歧管;在高速时,进气歧管中的流量很大,以至于虽然活塞向上运动但是可燃混合气仍能够连续不断地流入气缸。当可燃混合气不能再进入气缸时,进气门关闭。

因此,在具有可变配气相位的发动机中,进气门的关闭时间被调节在一定速度范围之内。发动机转速高时,增大进气门的升程,提前开启和延迟关闭进气门,以提高发动机的功率;发动机转速低时减少了进气门的升程,延迟开启和提前关闭进气门,提高了发动机的转矩,以满足发动机对经济性、稳定性和减少排放污染物的要求。

4.4.2　组成与原理

奥迪 A6 轿车有五气门,两凸轮轴,一进气凸轮轴,一排气凸轮轴。排气凸轮轴通过正时齿带与曲轴相连,排气凸轮轴通过链条与进气凸轮轴相连。当具有可变配气相位时,可变配气相位液压调节器上下移动,驱动链条使得进气凸轮轴旋转,从而改变了进气门的开启时间,如图 4-4-2 所示。

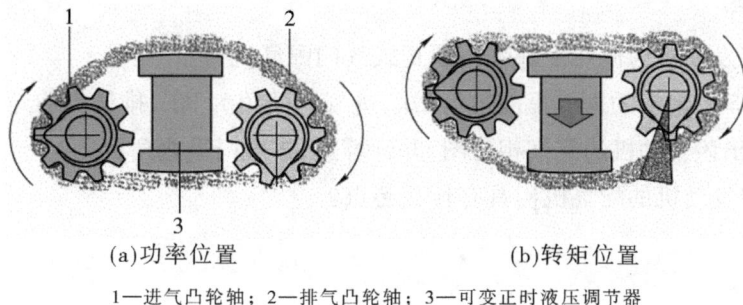

(a)功率位置　　　　　　　　　(b)转矩位置

1—进气凸轮轴;2—排气凸轮轴;3—可变正时液压调节器

图 4-4-2　可变配气相位原理

如图 4-4-3 所示为 V6 发动机的可变配气相位。当发动机转速高于 1000 r/min 时,要求进气门关闭得较早。左列缸对应的可变气门正时调节器向下运动,上部链条由长变短,下部链条由短变长。右列缸对应的可变气门正时调节器向上运动,上部链条由短变长,下部链条由长变短。左右列缸对应的进气凸轮轴在两个力的共同作用下都顺时针额外转过 θ 角,加快了进气门的关闭,满足了低速进气门关闭较早、可提高最大转矩的要求。

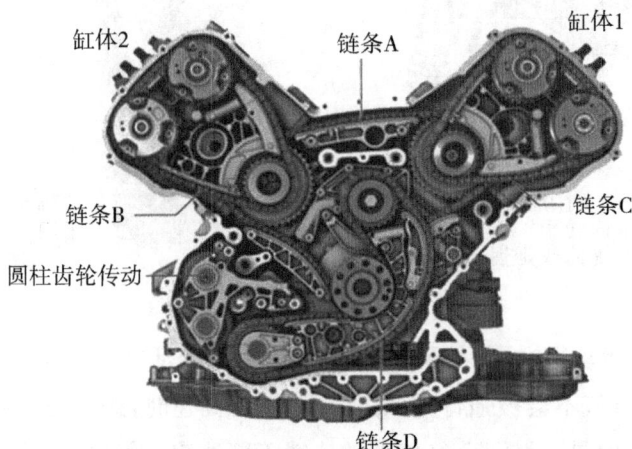

图 4-4-3 V6 发动机的可变配气相位

当发动机的转速为 3700 r/min 时,要求进气门关闭得较迟。左列缸对应的可变气门正时调节器向上运动,上部链条由短变长,下部链条由长变短。右列缸对应的可变气门正时调节器向下运动,上部链条由长变短,下部链条由短变长。在左列缸的下部链条、右列缸的上部链条同时由长变短的过程中,排气凸轮轴已转过 θ 角,进气凸轮才开始动作,进气门关闭变晚了,满足了高速,进气门关闭较迟,可提高最大功率的要求。

左右列缸对应的可变气门正时机构均设置了一个可变气门正时电磁阀。发动机在获得转速传感器的信息后,对左右列缸对应的可变气门正时电磁阀的控制方式做出正确选择并控制阀体动作。当获得不同阀体位置时,通往可变气门正时调节器内的液压油路变换,使得可变气门正时调节器上升或下降,以至于左右列缸对应的进气门获得不同的迟闭角。

思考与练习

1. 现代汽车发动机为何几乎都采用顶置式气门配气机构?

2. 帕萨特 B5 发动机的进气提前角为 16°,进气迟关角为 38°,排气提前角为 38°,排气迟关角为 8°,请画出该发动机的配气相位图,并计算进、排气门重叠角。

3. 现代车用发动机的配气机构具有什么特点?

项目5 汽油机供给系统

5.1 燃料供给系基本知识

5.1.1 汽油的性能

汽油是由石油提炼而得的密度小又易于挥发的液体燃料,由多种碳氢化合物组成,是多种烃的混合物,含有约85%左右的碳,15%左右的氢和极少量其他元素。

汽油的使用性能指标主要是蒸发性、热值和抗爆性等。随着对排放要求的提高,车用汽油的标准也不断提升。

1. 蒸发性

在发动机中,汽油先从液态蒸发成气态,并与一定比例的空气混合成为可燃混合气后,才能在汽缸中燃烧。高速车用汽油机,形成可燃混合气的时间很短,一般只有百分之几秒。汽油蒸发性的好坏,对于形成的混合气质量有很大影响。

汽油的蒸发性常通过燃料的蒸馏试验来测定。将汽油加热,分别测定蒸发出100%、50%、90%馏分时的温度及终馏温度,分别称为10%馏出温度、50%馏出温度、90%馏出温度及干点。10%馏出温度表示汽油轻质馏分的多少,此温度过高则低温起动性能差,过低则易形成气阻;50%馏出温度反映汽油的平均蒸发性能,过高则对发动机的加速以及燃料分配的均匀性都不利;90%馏出温度及干点表示汽油中重质馏分的多少,温度过高时燃料蒸发不完全,燃烧性能差。

汽油机工作时,汽油供给管路可能受热升温。当温度升高到使汽油蒸气压力达到饱和值,即管路系统压力时,汽油泵和管路中将产生大量汽油蒸气泡,阻止液态汽油畅流,这种现象称为气阻。如果汽油流量减少到不足以维持发动机正常运转,导致发动机失速(转速突然下降),甚至发动机停止工作。发动机所用的汽油蒸发性愈强,愈易发生气阻。因此,在国产汽油质量指标中规定夏季与冬季需要不同的饱和蒸气压力。

2. 抗爆性

汽油的抗爆性是指汽油抵抗爆燃的能力,是汽油的重要性能指标。一般用辛烷值表示,辛烷值愈高,抗爆性越好。辛烷值分研究法辛烷值和马达法辛烷值两种,分别是在不同的实验条件下,由一定比例的异辛烷(抗爆震燃烧能力很强的碳氢化合物,规定其辛烷值为100)和正庚烷(抗爆震燃烧能力极弱的碳氢化合物,规定其辛烷值为0)组成混合燃料与被测汽油爆燃程度相等时,混合液中异辛烷的体积百分数即为被测定汽油的辛烷值。

我国汽油的牌号就是研究法辛烷值,例如,代号为93汽油,其辛烷值不小于93。发动机选用抗爆性较好的汽油,就可以采用较高的压缩比而不发生爆燃,从而提高发动机的热效率。选择汽油的主要依据是发动机的压缩比,压缩比高的汽油机,一般采用辛烷值高的汽油。

3. 热值

燃料的热值是指1 kg燃料完全燃烧后所产生的热量,汽油的热值约为44000 kJ/kg。

5.1.2　汽油机对可燃混合气的要求

汽油机可燃混合气形成的时间很短,从进气行程开始到压缩行程结束只有540 m/s,要形成均匀的可燃混合气关键在于汽油的雾化和蒸发程度。可燃混合气形成就是汽油雾化、蒸发以及与空气混合的过程。其浓度通常用空燃比或过量空气系数表示。

1. 空燃比

空燃比为可燃混合气中空气质量与燃油质量之比。理论空燃比为理论上1 kg燃油完全燃烧所需要的空气质量为14.7 kg。可燃混合气的空燃比小于14.7为浓混合气,空燃比大于14.7为稀混合气。

2. 过量空气系数

过量空气系数为燃烧1 kg燃油实际供给的空气质量与完全燃烧1 kg燃油的化学计量空气质量之比,计作λ。

$\lambda=1$的可燃混合气即为理论混合气,$\lambda<1$的为浓混合气,$\lambda>1$的为稀混合气。要使混合气中的汽油完全燃烧,混合气λ必须大于1。

通过对图5-1-1的分析,该汽油机在$\lambda=1.1$时,燃油消耗率最低,即经济性最好,此混合气称为经济混合气。

如果混合气过稀,虽然混合气中的汽油可以保证完全燃烧,但由于过稀的混合气燃烧速度低,在燃烧过程中,部分燃烧过程是在活塞向下止点移动过程进行的,燃烧放出的热量

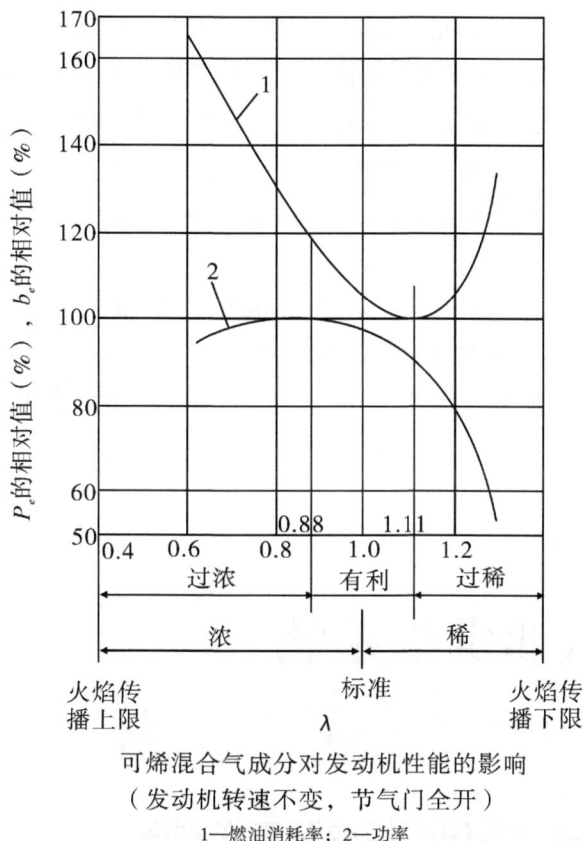

可燃混合气成分对发动机性能的影响
（发动机转速不变，节气门全开）

1—燃油消耗率；2—功率

图 5-1-1　混合气浓度对汽油机性能的影响

转变为机械功的那部分相对较少，而通过汽缸壁面传给冷却水散失的热量增多，汽油机的动力性和经济性降低。当混合气 $\lambda=1.3\sim1.4$ 时，燃料分子之间的距离将增大到使混合气的火焰不能传播，以致发动机不能稳定运转，甚至缺火停转。此 λ 值为火焰传播下限。

当发动机的节气门全开，且转速一定的情况下，$\lambda=0.88$ 时输出的功率最大，该混合气称为功率混合气。一般 $\lambda=0.85\sim0.95$ 时，混合气中的汽油分子相对较多，燃烧速度高，热损失小，其他条件相同时，汽油机在该浓度的混合气中工作时输出功率最大。但由于空气含量不足，部分汽油不能完全燃烧，发动机经济性较差。

当混合气浓度在 $\lambda=0.4\sim0.5$ 时，由于严重缺氧，火焰不能传播，此 λ 值为火焰传播上限。

5.1.3　发动机各工况对可燃混合气成分的要求

汽车的行驶工况随载荷、车速、路况等因素经常变化，各种工况对混合气浓度的要求如下。

（1）冷起动工况　它属于过渡工况。由于发动机处于冷机状态（特别是北方冬天）及发动机转速较低，燃油不易汽化，造成气缸内实际产生的混合气浓度过低，不易起动，需要多喷入燃油，使发动机顺利起动。要求混合气浓度为 $\alpha=0.2\sim0.6$。

（2）暖机工况　它属于过渡工况。发动机起动后，随着发动机温度逐渐上升，汽油的蒸发和汽化条件逐步转好，这时应逐步减少供油量使 α 值逐步增大，但仍属于浓混合气范围。

（3）急速及小负荷工况　发动机在急速工况时，节气门处于接近关闭位置，吸入的空气量少，且汽油蒸发雾化效果差，应提供较浓的混合气，一般 $\alpha = 0.7 \sim 0.9$。

（4）中负荷工况　它是行车中最常用的工况，要求在中负荷工况燃油经济性最好，因此 $\alpha = 0.9 \sim 1.1$。

（5）全负荷工况　节气门全开时，为了使发动机发出最大的功率，应使 $\alpha = 0.85 \sim 0.95$。

（6）加速工况　节气门开度突然加大，使吸入的空气量急剧增加，气缸内可燃混合气的浓度瞬间变稀，影响汽车加速性能，因此，在汽车加速过程中应增加喷油量。

5.2 / 汽油供给系统

5.2.1　汽油供给系统的组成及工作原理

汽油供给系统的作用是供给发动机燃烧过程所需的燃油，汽油供给装置的组成如图 5-2-1 所示。汽油由电动汽油泵从油箱中泵出，经汽油滤清器滤去杂质后，被送到燃油导轨，通过燃油导轨上的燃油压力调节器调整喷油压力，喷油器根据发动机控制单元的喷油指令，开启喷油器内的电磁阀，将适量的汽油喷入进气歧管内。一般的汽油喷射压力为 250～300 kPa。

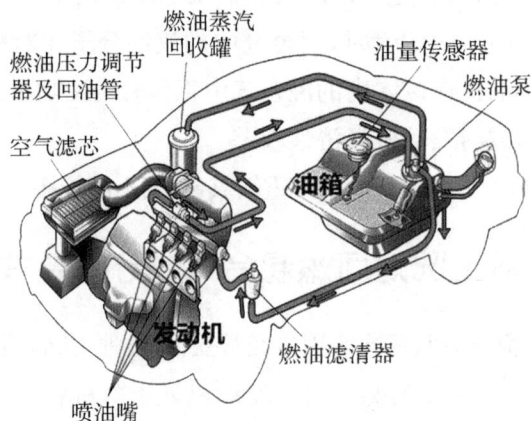

图 5-2-1　汽油供给装置的组成

有些车型为了改善发动机的冷起动性能,在进气管处安装一个冷起动喷油器,以便在冷起动时喷人一定量的汽油。

5.2.2　各部件的结构及工作原理

1.汽油箱

汽油箱是用来贮存汽油的,其容积大小与车型和发动机排量有关。其形状随车型不同而各异,这主要是为了适应在车上的布置安装。

传统的汽油箱采用薄钢板冲压焊接制成,现代轿车的油箱多数采用耐油硬塑料制成。

汽油箱的结构如图 5-2-2 所示,一般油箱盖上设计有重力阀、通风阀。重力阀的作用是依靠其自重,在正常情况下允许空气进入油箱以消除负压,当车辆倾斜 450 或翻车时,此阀自动将通风口关闭,以防止汽油漏出,发生火灾。

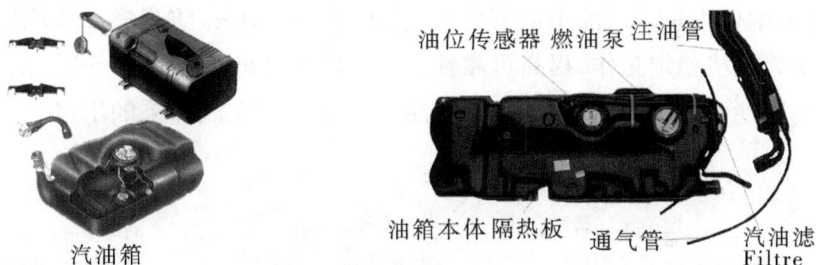

图 5-2-2　汽油箱的结构

2.电动汽油泵

电动汽油泵的作用是向发动机输送充足的燃油并维持足够的压力,以保证在所有工况下有效地喷射。

根据电动汽油泵的安装位置其可分为内置式和外置式两种。内置式是将电动汽油泵安装在汽油箱内,外置式是电动汽油泵安装在汽油箱外。现在绝大多数轿车采用内置式电动汽油泵。

电动汽油泵的结构如图 5-2-3 所示。

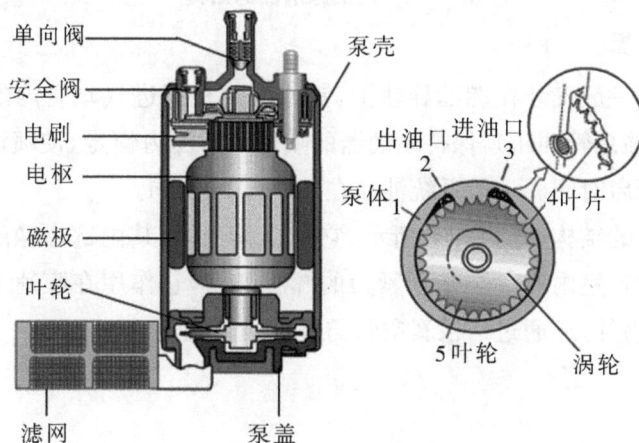

图 5-2-3　电动汽油泵的结构

只要发动机工作，电动汽油泵就一直工作，其过程是：电动汽油泵通电，电动机工作，带动泵体转动，吸入汽油。汽油通过泵体、电动机、单向阀由出油口泵出。其中单向阀的作用是防止汽油倒流。当发动机停机时，电动汽油泵也停止工作，使汽油管路和燃油导轨内保存一定残余压力的汽油，以便发动机下次容易起动，并可防止由于温度较高而产生的气阻现象。

安全阀起到电动汽油泵过载限压保护的作用。一般如果电动汽油泵输出压力超过400 kPa，则安全阀打开，多余的高压油流回油箱。

泵体一般有滚柱泵、内啮合齿轮泵、涡轮泵和侧槽泵等。

目前，无回油的供油系统(RLFS)已经开始应用。它是在油箱中加装一个油压调节器，构成在油箱内的连续回油。

3.汽油滤清器

汽油滤清器的作用是将汽油中的氧化铁、粉尘等杂质滤去，防止燃油系统堵塞，减少机件的磨损，确保发动机稳定工作，提高可靠性。汽油滤清器的结构如图 5-2-4 所示。滤芯一般由滤纸制造，可滤去 0.01 mm 的杂质。汽油滤清器安装在汽油泵的出口一侧，它是一次性使用的。

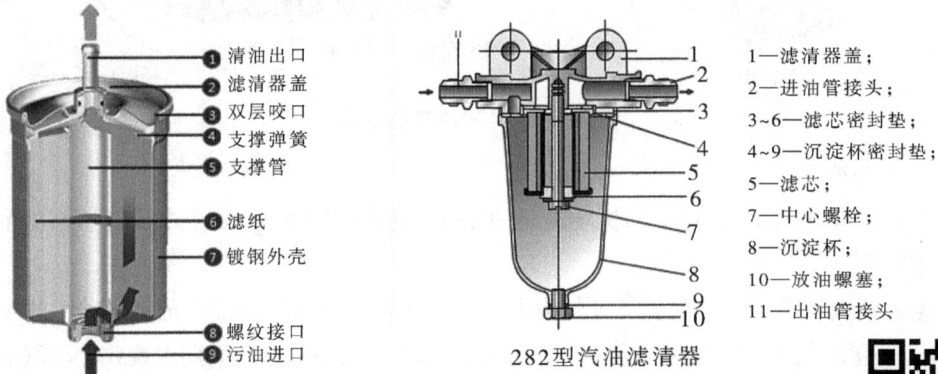

1—清油出口
2—滤清器盖
3—双层咬口
4—支撑弹簧
5—支撑管
6—滤纸
7—镀钢外壳
8—螺纹接口
9—污油进口

1—滤清器盖；
2—进油管接头；
3—6—滤芯密封垫；
4—9—沉淀杯密封垫；
5—滤芯；
7—中心螺栓；
8—沉淀杯；
10—放油螺塞；
11—出油管接头

282型汽油滤清器

图 5-2-4　汽油滤清器的结构

4.燃油压力调节器

燃油压力调节器一般安装在燃油导轨上，其作用是根据进气歧管内的绝对压力的变化来调节系统油压(燃油总管油压)，保持喷油器的喷油绝对压力恒定，使喷油器的燃油喷射量只取决于喷油器的开启时间。一般系统油压在 250～300 kPa。

燃油压力调节器的结构如图 5-2-5 所示，它有金属壳体，其内部由橡胶膜片分为弹簧室和燃油室两部分。弹簧室内有一个带预紧力的螺旋弹簧，它作用在膜片上。在膜片上安装一个阀，控制回油。另外，还通过一根真空管与进气歧管相连。

接进气歧管　　上盖
　　　　　　大弹簧
小弹簧　　　阀座
　　　　　　膜片
阀球
O型密封圈
壳体　　　　从燃油分配管来
下盖
加油管嘴　　加油

油压调节器

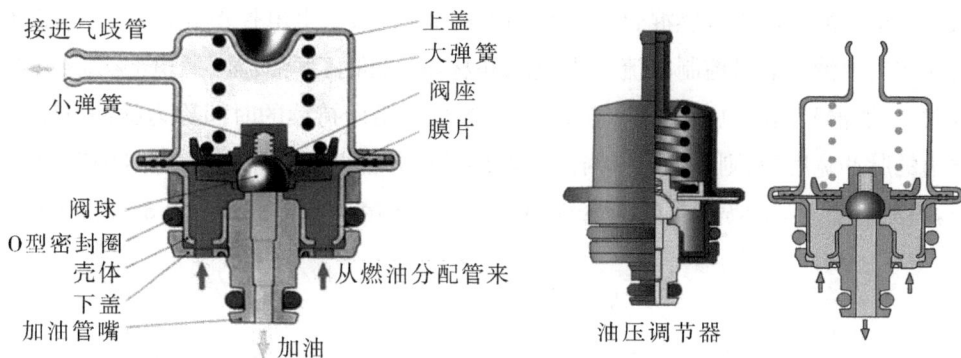

图 5-2-5　燃油压力调节器的结构

当系统油压超过规定值时,汽油压力克服弹簧压力,将膜片向下压,打开阀门,与回油通道接通,系统压力降低,回到规定值。

如果进气歧管的真空度变大,为了维持燃油导轨内部与进气歧管内部的压力差恒定,就必须降低系统油压。把进气歧管真空度引入弹簧室,能够减少膜片上螺旋弹簧的作用力,进而减少打开阀门的压力,使系统油压下降到规定值。反之亦然。

当电动汽油泵停止工作时,在膜片和螺旋弹簧力的作用下使阀关闭,保持油路中的残余压力。

5.喷油器

喷油器是供油系统中非常重要的部件,如图 5-2-6 所示。它是一个电磁阀,由发动机控制单元控制。

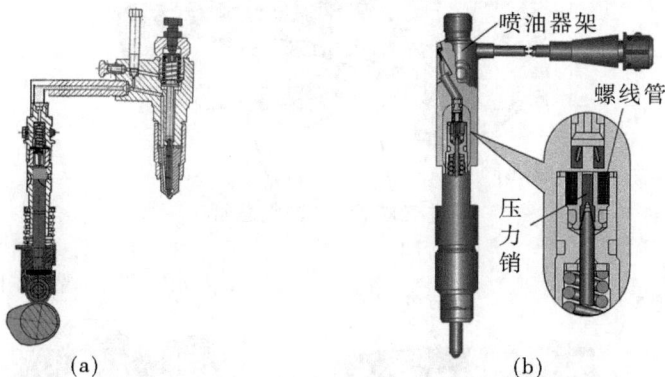

喷油器架

螺线管

压力销

(a)　　　　　　　　　　(b)

图 5-2-6　喷油器的结构

电磁喷油器按喷油口形式分轴针式、球阀式和片阀式 3 种;按用途分为单点式和多点式。

喷油器的作用是根据 ECU 指令,控制燃油喷射量。按喷油口的结构不同,喷油器可分为轴针式和孔式两种。喷油器主要由滤网、线束连接器、电磁线圈、回位弹簧、衔铁和针阀等组成,针阀和衔铁制成一体。

喷油器的功用是按照电控单元的指令将一定数量的汽油适时地喷入进气道或进气管内,

并与其中的空气混合形成可燃混合气。喷油器的通电、断电由电控单元控制。电控单元以电脉冲的形式向喷油器输出控制电流。当电脉冲从零升起时,喷油器因通电而开启。电脉冲回落到零时,喷油器又因断电而关闭,电脉冲从升起到回落所持续的时间称为脉冲宽度。若电控单元输出的脉冲宽度短,则喷油持续时间短,喷油量少;若电控单元输出的脉冲宽度长,则喷油时间长,喷油量多。一般喷油器针阀升程约为 0.1 mm,喷油脉宽一般在 1.5~2.9 ms。

5.3 / 空气供给系统

空气供给系统主要包括空气滤清器、节流阀体、进气歧管等,如图 5-3-1 所示。

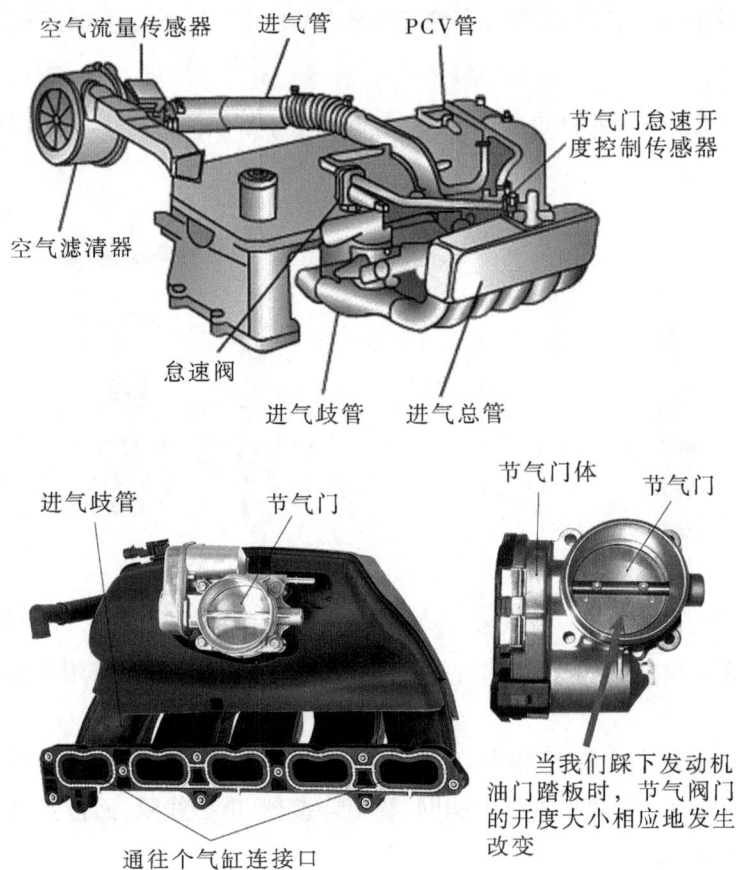

空气流量传感器　进气管　PCV管

节气门怠速开度控制传感器

空气滤清器

怠速阀

进气歧管　进气总管

进气歧管　节气门

节气门体　节气门

通往个气缸连接口

当我们踩下发动机油门踏板时,节气阀门的开度大小相应地发生改变

图 5-3-1　空气供给系统

5.3.1　主要部件结构与工作原理

1. 空气滤清器

空气滤清器的主要作用是过滤流向进气道的空气,防止空气中的灰尘进入气缸,减少气缸、活塞、活塞环等零件的磨损,延长发动机的使用寿命。

空气滤清器常用的种类有纸质干式空气滤清器和油浴式空气滤清器。其中纸质干式空气滤清器的应用最多,如图 5-3-2 所示,它是采用树脂处理的纸质滤芯,其优点是滤清效率高,且与负荷无关,结构简单。

1—空气滤清器盖及夹子总成;
2—空所滤清器芯总成;
3—空所滤清器本体总成;
4—六角头导颈螺栓;
5—弹簧垫圈;
6—垫圈;
7—金属衬套;
8—橡胶衬套;
9—橡胶衬套;
10—进气喇叭口;
11—橡胶衬套;
12—橡胶导流罩;
13—蜗杆传动式软管夹箍;
14—蜗杆传动式软管夹箍;
15—连接变形胶管;
16—蜗杆传动软管夹箍;
17—十字槽盘头自攻螺钉;
18—簧片螺母;
19—波纹管支架;
20—冷空气波纹管;
21—六角头导颈螺栓;
22—垫圈;
23—波形管卡子;
24—管夹子;
25—冷空气进口弯管

图 5-3-2　空气滤清器

2. 进气歧管

进气歧管将来自进气总管的空气送到各汽缸所对应的进气道。为了增大进气量,需控制进气管道截面积的大小、弯曲程度以及管道内表面的形状,以尽力减小进气阻力。同时各缸所对应进气歧管内气体流道的长度应尽可能相等,确保各缸的进气量均匀一致。

汽车进气歧管常采用铝合金、工程塑料等材料加工而成(如图 5-3-3 所示)。

进气歧管

气道燃油喷射式发动机进气歧管

至各气缸

进气

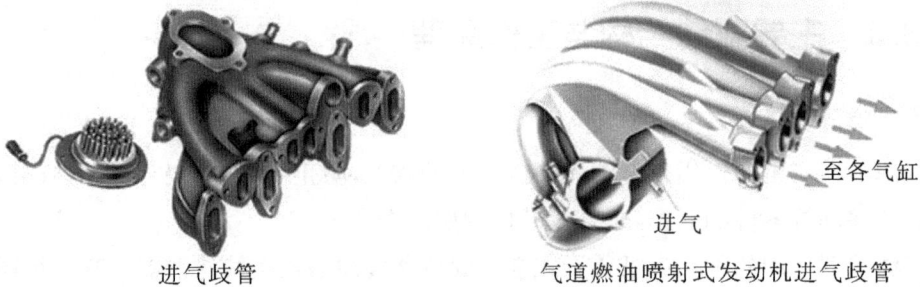

图 5-3-3　进气歧管

5.3.2　可变进气系统

可变进气系统是通过进气系统的调节作用,提高发动机的充气效率,以获得最佳的输出功率,如图 5-3-4 所示。

在进气过程中,当进气门刚打开时,在进气门口处产生一定的真空,形成负的压力波,这种负压力波沿进气管以音速传递到进气管的入口,然后反射,形成正的压力波,又返回到进气门端,如果在进气终了时,这种正的压力波波峰恰好达到进气门端,则进气压力升高,充气效率增加,反之,如果波谷恰好达到进气门端,则进气压力减少,充气效率降低。人们希望在发动机的转速范围内,这种正压力波与进气脉冲最佳匹配,从而使得进气终了时的正压力波的波峰恰好达到进气门端。这种增压技术被人们称为谐波增压。

谐波增压可通过改变进气管的长度和容积实现。较长的进气歧管使发动机在低转速下获得较大的转矩,但在高转速下却会出现较低的最大输出功率,而较短的进气歧管却正相反。通过改变可变进气歧管长度,可以保证在较大的转速范围内,不但具有较大的转矩,而且在高转速区具有较高的最大输出功率。

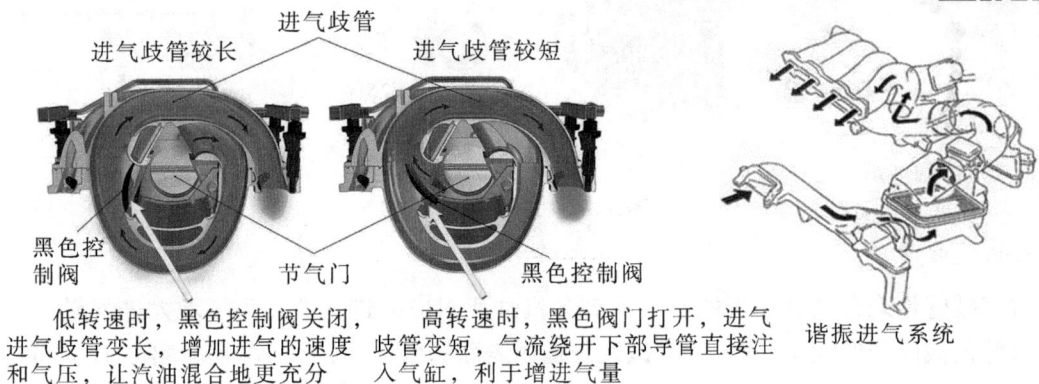

进气歧管

进气歧管较长　　进气歧管较短

黑色控制阀　　节气门　　黑色控制阀

谐振进气系统

低转速时,黑色控制阀关闭,进气歧管变长,增加进气的速度和气压,让汽油混合地更充分

高转速时,黑色阀门打开,进气歧管变短,气流绕开下部导管直接注入气缸,利于增进气量

图 5-3-4　可变进气系统

5.4 电子控制系统

5.4.1 汽油喷射系统的分类

汽油喷射式发动机的燃油系统简称汽油喷射系统,它是在恒定的压力下,利用喷油器将一定数量的汽油直接喷入气缸或进气管道内的汽油机燃油供给装置。汽油喷射式发动机具有较高的动力性和经济性,良好的排放性。此外,发动机的振动有所减轻,汽车的加速性也有显著改善。

车用汽油喷射系统有多种类型,可按不同方法进行分类:

(1)按汽油喷射系统的控制方法分　可分为机械控制式、电子控制式及机电混合控制式3种。近十年来电子控制汽油喷射系统(以下简称电控汽油喷射系统)得到了迅速而又充分的发展,成本大幅度下降,使用可靠性和可维修性都达到了相当高的水平,目前以此类为主。如图5-4-1所示。

(2)按喷射部位的不同　可分为缸内喷射和缸外喷射两种。缸内喷射是通过安装在气缸盖上的喷油器,将汽油直接喷入气缸内。这种喷射系统需要较高的喷射压力,约3～5MPa。因而喷油器的结构和布置都比较复杂,目前极少应用。缸外喷射系统是将喷油器安装在进气管或进气歧管上,以0.20～0.35MPa的喷射压力将汽油喷入进气管或进气道内。缸外喷射系统分进气管喷射和进气道喷射。进气管喷射系统的喷油器安装在节气门体上,而节气门体安装在进气歧管的上部。因此,进气管喷射又称节气门体喷射(TBI),又称这种喷射方式为单点喷射(SPI)。而将燃油喷射在进气道进气歧管口的为多点喷射(MPI)。

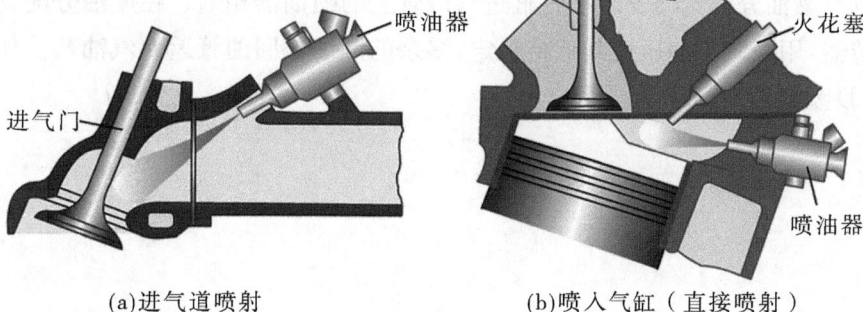

(a)进气道喷射　　　　　(b)喷入气缸（直接喷射）

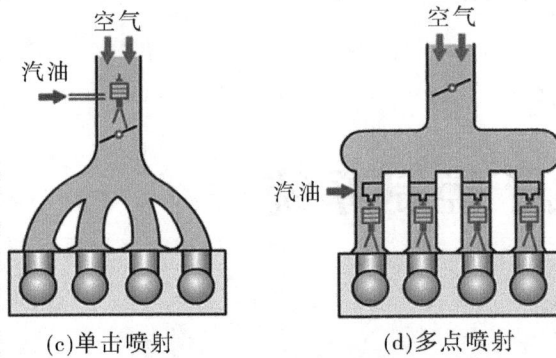

(c)单击喷射　　　　　　　　(d)多点喷射

图 5-4-1　按喷射部位分类

(3)按喷射的连续性　将汽油喷射系统分为连续喷射式和间歇喷射式。连续喷射是指在发动机工作期间,喷油器连续不断地向进气道内喷油,且大部分汽油是在进气门关闭时喷射的。这种喷射方式大多用于机械控制式或机电混合控制式汽油喷射系统。间歇式喷射是指在发动机工作期间,汽油被间歇地喷入进气道内。电控汽油喷射系统都采用间歇喷射方式。间歇喷射还可按各缸喷射时间分为同时喷射、分组喷射和按序喷射等三种形式。

5.4.2　电控汽油喷射系统的基本类型

电控汽油喷射系统(EFI系统)是以电控单元(ECU)为控制中心,并利用安装在发动机上的各种传感器测出发动机的各种运行参数,再按照电脑中预存的控制程序精确地控制喷油器的喷油量,使发动机在各种工况下都能获得最佳空燃比的可燃混合气。目前,各类汽车上所采用的电控汽油喷射系统在结构上往往有较大的差别,在控制原理及工作过程方面也各具特点。

1.博世D型汽油喷射系统

D型汽油喷射系统是最早应用在汽车发动机上的电控多点间歇式汽油喷射系统,其基本特点是以进气管压力和发动机转速作为基本控制参数,用来控制喷油器的基本喷油量。

汽油箱内的汽油被电动汽油泵吸出并加压至 0.35MPa 左右,经汽油滤清器滤除杂质后被送至燃油分配管。燃油分配管与安装在各缸进气歧管上的喷油器相通。在燃油分配管的末端装有油压调节器,用来调节油压使其保持稳定,多余的汽油经回油管返回汽油箱。如图5-4-2所示为博世D型燃油喷射系统。

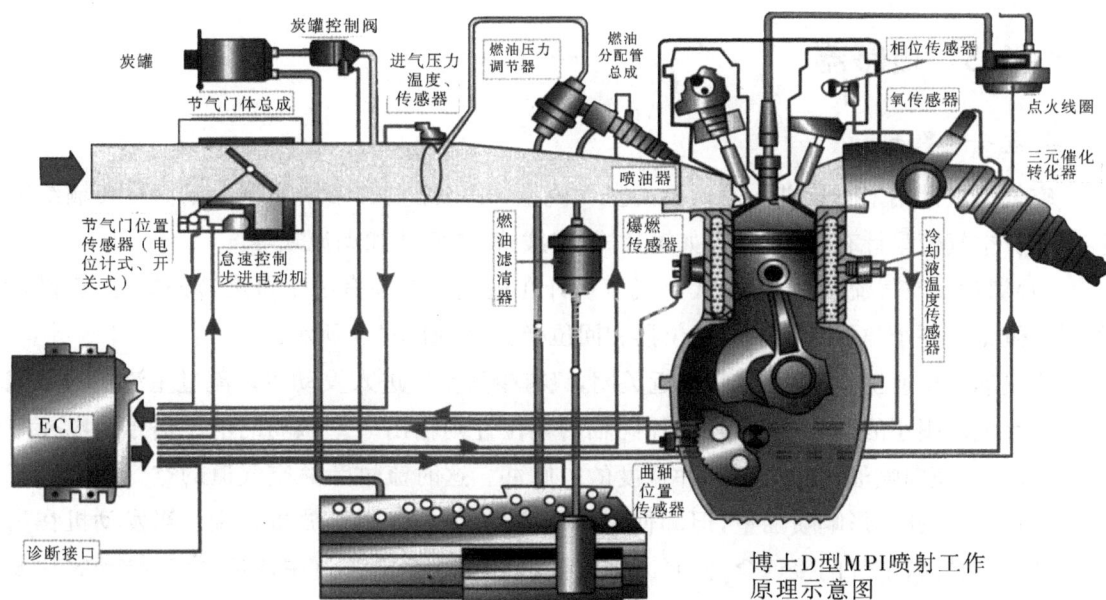

炭罐控制阀
炭罐
进气压力、温度、传感器
燃油压力调节器
燃油分配管总成
相位传感器
氧传感器
点火线圈
三元催化转化器
节气门体总成
喷油器
节气门位置传感器（电位计式、开关式）
怠速控制步进电动机
燃油滤清器
燃油传感器
爆燃传感器
冷却液温度传感器
ECU
诊断接口
曲轴位置传感器
博士D型MPI喷射工作原理示意图

图5-4-2　博世D型燃油喷射系统

2.博世L型汽油喷射系统

L型汽油喷射系统是在D型汽油喷射系统的基础上,在20世纪70年代发展起来的多点间歇式汽油喷射系统。其构造和工作原理与D型基本相同,只是L型汽油喷射系统采用翼片式空气流量计直接测量发动机的进气量,并以发动机的进气量和发动机转速作为基本控制参数,从而提高了喷油量的控制精度。如图5-4-3所示为博世L型燃油喷射系统。

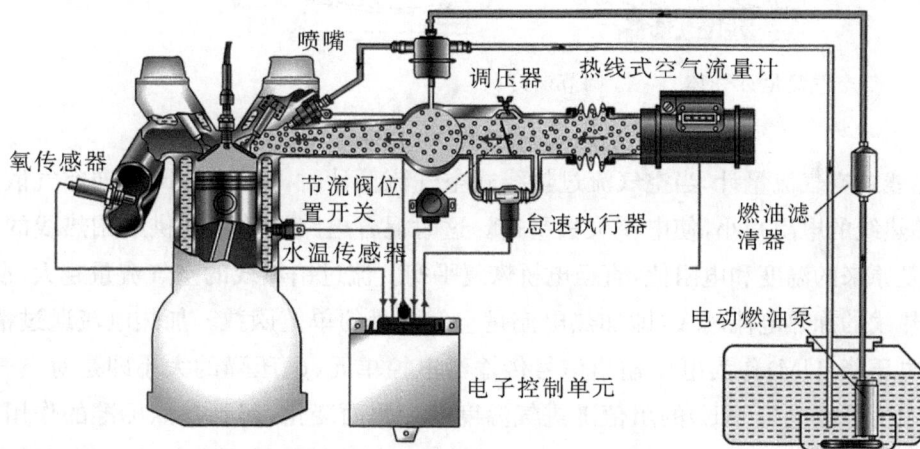

喷嘴
调压器
热线式空气流量计
氧传感器
节流阀位置开关
水温传感器
怠速执行器
燃油滤清器
电子控制单元
电动燃油泵

图5-4-3　博世L型燃油喷射系统

电子控制系统的主要作用是收集发动机的工况信号并确定最佳喷油量、最佳点火时刻。它由传感器、执行元件和控制单元组成。

5.4.3 传感器

1.空气流量计

空气流量计用来测量进入发动机的空气流量,并将测量的结果转换为电信号传输给电控单元。空气流量计有多种形式,如翼片式、热线式、热膜式和涡流式等。

(1)翼片式空气流量计 翼片式空气流量计在进气道上装有一个可旋转的翼片,流量计的另一侧则有一个与翼片同轴的电位器和回位弹簧,如图5-4-4所示。

当发动机怠速工作时,节气门接近关闭,只有少量空气进入发动机。流过主流道的空气推动翼片偏转很小的角度,同时与翼片同轴的电位计则输出一个微弱的电压信号给电控单元,电控单元便向喷油器输出短脉冲宽度的电脉冲。这时流过旁通空气道的空气未经空气流量计计量,因此不影响喷油量,但却使混合气变稀,使CO的排放量减少。当发动机在高速大负荷运转时,节气门接近全开,吸入的空气量较多且全部流过主流道,空气推动翼片偏转较大的角度,电位计则输出较强的电压信号,电控单元相应地输出长脉冲宽度的电脉冲。

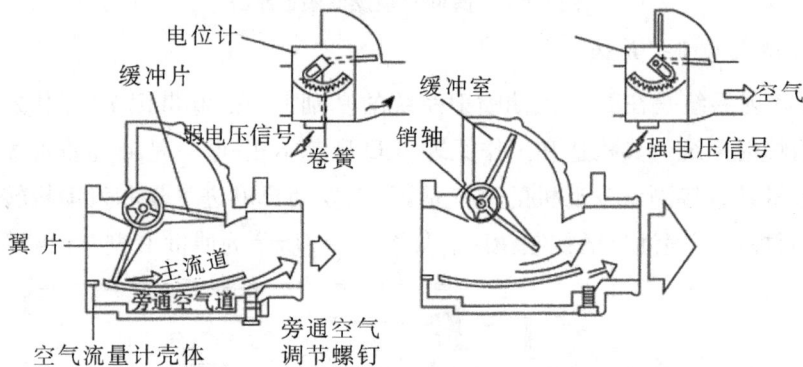

图 5-4-4 翼片式空气流量计

(2)热线式空气流量计 当空气流过热线式空气流量计时,铂热线(RH)向空气散热,温度降低,铂热线的电阻减小,使电桥失去平衡。这时混合电路自动增加供给铂热线的电流,以使其恢复原来的温度和电阻值,直至电桥恢复平衡。流过铂热线的空气流量越大,混合电路供给铂热线的加热电流越大,即加热电流是空气流量的单值函数。加热电流通过精密电阻产生的电压降(UM)作为电压输出信号传输给电控单元,电压降的大小即是对空气流量的度量。温度补偿电阻(RK)的阻值随进气温度的变化而变化,起到参照标准的作用,用来消除进气温度的变化对空气流量测量结果的影响。一般将铂热线通电加热到高于温度补偿电阻温度100,如图5-4-5所示。

(a)热线式空气流量计　　　　　　　(b)热线式空气流量计电路

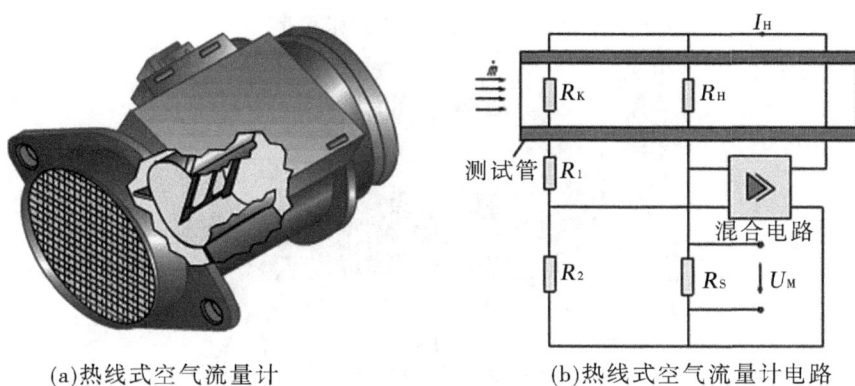

图 5-4-5　热线式空气流量计

（3）热膜式空气流量计　热膜式空气流量计测量原理与热线式空气流量计相似,利用热膜与空气之间的热传递来测量空气流量。热膜传感器是利用微硅片加工技术,将铂电阻器与隔膜叠加在一起,固定在陶瓷基底上,组成传感器内部电路,如图 5-4-6 所示。用热膜代替热线提高了空气流量计的可靠性和耐用性,并且热膜不会被空气中的灰尘粘附二影响精度。

进气气流

图 5-4-6　热膜式空气流量计结构及工作原理示意图

由于空气流对热电阻的冷却作用,为保持加热电阻 RH 温度恒定,通过所需的电流值可以计算出吸入空气的质量流量。由于温度不同对电阻的冷却强度不同,需要空气温度作为修正系数。

（4）光电检测涡流式空气流量计　当进气气流流过涡流发生器时,发生器两侧就会交替产生涡流,两侧的压力就会交替发生变化。进气量越大,旋涡数量越多,压力变化频率越高。导压孔将变化的压力导到导压腔中,反光镜和张紧带就会随着压力变化而产生振动,振动频率与单位时间内产生的旋涡数量（即旋涡频率 F）成正比。反光镜将 LED 的光束反射到光敏三极管上,因为光敏三极管受到光束照射时导通,不受光束照射时截止,所以光敏三极管导通与截止的频率与旋涡频率成正比。信号处理电路将频率信号转换成方波信号输入 ECU 之后,ECU便可计算出进气流量的大小。发动机转速越高,吸入汽缸的进气量越大,产生涡流的频率就越高,如图 5-4-7 所示。

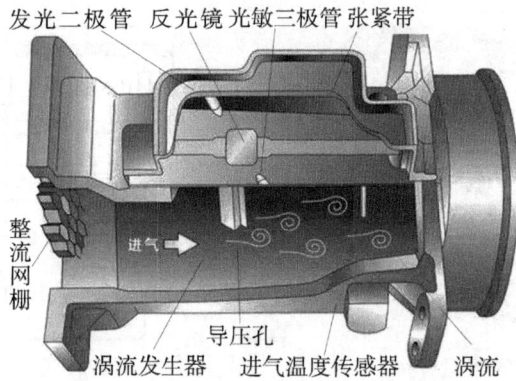

图 5-4-7　光电检测涡流式空气流量计

2. 发动机转速传感器

　　发动机转速传感器是一个磁感应传感器。它采集曲轴转角位置和发动机转速信号。其工作原理如图 5-4-8 所示。在曲轴上有一个靶轮，靶轮上有 60 个齿，传感器对它进行扫描。当靶轮经过传感器时，产生一个变电压信号，其频率随发动机转速的变化而变化，控制单元根据交变电压的频率识别发动机的转速。在靶轮上有一处缺两个齿，感应传感器扫描到该处，1 缸活塞处于上止点前 72°，它是作为控制单元识别曲轴转角位置的基准标记。发动机转速传感器感应出的信号如图 5-4-9 所示。

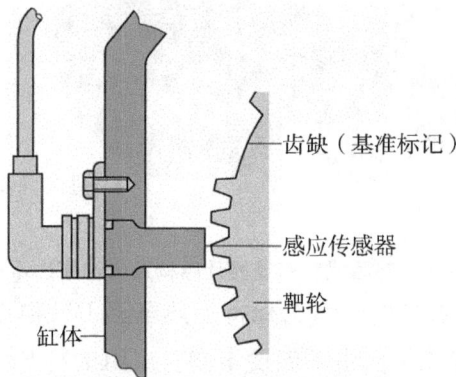

图 5-4-8　发动机转速传感器工作原理

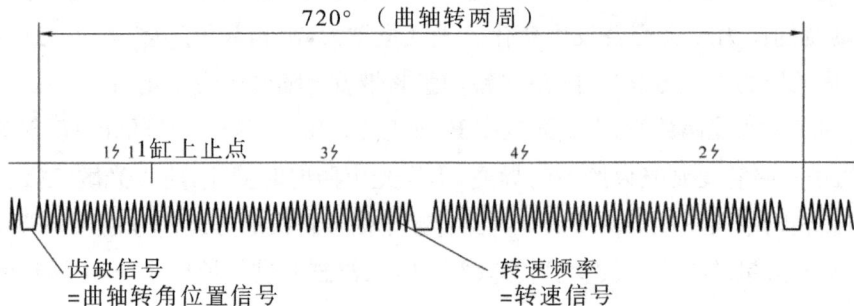

图 5-4-9　发动机转速传感器感应出的信号

3.霍尔传感器

霍尔传感器(相位传感器)安装在缸盖右侧,进气凸轮轴后端。它是一个电子开关,利用霍尔原理工作,结构如图5-4-10所示。霍尔传感器的隔板上有一个霍尔窗口,凸轮轴每转一周(曲轴转720°)产生一个信号,该信号出现在1缸压缩行程的上止点前72°。控制单元根据此信号可识别1缸压缩行程的上止点位置,用于顺序喷油和爆震选择控制。如果霍尔传感器的信号中断,它没有替代功能,发动机控制单元不能区分1缸和4缸。

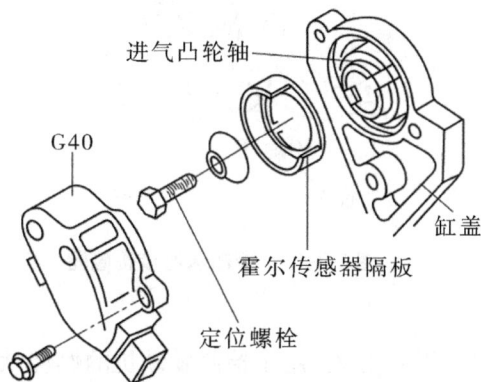

图5-4-10　霍尔传感器

4.进气温度传感器

进气温度传感器是一个负温度系数(NTC)电阻,即温度升高阻值下降。它安装在进气管上体,如图5-4-11所示。进气温度传感器将进气温度转变成电信号,送给控制单元,用于各种控制功能的修正。如果该信号中断,控制单元将启用一个替代值,但不能准确感知进气温度,会导致热起动困难,排放升高等故障。

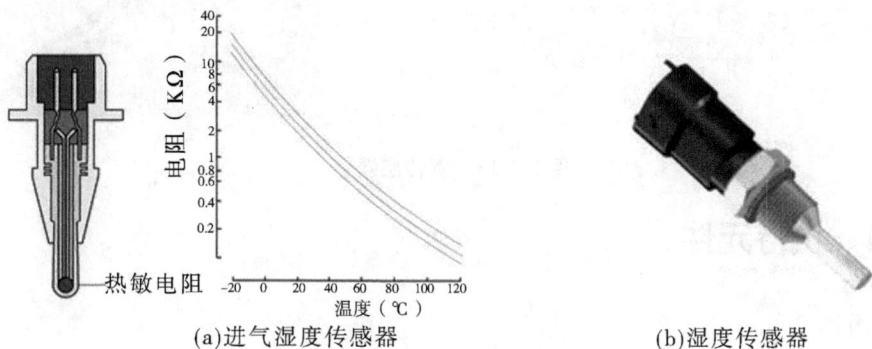

(a)进气湿度传感器　　　　　　　　(b)湿度传感器

图5-4-11　进气温度传感器

5.冷却水温度传感器

冷却水温度传感器也是一个NTC电阻,它与水温表传感器装在一个壳体里,直接与发动机冷却水接触,如图5-4-12所示。该信号是一个较重要的修正信号。如果该信号中断,控制单元将启用一个替代值,但不能准确感知冷却水温度,将会导致发动机冷热起动困难,油耗增加,怠速自适应差,排放升高等故障。

图 5-4-12　冷却水温度传感器

6.氧传感器

氧传感器安装在排气管谐振腔内,用于检测发动机的燃烧状况,向控制单元提供修正喷油量的电信号,从而实现燃油喷射的闭环控制,如图 5-4-13 所示。氧传感器由氧化锆陶瓷及其表面覆盖的多孔性铂膜制成,其内侧与大气相通,外侧与排出废气接触。废气中的残余含氧量与大气中含氧量的浓差,能在氧化锆陶瓷表面产生电位差,此电位差能体现出废气中的氧含量,反映出混合气的浓稀,控制单元根据此信号对喷油量进行调节。

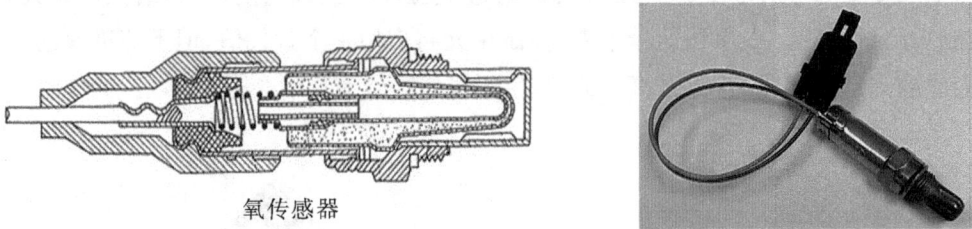

氧传感器

图 5-4-13　氧传感器

5.4.4　执行元件

1.节流阀体

节流阀体也称节气门控制单元,它采用整式结构,如图 5-4-14 所示,主要由怠速开关、怠速节气门电位计、节气门电位计以及怠速电机组成。这种整体式结构取消了节气门的旁通通道,怠速调节直接在节气门上进行。它的最大优点是减少了部件数目,减少了漏气的可能性,避免了一些故障的发生。

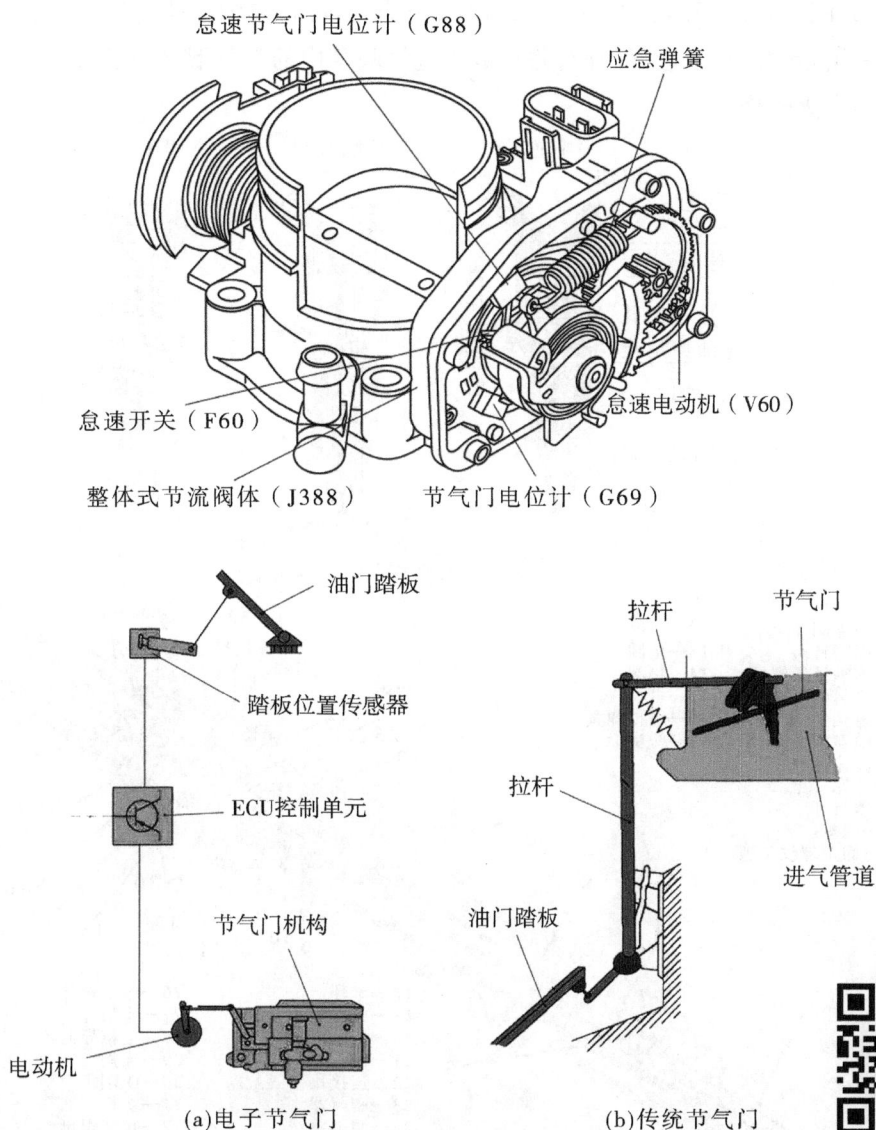

图 5-4-14　节气门控制单元

急速开关、急速节气门电位计、节气门电位计向控制单元提供节气门当前的位置信息，属于传感器部分；急速电机是执行元件。在急速范围内，控制单元根据各种信息，通过控制急速电机来调节急速时节气门的开度，具体功能有：急速时，急速电机根据发动机的负荷和温度来控制节气门开大或关小，使发动机总工作在最佳急速状态；当快速松开油门踏板时，急速电机可使节气门缓慢回位，直至到达所要求的急速转速为止，起到了节气门缓冲器的作用；若电子控制急速失效，节气门将保持在一个确定位置，控制单元对此不起作用。

2.喷油器

喷油器装在进气门上方的进气管下体上，每一个气缸都装有一个喷油器，它是由电磁元件控制的,如图 5-4-15 所示。电控单元发出指令信号,可将喷油器头部的针阀打开,在把精确配剂的一定量燃油喷入进气门前,并与吸入进气歧管内的空气混合,混合后的可燃混合气进入气缸内点火燃烧。

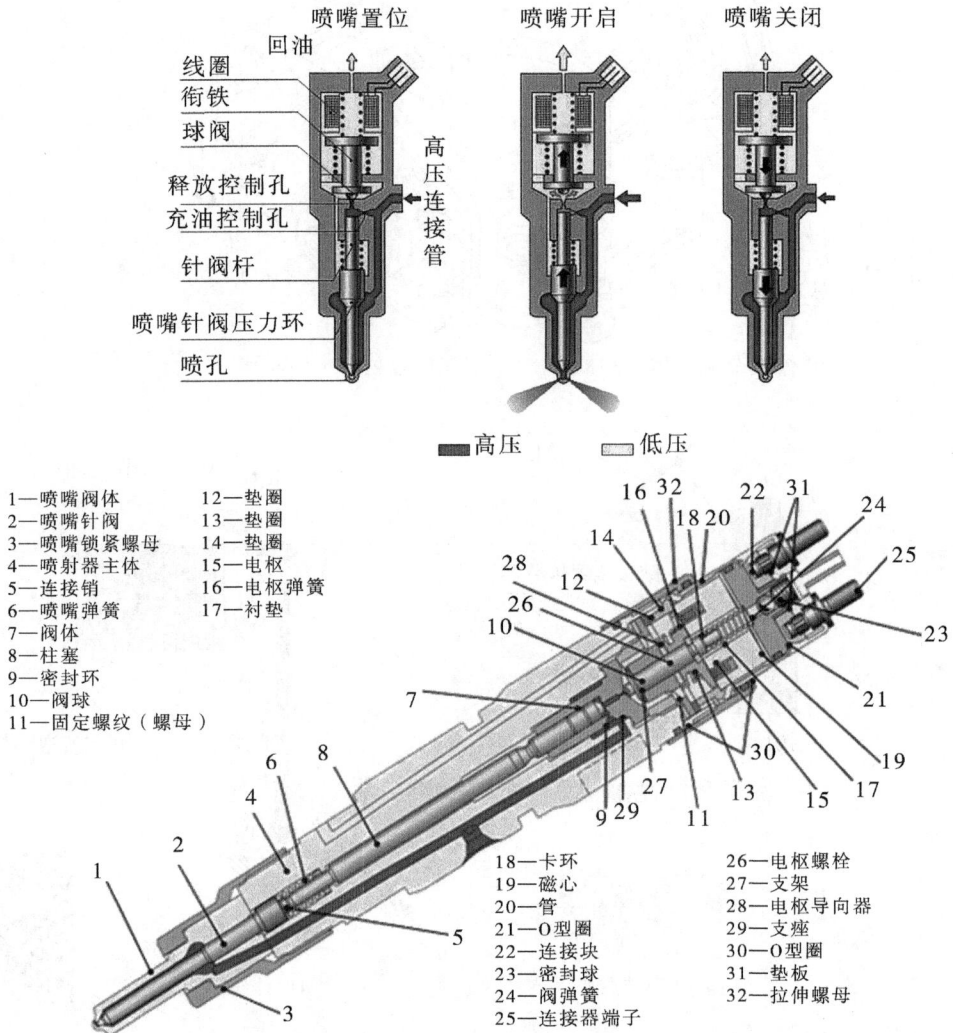

图 5-4-15 喷油器结构示意图

5.4.5 控制单元

发动机控制单元是一种具有 80 个插脚的电子综合控制装置,其外观结构如图 5-4-16 所示。

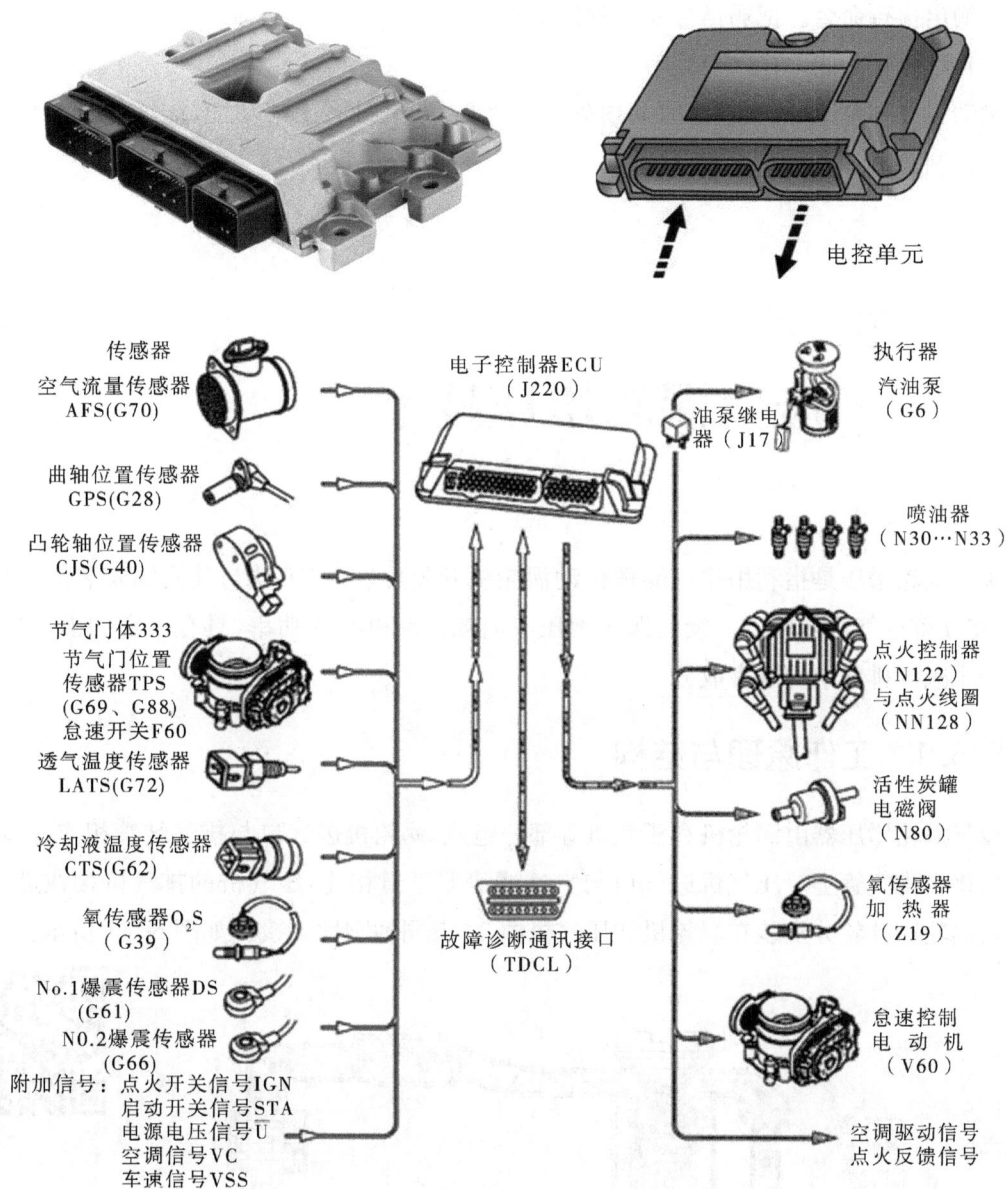

电控单元

传感器
空气流量传感器
AFS(G70)

曲轴位置传感器
GPS(G28)

凸轮轴位置传感器
CJS(G40)

节气门体333
节气门位置
传感器TPS
(G69、G88)
息速开关F60

透气温度传感器
LATS(G72)

冷却液温度传感器
CTS(G62)

氧传感器O₂S
（G39）

No.1爆震传感器DS
(G61)

N0.2爆震传感器
(G66)

附加信号：点火开关信号IGN
启动开关信号STA
电源电压信号 U̅
空调信号VC
车速信号VSS

电子控制器ECU
（J220）

故障诊断通讯接口
（TDCL）

油泵继电器（J17）

执行器
汽油泵
（G6）

喷油器
（N30…N33）

点火控制器
（N122）
与点火线圈
（NN128）

活性炭罐
电磁阀
（N80）

氧传感器
加 热 器
（Z19）

息速控制
电 动 机
（V60）

空调驱动信号
点火反馈信号

图 5-4-16　发动机控制单元

控制单元负责对发动机控制系统进行管理。它不仅控制燃油喷射系统,同时还具有点火控制、息速控制、油箱通风控制、自诊断和备用控制等多种功能。具体功能如下。

①给传感器提供基准电压,将所需输出的信息转变成控制单元所能接收的信号。

②接收传感器或其他装置输入的各种信息。

③进行存储、计算、分析处理信息;存储该车的特征参数;计算出输出值;存储运算中的数据;存储故障信息。

④运算分析。根据信息参数求出执行命令数值,并将输出信息与标准值比较。

⑤输出执行命令。把弱信号变为强的执行命令。

⑥自我修正功能(自适应功能)。

发动机控制单元,能在较短时间内处理很多信号,且具有上述功能,能够进行高精度的发动机控制。

5.5 废气涡轮增压技术

废气涡轮增压是指利用排气能量推动涡轮机叶轮旋转,并带动与其同轴安装的压气机工作,将新鲜空气进行增压。废气涡轮增压不消耗发动机有效功率,具有一定的消声作用,并进一步减少排气中的有害成分。

5.5.1 工作原理与结构

废气涡轮增压器由涡轮机和压气机等部分组成,涡轮机进气口与排气歧管相连,涡轮的排气口接在排气管上。压气机进气口与空气滤清器管道相连,压气机的排气口接在进气歧管上。涡轮和叶轮分别装在涡轮机和压气机内,二者同轴刚性连接。如图5-5-1所示。

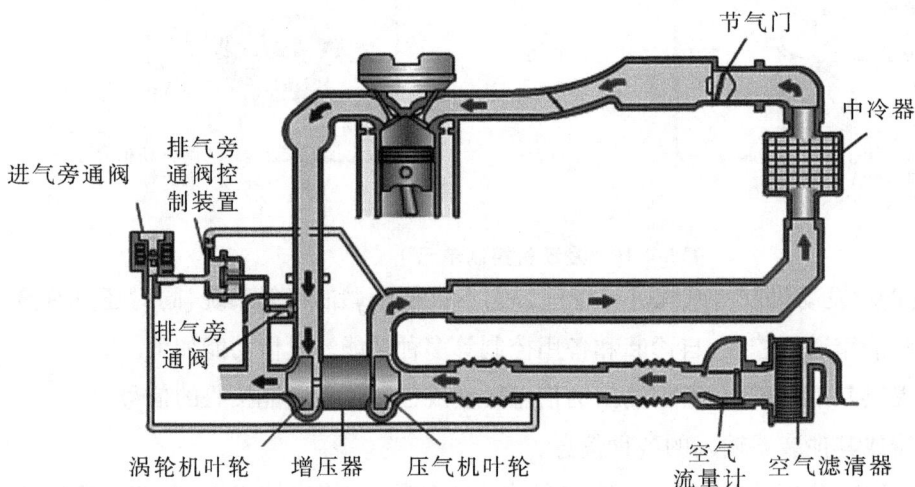

(a)单涡轮增压系统示意图

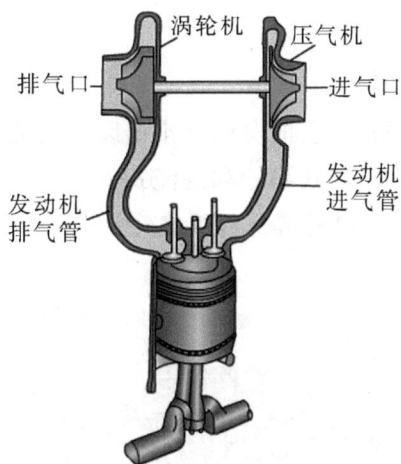

(b)涡轮增压示意图

图 5-5-1　废气涡轮增压器结构及原理

5.5.2　离心式压气机

离心式压气机结构紧凑、质量小,在较宽的流量范围内具有较高的效率(图 5-5-2)。

离心式压气机由进气道、叶轮、扩压器和压气机蜗壳组成。进气道的作用是将外界空气导向压气机叶轮,为了降低流动损失,通道为渐缩形。空气在离心力的作用下沿压气机叶片之间所形成的流道从中心流向周边,并从旋转的叶轮获得能量,使其流速、压力和温度均有提高,然后进入扩压器。

扩压器将压气机叶轮出口高速空气的动能转变为压力能。扩压器一般是一渐扩形的扩压管,空气流过扩压管时,流速降低、压力升高,大部分动能转化为压力能,温度上升。

压气机蜗壳的作用是收集从扩压器流出来的空气,将其引导到发动机的进气管。压气机蜗壳也有一定的扩压作用,由于从扩压器出来的空气仍有较大的速度,在蜗壳中进一步把动能转化为压力能。

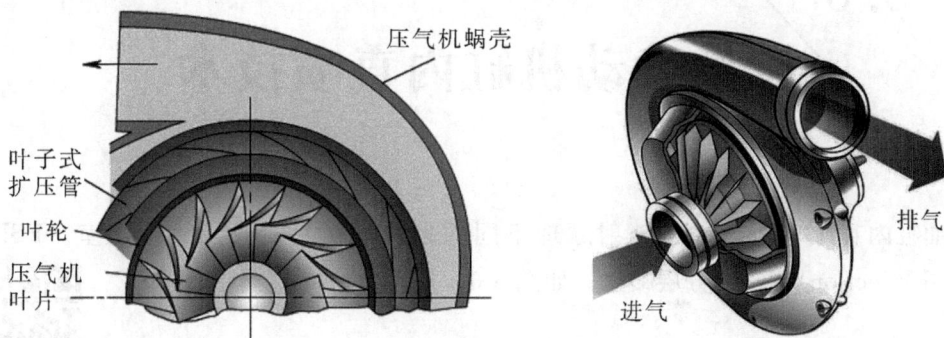

图 5-5-2　离心式压气机

5.5.3 涡轮

涡轮的工作过程与压气机相反,它把发动机排出废气的能量转化为机械功来驱动压气机叶轮。涡轮分为轴流式涡轮、径流式涡轮和混流式涡轮等。车用增压器常使用径流式涡轮,主要由进气蜗壳、喷嘴环、工作叶轮等部件组成(图5-5-3)。

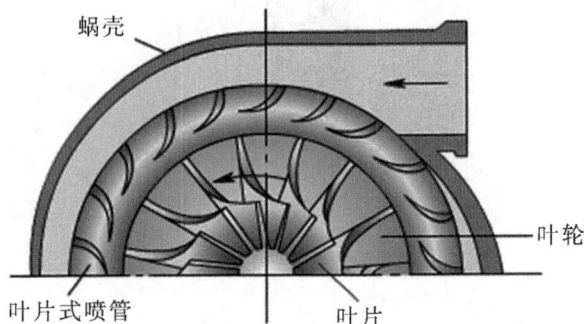

图 5-5-3　径流式涡轮机示意图

进气蜗壳的作用是把发动机排出的具有一定能量的废气,以尽量小的流动损失均匀地引导到涡轮喷嘴环的入口。

喷嘴环又称导向器,流通截面呈渐缩形,燃气膨胀加速并按规定的方向进入工作叶轮。

工作叶轮与压气机叶轮同轴,把气体的动能转化为机械功向压气机输出。

排气壳收集叶轮排出的废气并送入后面的排气管。为了降低叶轮的背压,使气体在叶轮中充分膨胀做功,排气壳做成一个渐扩形的管道。

5.6
汽油发动机缸内直喷技术

汽油缸内直喷与进气歧管喷射原理不同的是汽油被直接喷入到燃烧室。FSI(Fuel Stratified Injection)即汽油分层喷射。如图5-6-1所示为缸内直喷原理图。

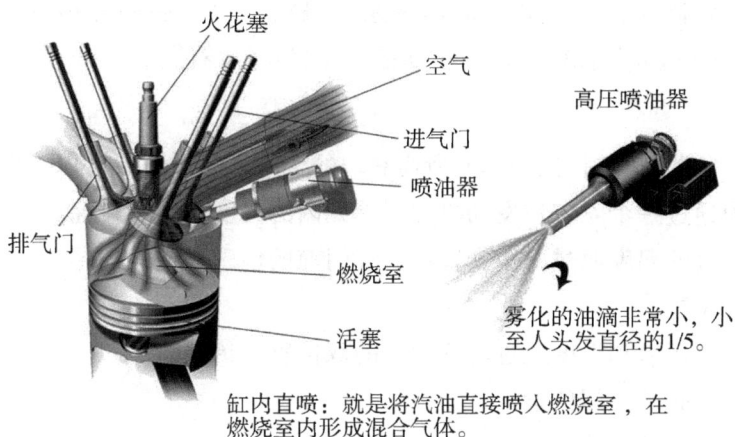

缸内直喷：就是将汽油直接喷入燃烧室，在燃烧室内形成混合气体。

雾化的油滴非常小，小至人头发直径的1/5。

图 5-6-1　发动机缸内直喷技术原理

5.6.1　FSI 的特点

1. 燃油消耗低

FSI 发动机缸内直接喷射形成的高压雾化混合气相对于传统的缸外喷射发动机可减少大约 20％的燃油消耗，对减少二氧化碳的排放也会有很大作用。

2. 热效率高

由于分层充气模式的燃烧只发生在火花塞附近，所以缸壁上的热损耗是很少的，提高了热效率。

3. 废气再循环率高

强制分层充气可使废气再循环率高达 35％，可有效地对排放进行控制。

4. 压缩比高

吸入的空气通过燃油在燃烧室直接喷射雾化而冷却下来，降低了爆震的可能性，可提高压缩比。

5. 优化超速切断效果

在变速器转速恢复到低于发动机转速的过程中，气缸壁不会沉积燃油，燃油基本上被完全转化成可用能量，即使在恢复转速较低时，发动机也能稳定运行。

5.6.2　FSI 燃油系统的组成

1. 燃油供给系统

(1)低压油路　低压油路主要由电子燃油泵及压力调节装置组成，产生压力为 0.35 MPa 的燃油并供给发动机驱动的高压泵。

(2)高压油路 高压部分主要由高压油泵、油轨、压力控制阀等组成。将油压从0.35 MPa升高到12 MPa,并使油轨的压力波动最小,向各喷油器供油。

2.控制系统

发动机进行负荷计算时,控制单元所需获取的传感器信号主要有以下内容。

①环境压力通过一个安装在发动机控制单元内的高度传感器传递。

②所吸入空气的温度通过一个安装在节气门前的传感器传递。

③节气门的位置。

④进气管中的压力和温度通过进气管上的双传感器传递。

⑤废气再循环阀的气门位置。

⑥充气运动阀门的位置。

⑦进气凸轮轴的位置。

5.6.3 TFSI 技术

FSI是带有分层充气的直接喷射技术。TFSI发动机放弃了分层充气而致力于提高功率和扭矩。涡轮增压发动机上保留了FSI这个简写,但取消了分层充气工作模式。一方面取消了分层模式和氮氧化物传感器,另一方面则致力于较高功率和转速所带来的驾驶乐趣。

1.排气系统

由于受到空间大小的限制,所以开发出一个涡轮室与排气歧管一体的模块式结构,如图5-6-2所示。其中包含有排气歧管和涡轮壳体,这种模块式结构既可以用在纵向布置的各种驱动形式上,也可以用于横向布置的各种驱动形式上。这种模块式结构的重要功能是方便拆装排气歧管以及连接靠近发动机的催化净化器。

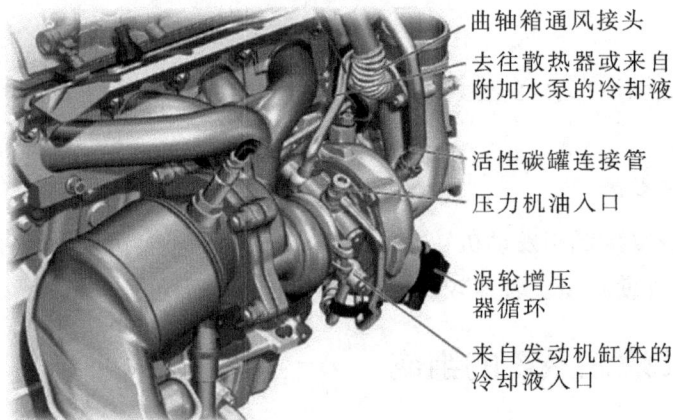

曲轴箱通风接头
去往散热器或来自附加水泵的冷却液
活性碳罐连接管
压力机油入口
涡轮增压器循环
来自发动机缸体的冷却液入口

图5-6-2 涡轮室与排气歧管一体的模块式结构

2. TFSI 燃油供给系统

TFSI 燃油系统的组成如图 5-6-3 所示。

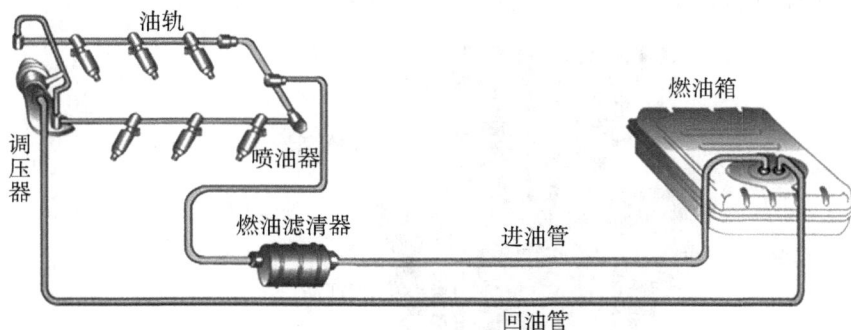

图 5-6-3　TFSI 燃油系统的组成

（1）低压系统　由电动燃油泵给高压泵供油,低压燃油系统的油压范围可以达到 50～500 kPa。在冷、热起动时低压燃油系统的油压可以达到 650 kPa。

（2）高压系统　高压系统的组成如图 5-6-4 所示。由高压泵产生高压,燃油压力为 5～11 MPa(取决于负荷和转速)。高压燃油经燃油压力调节器,燃油分配管输送到 4 个高压喷油阀上。

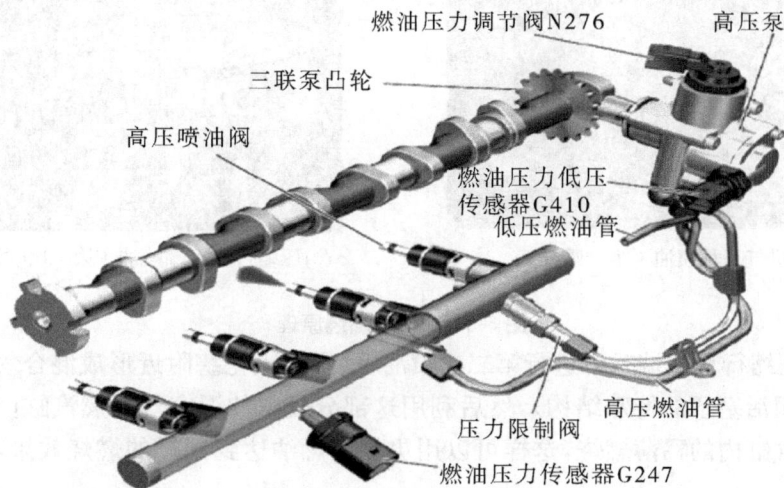

图 5-6-4　高压系统的组成

3. 分层燃烧

"均质燃烧"可以理解为普通的燃烧方式,即燃料和空气混合形成一定浓度的可燃混合气,整个燃烧室内混合气的空燃比是相同的,经火花塞点燃燃烧。由于混合气形成时间较长,燃料和空气可以得到充分的混合,燃烧更均匀,从而获得较大的输出功率。

而分层燃烧,整个燃烧室内的混合气的空燃比是不同的,火花塞附近的混合气浓度要比其他地方的要高,这样在火花塞周围的混合气他可以迅速燃烧,从而带动较远处较稀的混合气体的燃烧,这种燃烧方式称为"分层燃烧"。均质燃烧的目的是在高速行驶、加速时获得大功率；分层燃烧是为了在低转速、低负荷时节省燃油。

分层燃烧时，首先，发动机在进气行程活塞移至下止点时，ECU 控制喷油嘴进行一次小量的喷油，使气缸内形成稀薄混合气。如图 5-6-5 所示。

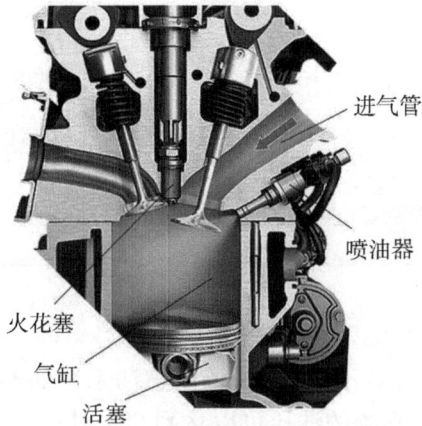

(a)二次喷油实现分层燃烧

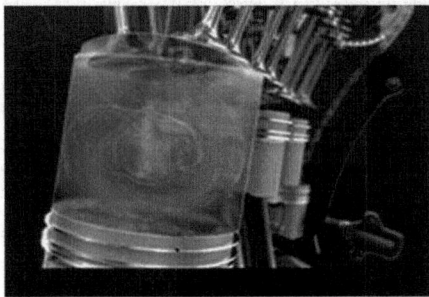

(b)进气行程喷油（第一喷油）

(c)压缩行程末端喷油（第二次喷油）

图 5-6-5　分层燃烧原理

在活塞压缩行程末端时再进行第二次喷油，这样在火花塞附近形成混合气相对浓度较高的区域（利用活塞顶的特殊结构），然后利用这部分较浓的混合气引燃汽缸内的稀薄混合气，从而实现气缸内的稀薄燃烧，这样可以用更少的燃油达到同样的燃烧效果，进一步降低发动机的油耗。

■ 思考与练习

1. 汽油机燃料供给系的作用是什么？

2. 主供油装置的作用是什么？它在哪些工况下参加供油？

3. 为什么发动机在起动工况时要供给多而浓的混合气？

4. 为什么汽油箱在必要时应与大气相通？

项目6 柴油机供给系统

6.1 柴油基本知识

柴油是在 533～625 K 的温度范围内从石油中提炼出来的碳氢化合物,其中各成分质量分别是碳 87%、氢 12.6%、氧 0.4%。

柴油的使用性能指标主要是发火性、蒸发性、黏度和凝点。

6.1.1 发火性

发火性是指柴油的自燃能力。柴油机工作时,柴油被喷入燃烧室后,并非立即着火燃烧,而要经过一段时间的物理和化学准备,这个准备时间称为备燃期。备燃期过长,在燃烧开始前燃烧室内积存的柴油过多,致使燃烧开始后气缸内的压力升高过快,使柴油机工作粗暴;反之,备燃期短,会使发动机工作柔和,而且可在较低温度下发火,有利于起动。柴油的发火性用十六烷值表示,十六烷值越高,发火性越好。但十六烷值过高的柴油喷入燃烧室后,还来不及与空气充分混合就着火,使柴油在高温下裂解分离出大量的游离碳,造成油耗、烟度上升。因此,一般汽车用柴油的十六烷值应在 40～50 范围内。

6.1.2 蒸发性

蒸发性是指柴油汽化的特性,是通过蒸馏试验来确定的,需要测量馏程为 50%、90% 及 95% 的馏出温度。同一相对蒸发量的馏出温度越低,越有利于可燃混合气的形成与燃烧,越有利于起动,但同时也会使柴油机工作粗暴。反之,若燃料中的重馏分含量过多,则会造成雾化不良,汽化缓慢,使燃烧不完全而产生严重的积碳现象。

6.1.3 黏度

黏度决定柴油的流动性。黏度过大的柴油,流动阻力也过大,难以沉淀、滤清,影响喷雾质量;反之,黏度过小的柴油,将增加精密偶件工作表面间的柴油漏失量,并加剧这些表面的磨损。因此应选用黏度合适的柴油。

6.1.4 凝点

凝点是表示柴油冷却到开始失去流动性的温度。柴油的凝点应比柴油机的最低工作温度低 5℃以上。凝点过高将造成油路堵塞。

柴油按其所含重馏分的多少分为重柴油和轻柴油。汽车用柴油机都是高转速的,因此,应采用轻柴油。轻柴油的牌号即根据凝点编定的,如 10 号、0 号和－35 号轻柴油的凝点分别为 10℃、0℃和－35℃。

为降低柴油的凝点,改善其低温流动性,使用时可在其中掺入裂化煤油或添加降凝剂。

此外,对柴油中的有害成分,如灰分、硫的含量、机械杂质、水分、酸度、水溶性酸和碱、实际胶质等也必须严格控制,国产轻柴油规格对这方面均有明确的规定。

6.2 柴油供给系统组成

柴油机燃料供给系一般由柴油箱、柴油粗滤器、输油泵、柴油细滤器、喷油泵、调速器、喷油器及油管等部件组成。其中喷油泵是柴油机燃料供给系中的关键部件。目前,柱塞式喷油泵和分配式喷油泵是柴油机燃料供给系中广泛应用的两种型式的喷油泵。如图 6-2-1 所示为柴油机燃油供给系统。

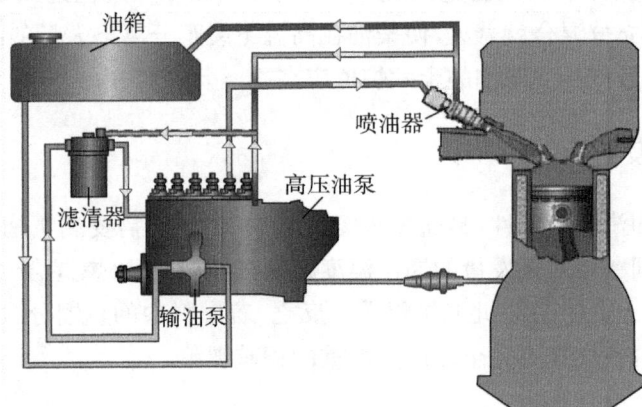

图 6-2-1 柴油机燃油供给系统

6.2.1　喷油器

喷油器的作用是根据 ECU 指令,控制燃油喷射量。按喷油口的结构不同,喷油器可分为轴针式和孔式两种。喷油器主要由滤网、线束连接器、电磁线圈、回位弹簧、衔铁和针阀等组成,针阀和衔铁制成一体。

喷油器的功用是按照电控单元的指令将一定数量的汽油适时地喷入进气道或进气管内,并与其中的空气混合形成可燃混合气。喷油器的通电、断电南电控单元控制。电控单元以电脉冲的形式向喷油器输出控制电流。当电脉冲从零升起时,喷油器因通电而开启。电脉冲回落到零时,喷油器又因断电而关闭。电脉冲从升起到回落所持续的时间称为脉冲宽度。若电控单元输出的脉冲宽度短,则喷油持续时间短,喷油量少;若电控单元输出的脉冲宽度长,则喷油持续时间长,喷油量多。一般喷油器针阀升程约为 0.1 mm,而喷油持续时间在 210 m/s 范围内。

6.2.2　喷油泵

喷油泵又称为高压油泵。它是柴油机燃料供给系中最重要的一个总成。它的功用是根据发动机的不同工况,定时、定量地向喷油器输送高压柴油。

对于多缸柴油机而言,喷油泵应满足如下要求。

(1)按发动机工作顺序供油,并且各缸供油量力求均匀,不均匀度在标定供油量时应不大于 3% ～4%。

(2)各缸的供油提前角和供油延续时间应相等,相差不得大于 0.5°曲轴转角。

(3)油压的建立和供油的停止都必须迅速,以防出现滴漏现象。

喷油泵的结构型式较多,车用柴油机的喷油泵按作用原理不同,可分为 3 类。

①柱塞式喷油泵。这种喷油泵应用的历史较长,性能良好,工作可靠,为目前大多数汽车柴油机所采用。

②喷油泵—喷油器。它将喷油泵和喷油器合为一体,直接安装在发动机气缸盖上,可以消除高压油管带来的不利影响。但要求在发动机上另加驱动机构。PT 燃油供给系统即属此类。另外,在电子控制燃油喷射系统中也有应用。

③转子分配式喷油泵。这种喷油泵只有一对柱塞副,依靠转子的转动实现燃油的增压与分配。它具有体积小、质量轻、成本低、使用方便等优点。尤其是体积小,对发动机和汽车的整体布置是十分有利的,因此转子分配式喷油泵的应用将越来越广,尤其在电子控制柴油机燃油喷射系统中的应用会大有前景。

1. 柱塞式喷油泵

为满足各种柴油机的需要,有利于喷油泵的制造和维修,喷油泵的生产是以柱塞行程、泵缸中心距和结构型式为基础,再分别配以不同尺寸的柱塞,组成若干种在一个工作循环内供油量不等的几个系列。目前,国产柱塞式喷油泵有 A 系列泵、B 系列泵和 P 系列泵等,习惯上称为 A 型泵、B 型泵和 P 型泵。其中 A 型泵和 B 型泵的基本结构相同,P 型泵与 A、B 型泵稍有区别。下面分别介绍 A 型泵和 P 型泵。

(1)A 型喷油泵 每个气缸都需要有一套泵油机构,几个相同的泵油机构装置在同一泵体上就构成了多缸发动机喷油泵。喷油泵一般固定在柴油机机体一侧的支架上,由柴油机曲轴通过齿轮驱动,齿轮轴和喷油泵的凸轮轴用联轴节连接,调速器安装在喷油泵的后端。

A 型喷油泵的结构如图 6-2-2 所示,其是由分泵、油量调节机构、传动机构和泵体四部分组成的。

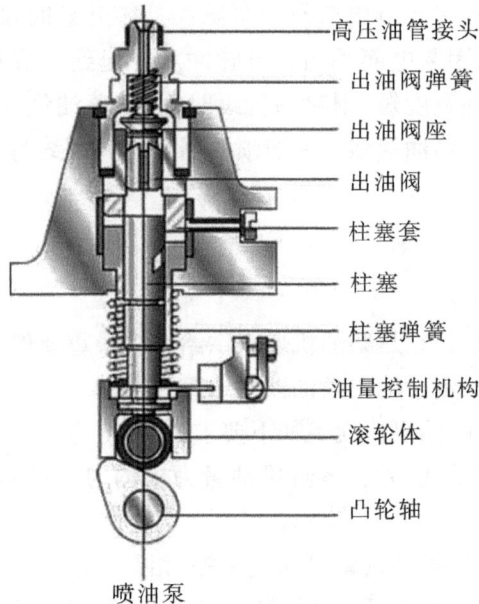

图 6-2-2　A 型喷油泵的结构

①分泵。对多缸喷油泵来讲,它是将与发动机缸数相同的几组泵油机构装置在同一壳体内形成的。其中每组泵油机构称为分泵。

分泵主要是由柱塞偶件(柱塞和柱塞套)、柱塞弹簧、弹簧上下支座、出油阀偶件(出油阀和出油阀座)、出油阀弹簧、减容器等组成。

柱塞上部的圆柱表面铣有斜槽,斜槽底部与柱塞顶面有孔道相通。柱塞套装入喷油泵体的座孔中,柱塞套上有进油孔,此孔与泵体内的低压油腔相通。为防止柱塞套转动,用销钉固定。柱塞和柱塞套是喷油泵中的精密偶件,两者用优质合金钢制造,以 0.0015～0.0025 mm 的间隙高精度配合,经研磨选配,不能互换,以保证燃油的增压和柱塞偶件的润滑。

柱塞弹簧通过弹簧上支座支承于泵体上,弹簧下端通过下支座支承在柱塞上,装配时有预紧力,依靠弹簧力柱塞压紧在滚轮架的上端面上。柱塞由喷油泵凸轮轴上的凸轮驱动,并在柱塞弹簧的作用下,在柱塞套内做往复运动。此外,它还可以绕自身轴线在一定角度范围内转动。

出油阀和出油阀座也是喷油泵的精密偶件,两者的密合间隙为 0.10 mm 左右,其密封锥面经配对研磨,不能互换。出油阀偶件位于柱塞套的上面,两者的接合平面要求密封。拧入出油阀压紧座,将出油阀座压紧在柱塞套上,同时又使出油阀弹簧将出油阀压紧在出油阀座上。为保证供油压力不低于规定值,出油阀弹簧在装配时应具有一定的预紧力。

②油量调节机构。油量调节机构的作用是根据柴油机负荷和转速的变化,相应地改变喷油泵的供油量并保证各缸的供油量一致。

由喷油泵的工作原理可知,喷油泵的供油量可通过转动柱塞以改变柱塞的有效行程的办法来改变。

A 型喷油泵采用齿杆式油量调节机构,如图 6-2-3 所示。柱塞下端的榫舌嵌入与控制套筒相应的切槽中,控制套筒松套在柱塞套上,在控制套筒上部套装一个可调齿圈并用螺钉锁紧,可调齿圈和油量调节齿杆相啮合,油量调节齿杆的轴向位置由驾驶员或调速器控制。移动油量调节齿杆时,可调齿圈连同控制套筒带动柱塞相对于固定不动的柱塞套转动,这样就改变了柱塞圆柱表面上斜槽与进油孔的相对角位置,即改变了柱塞的有效行程,实现了供油量的调节。

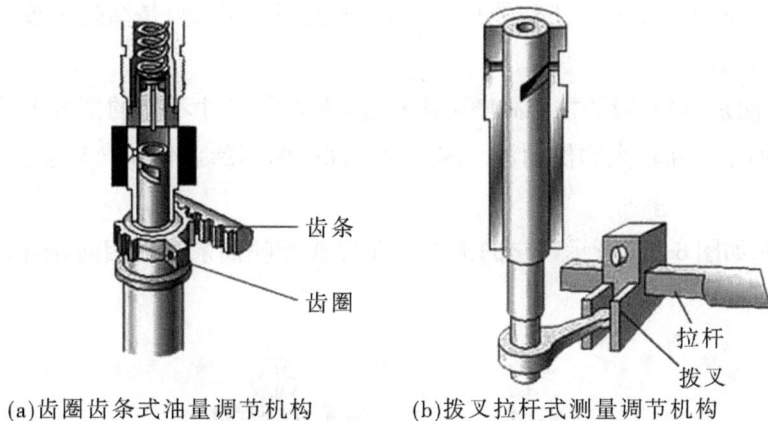

(a)齿圈齿条式油量调节机构　(b)拨叉拉杆式测量调节机构

图 6-2-3　A 型喷油泵齿杆式油量调节机构

各缸供油均匀性可通过改变可调齿圈与控制套筒的相对角位置来调整,即松开可调齿圈,按调整的需要使控制套筒与柱塞一起相对于可调齿圈转过一定角度,再将可调齿圈锁紧在控制套筒上。

齿杆式油量调节机构的特点是传动平稳,但制造成本较高。

③传动机构。传动机构由喷油泵凸轮轴和滚轮传动部件组成。喷油泵凸轮轴的两端通过圆锥滚子轴承支承在喷油泵壳体上,前端装有联轴节和供油提前调节器,后部与调速器相连。喷油泵的凸轮轴是由柴油机的曲轴通过齿轮机构驱动的。

滚轮传动部件的功用是将凸轮的旋转运动转变为自身的往复直线运动,推动柱塞上行供油。此外,滚轮传动部件还可以用来调整各分泵的供油提前角,为了保证供油提前角的正确性,滚轮传动部件的高度一般都是可调的。

④泵体。A 型喷油泵采用整体式泵体,由铝合金铸成。分泵、油量调节机构及传动机构都装在泵体内。泵体上有纵向油道,即低压油腔。输油泵输出的燃油经滤清后,由进油空心螺栓进入此油道,再由柱塞套上的油孔进入各分泵的油腔。输油泵供给的燃油量通常远大于喷油泵的需要量。当低压油腔的油压大于 0.05 MPa 时,油道另一端的限压阀开启,多余的燃油经回油管流回输油泵进油口。限压阀还兼放气作用。在喷油泵拆装后或发动机长期停放后,喷油泵油腔内会渗入空气,影响柴油机的正常工作。当需要放气时,在发动机起动前可将限压阀上端的螺钉旋出少许,再抽按手动输油泵,泵入喷油泵的燃油即可驱净渗入喷油泵内的空气。

在泵体下部及调速器壳体的内腔中装有润滑油,此润滑油可单独加注,也可与发动机润滑系相通,依靠润滑油的飞溅实现喷油泵传动机构和调速器内各零件的润滑。

整体式泵体可增加壳体的刚度,在较大的喷油压力下工作不致变形。分泵和传动机构等零件必须从壳体下部装入,因此在壳体底部设有大螺塞,也有的壳体底部用盖板封住。喷油泵壳体侧面有窗口盖板,以方便各分泵喷油量及供油时刻的调整。

国产 B 型喷油泵的结构与工作原理,与 A 型喷油泵相同,只是结构参数有所改变,以适应不同发动机使用。

(2)P 型喷油泵 与一般的柱塞式喷油泵相比,在安装尺寸不变的情况下,P 型喷油泵可获得较高的供油压力和较大的供油量。因而对柴油机的不断强化和向高速发展有良好的适应性。

P 型喷油泵如图 6-2-4 所示。它的工作原理与 A 型喷油泵基本相同,结构上有如下一些特点。

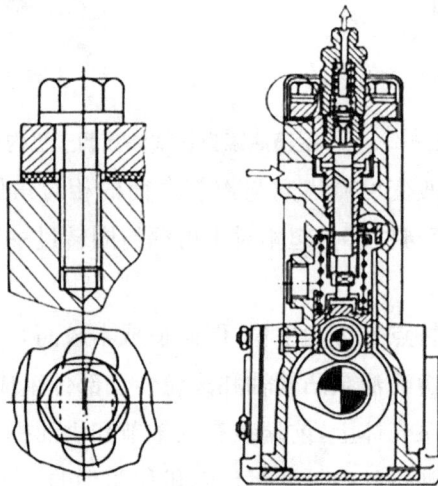

图 6-2-4 P 型喷油泵

①悬挂式柱塞套。柱塞和出油阀偶件都装在柱塞套内,顶部再拧上出油阀压紧座后,形成一个独立总成。柱塞套上端有凸缘,通过两个螺栓固定在泵体上,形成一个悬挂式结构。

供油时刻可通过增减柱塞套凸缘下面的调节垫片来调整。悬挂式柱塞套结构简单、工作可靠。

在柱塞套油孔的外面装有导流罩,当柱塞供油结束时,高压柴油会以很高的速度经柱塞套油孔流回低压油腔,并强烈地冲击喷油泵体,使其发生穴蚀。导流罩可以缓解高压柴油对喷油泵体的冲击,防止穴蚀现象的发生。

②钢球式油量调节机构。在每个柱塞的控制套筒上都装有一个小钢球,钢球嵌入到调节拉杆的凹槽中。柱塞上的榫舌嵌入到控制套筒下端的豁槽中。工作时,移动调节齿杆,钢球便带动各柱塞控制套筒使柱塞转动,从而实现供油量的调节。P型喷油泵各缸供油均匀性的调整与A型喷油泵不同,它是通过转动柱塞套的方法来改变柱塞的有效行程。柱塞套凸缘上的螺栓孔是长圆孔,松开紧固螺栓,柱塞套可绕其轴线转动,因而改变了柱塞套油孔与柱塞的相对位置,即改变了柱塞的有效行程,改变了循环供应量。调整范围为100左右。

③压力式润滑。滚轮传动部件、调速器等均采用发动机润滑系主油道中具有一定压力的机油进行润滑。这种润滑方式简单可靠。

④全封闭式泵体。全封闭式泵体刚度大,可防止泵体在较高的泵油压力作用下产生变形而加剧柱塞偶件的磨损;此外还起到防尘作用。

P型喷油泵的最大缺点是拆装不便。

(3)供油提前角调节装置 喷油提前角是指喷油器开始喷油至活塞到达上止点之间的曲轴转角。它的大小对柴油机工作过程有很大影响。若喷油提前角过大,则喷油时气缸内空气温度较低,混合气形成条件差,备燃期长,导致发动机工作粗暴;若喷油提前角过小,大部分柴油是在上止点以后,活塞处于下行状态时燃烧的,使最高工作压力降低,热效率也显著下降,导致发动机功率降低,排气冒白烟。因此为保证发动机具有良好的使用性能,必须选择最佳的喷油提前角。

喷油提前角实际上是由喷油泵的供油提前角来保证的。而整个喷油泵的供油提前角可以通过改变发动机曲轴和喷油泵凸轮轴之间的相位角来调整。

多数柴油发动机都根据常用工况确定一个喷油提前角,在这个常用工况范围内是最佳的,即能获得最大的功率和最小的燃油消耗率。这个常用工况下的喷油提前角是通过联轴节的结构来保证的。但是,当发动机转速发生变化时,最佳喷油提前角也随之改变,所以,还需要装有供油提前调节器,它能够保证在转速变化时,喷油提前角自动地发生相应的改变。

2.分配式喷油泵

分配式喷油泵简称分配泵,按其结构不同,可分为轴向压缩式分配泵和径向压缩式分配泵两种。轴向压缩式分配泵应用广泛。

(1)轴向压缩式分配泵的结构 轴向压缩式分配泵也称VE泵,其结构如图6-2-5所示。该泵主要由联轴器、二级滑片式输油泵、高压泵头、供油提前调节器和调速器等组成。

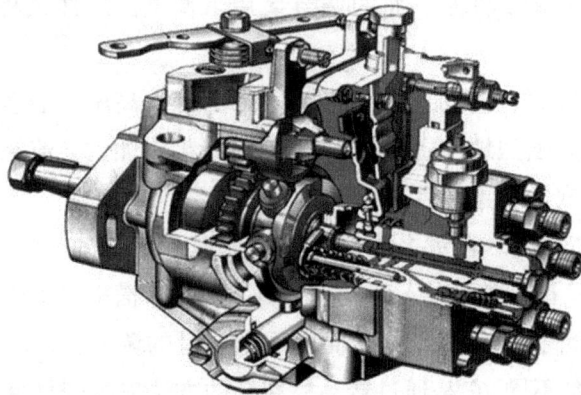

(a)VE型分配泵

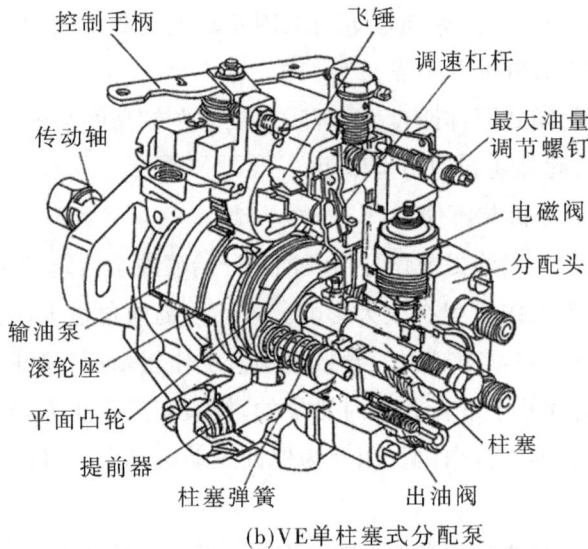

控制手柄　　飞锤
　　　　　　　调速杠杆
传动轴　　　　　最大油量
　　　　　　　调节螺钉
　　　　　　　电磁阀
　　　　　　　分配头
输油泵
滚轮座
平面凸轮　　　　柱塞
提前器　　　　　出油阀
柱塞弹簧　　出油阀

(b)VE单柱塞式分配泵

图 6-2-5　轴向压缩式分配泵的结构

(2)轴向压缩式分配泵的工作原理　如图 6-2-6 所示,分配柱塞的右端均布 4 个(四缸机)柱塞轴向槽,在与出油阀通道相对应的分配柱塞断面上设有柱塞分配孔。当柱塞轴向槽与泵体进油道相通时,

柱塞分配孔则与出油阀通道相隔绝。油量控制滑套在调速器起动杠杆的作用下,可在分配柱塞上滑动。

①供油过程。分配柱塞左移,此时柱塞分配孔与出油阀通道(4 个)相隔绝,柱塞泄油孔被油量控制滑套封死,压缩腔的容积增大,产生真空度,燃油在滑片式输油泵的作用下被输送到泵腔内,经泵体进油道、进油阀、柱塞轴向槽进入压缩室并充满柱塞纵向油道。

②泵油过程。分配柱塞右移,开始时,柱塞轴向槽与泵体进油道隔绝,柱塞泄油孔仍被封死,柱塞分配孔与泵体出油阀通道相通。随着分配柱塞的进一步右移,压缩腔的容积不断

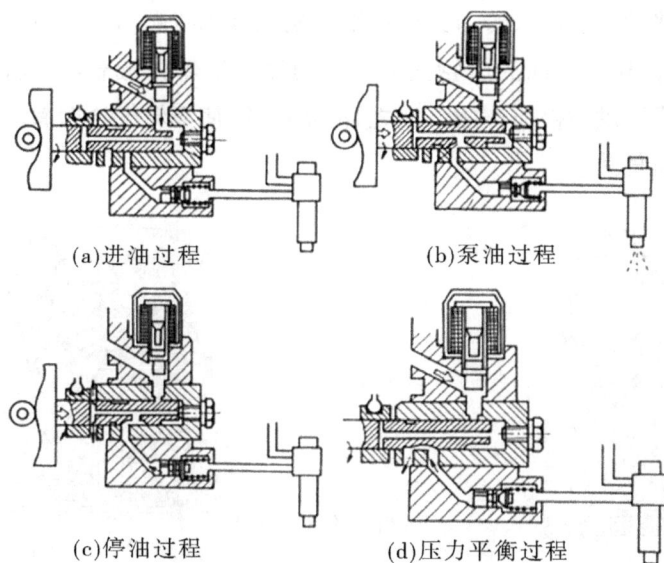

图 6-2-6　轴向压缩式分配泵的工作原理

减小,柴油压力不断升高。当油压升高至足以克服出油阀弹簧力而使出油阀右移开启时,柴油便经出油阀通道、出油阀及油管被送往喷油器。

③停油过程。轴向压缩式分配泵的每循环最大泵油量取决于分配柱塞的直径和最大有效行程。使用中供油量的大小受到分配柱塞有效行程的影响,有效行程受到油量控制滑套的位置的限制。驾驶员可通过加速踏板控制调速器,使油量控制滑套轴向移动从而实现供油量的调节。在泵油过程中,当分配柱塞向右移动至柱塞泄油孔露出油量控制滑套的右端面时,被压缩的柴油迅速流向低压泵腔,致使压缩腔、柱塞纵向油道和出油阀通道中的油压骤然下降。出油阀在出油阀弹簧的作用下迅速左移关闭,停止向喷油器泵油。停油过程持续到分配柱塞到达其向右行程的终点。

④发动机停机。当需要发动机停机时,可转动控制电磁阀的旋钮,使电路触点断开,电磁线圈断电,进油阀在弹簧的作用下下移关闭,停止供油,发动机熄火。在起动发动机时,先将电磁阀的触点接通,进油阀在线圈的吸力作用下克服弹簧力上移,泵体进油道打开,供油开始。

(3)供油提前调节器　该机构安装在泵体下部,其剖面图如图 6-2-7 所示。在滚轮架上装有滚轮,其数目与气缸数目相同。滚轮架通过传力销、连接销与油缸活塞连接。调节器右腔经孔道与泵腔相通,左腔经孔道与燃油精滤器相通。当活塞移动时,就会拨动滚轮架绕其轴线转动(滚轮架不受驱动轴转动影响)。当发动机在常用转速下工作时,滑片式输油泵输送到泵腔内的低压柴油,经孔道进入供油提前调节器右腔。油缸活塞右侧受到低压柴油的推力,左侧受到弹簧力和来自精滤器的柴油压力的合力。此时,两侧作用力相平衡。当发动机转速升高时,滑片式输油泵转速随之增加,使泵腔内及油缸右侧的柴油压力升高,油缸活塞受力失衡,活塞左移,经连接销、传力销推动滚轮架绕其轴线顺时针转动某一角度(与端面凸轮盘转向相反),使凸轮盘端面的凸轮提前某一角度与滚轮相抵靠,从而使分配柱塞向右移动的时刻提前,完成了供油提前作用。反之,活塞右移,使滚轮架逆时针转动某一角度,则供油迟后,即供油提前角减小。

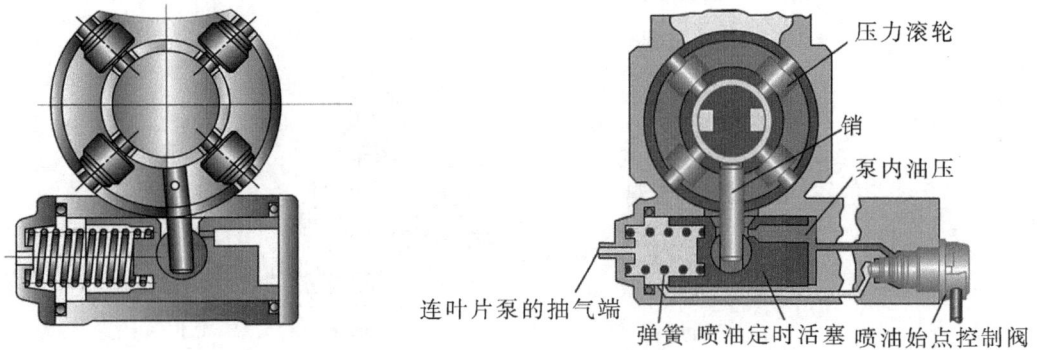

图 6-2-7 供油提前调节器

(4)增压补偿器 增压补偿器的功用是根据增压压力的大小,自动加大或减少各缸的供油量,以提高发动机的功率和燃料经济性,并减少有害气体的产生。

增压补偿器安装在喷油泵泵体的上部,其结构如图 6-2-8 所示。在补偿器盖和补偿器下体之间装有橡胶膜片,膜片把补偿器分成上、下两腔。上腔由管路与进气管相通,膜片上表面承受着进气管中空气压力的作用。下腔经通气孔与大气相通,膜片下支承板承受着弹簧向上的弹力。膜片与补偿器阀芯相连,阀芯下部有一上小下大的锥形体。锥形体与补偿杠杆上端的悬臂体相靠,补偿杠杆下端抵靠在张紧杠杆上。补偿杠杆可绕销轴转动。

当进气管中的增压压力升高时,补偿器上腔的空气压力大于弹簧的弹力,橡胶膜片带动阀芯向下运动,使补偿杠杆绕销轴顺时针方向转动,张紧杠杆在调速弹簧的作用下绕其转轴逆时针方向摆动,从而拨动油量控制滑套右移,使供油量适当增加,发动机功率加大。反之,发动机功率相应减小。

上述供油量补偿过程是根据进气管中空气压力的大小而自动进行的。它避免了柴油发动机在低速运转时,因增压压力低,空气量不足而造成的燃烧不充分、燃料经济性下降及产生有害排放物的弊端。而在发动机高速运转时,又可获得较大功率并提高燃料经济性。

轴向压缩式分配泵具有零件数目少、结构紧凑、通用性高、防污性好等优点,同时由于其分配柱塞兼有泵油和配油作用,使这种泵结构简单、故障率少。另外,由于端面凸轮盘易于加工、精度易得到保证,同时泵体上装有增压补偿器,使其动力性和经济性都比较优异。

(5)调速器 调速器的作用是根据柴油机负荷的变化,自动地调节喷油泵的供油量,以保证柴油机在各种工况下稳定运转,图 6-2-9 为 VE 泵调速器结构示意图。喷油泵的一个显著特点是在油门踏板位置一定时,其循环供油量会随曲轴转速的变化而变化。当曲轴转速增

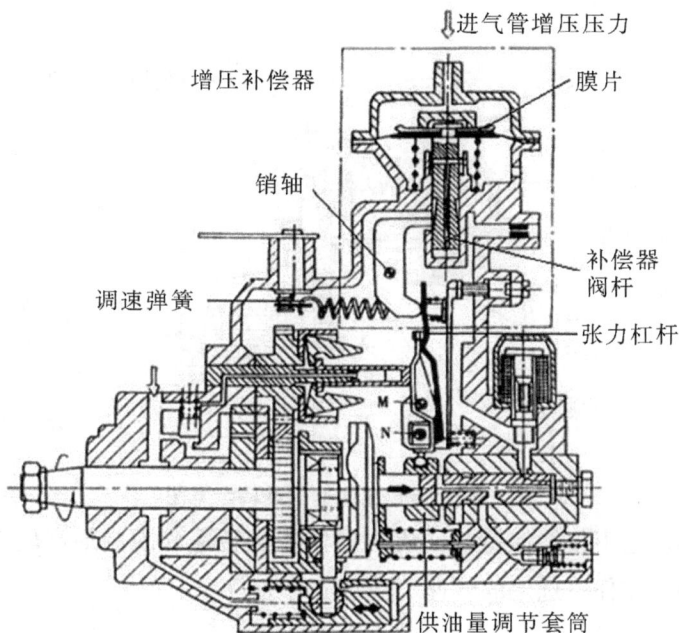

图 6-2-8 增压补偿器

加时,循环供油量增加;反之,循环供油量减少。这个特点对工况多变的汽车柴油机是非常不利的。当柴油机在怠速工况下工作时,发动机的功率仅用来克服各种内部阻力,以维持自身的运转。若内部阻力略有增加(如机油温度降低等),转速便立即下降,此时,即使油门踏板位置不变,由于喷油泵的供油特性,使供油量反而更小了。发动机转速和供油量如此相互作用的结果,将造成发动机自动熄火。反之,当发动机内阻力稍有减少时,柴油机怠速转速将不断升高。当柴油机高速或大负荷工作时,如果遇负荷突然减少(如汽车从上坡过渡到下坡),则转速会立即升高,此时,由于喷油泵的供油特性,便会自动加大供油量,相互作用的结果将造成转速上升过快而出现超速现象。这不仅会造成燃烧恶化和排气冒烟,严重时会因运动件的惯性力过大而造成机器损坏。一些在特殊条件(矿区、林区、大型建筑工地、野战阵地等)下工作的汽车柴油机,其工况变化范围大而且变化频繁,为减轻驾驶员的操作疲劳程度,要求柴油机的工作转速基本上能自动稳定。因此,车用柴油机一般都装有调速器,根据负荷的变化自动调节供油量,以达到稳定怠速、限制超速、或保证发动机在工作转速范围内的任一选定的转速下稳定工作的目的。

目前,在车用柴油机上应用最广泛的是机械离心式调速器。按其调节作用的范围不同,可分为两速调速器和全速调速器。

①两速调速器。它不仅能保持柴油机在怠速时不低于某一转速,从而防止发动机自动熄火,而且能限制柴油机不超过某一最高转速,从而防止发动机超速。至于中间转速时,调速器不起作用,柴油机的工作转速由驾驶员通过操纵油量调节机构来调整。

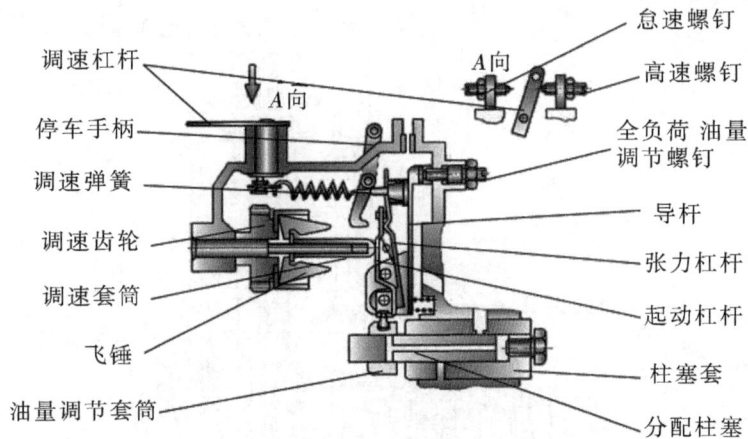

图 6-2-9　VE 泵调速器结构示意图

②全速调速器。它不仅能保持柴油机的最低稳定转速和限制最高转速,而且能根据负荷的大小保持和调节在任一选定的转速下稳定工作。

6.3
 电控柴油机喷射系统

随着电子技术的发展,电子控制柴油机喷射技术发展很快。它自 20 世纪 80 年代投放市场以来,更是得到了迅猛发展。目前,电子控制柴油机喷射技术在国外应用率已达 60%～90%,在我国也有很大的市场潜力。

6.3.1　电子控制直列泵燃油系统

1.特点

电子控制直列泵燃油系统中,由调速器执行机构控制调节齿杆的位置,从而控制供油量;由提前器执行机构(定时器)控制发动机驱动轴和喷油器凸轮轴间的相位差,从而控制喷油时间。调速器执行机构和提前器执行机构是电子控制直列泵燃油系统中的两个特殊机构。

电子控制直列式燃油系统和传统的机械燃油系统相比具有如下特点。

①控制自由度较大。在电子控制燃油系统中,发动机的状态和环境条件都可以用各种

传感器测出,电子控制单元则可计算、判断出最适合于发动机状态的控制条件,并输出到执行器。

②可以检测控制对象,并可进行反馈控制。所以,因机械磨损而引起的时间效应可以给予补偿,控制精度高。

③具有故障诊断和故障应急等功能。

④通过数据信息传输功能,可以提高全系统的功能,而且可使机构简单。

2.工作原理

如图6-3-1所示为电子控制直列泵燃油喷射系统。从各个传感器传来的信号经计算机控制中心的微型计算机处理,转变成与发动机负荷及转速状态相适应的信号送往电子调速器和电磁阀,使调速器和提前器动作。另外,在调速器和提前器中,有检测实际动作值的传感器。把这些传感器送来的反馈信号输入电子控制单元,以控制最适当的喷油量和喷油时间。

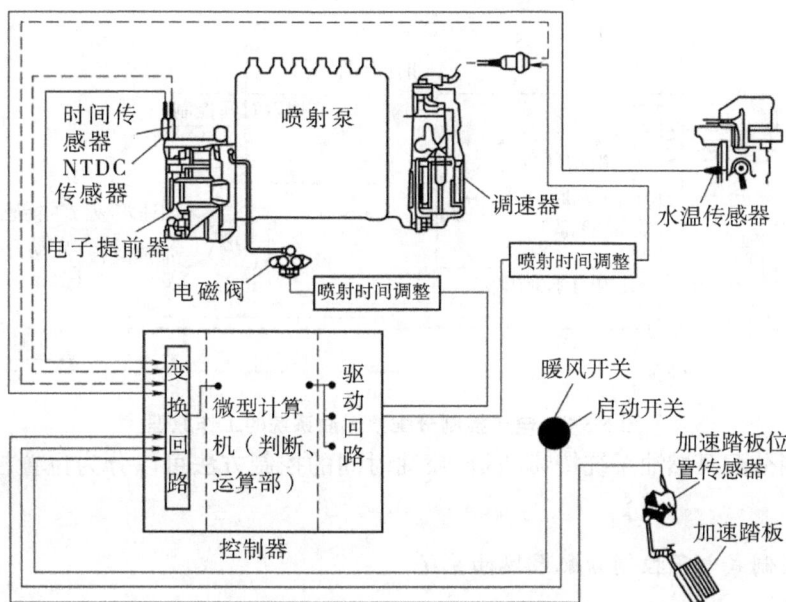

图6-3-1　电子控制直列泵燃油喷射系统

ECU根据由各种传感器输入的信号计算并调节供给喷油泵油量控制拉杆执行器的电流大小。安装在一个喷油器体上的针阀运动传感器将泵油柱塞及套筒孔口实际关闭开始喷油的信号输入ECU,ECU将该输入信号与已经被程序化的存储在电子控制单元的脉谱值进行比较,然后,ECU通过调节供给孔口关闭执行器的电流大小,来满足实际的油门或喷油量的要求,喷油泵齿条电磁执行器的行程正比于当前所需的喷油量,孔口开启,喷油结束。在电子控制式喷油泵中,改变孔口开启的方式与机械式喷油泵相同,即通过移动油量控制齿条使泵油柱塞转动。

6.3.2　电子控制分配泵燃油系统

1.组成

电子控制分配泵燃油系统的工作原理,如图 6-3-2 所示。该系统可分为三大部分:传感器、电子控制单元和执行器。电子控制分配泵燃油系统根据各种传感器的信息检测出发动机的实际运行状态,由电子控制单元完成喷油量控制、喷油时间控制、急速转速控制、故障诊断和应急等功能。

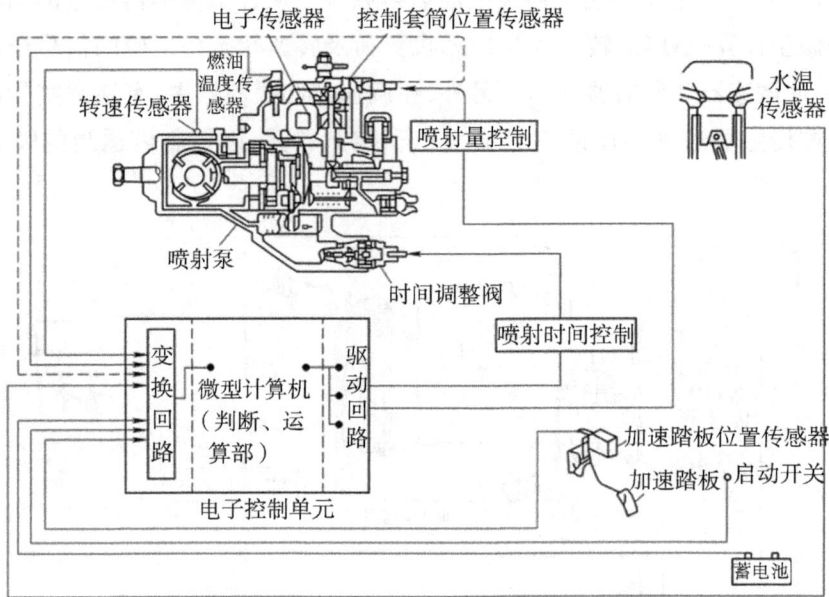

图 6-3-2　电子控制分配泵燃油系统的工作原理

电子控制分配泵燃油系统按喷油量、喷油时间的控制方法可以分为位置控制式和时间控制式两类。

2.位置控制式电子控制分配泵燃油系统

位置控制式电子控制分配泵系统是将 VE 型分配泵中的机械调速器转换成电子控制执行机构。

特点是:保留了机械分配泵的溢油环,采用旋转式电磁铁,因此不用杠杆。电磁铁中控制轴旋转改变了控制轴下端偏心球的位置,直接控制溢油环,控制喷油量。

(1)喷油量的控制　ECU 根据发动机的状态计算出目标喷油量,并将结果输出到驱动回路;驱动回路根据 ECU 的指令一边反馈控制执行机构的位置,一边控制输出。这样,VE 型分配泵的溢油环控制在目标位置,从而控制喷油量。

(2)喷油时间控制　VE 型分配泵的提前器活塞内设有连通高压腔和低压腔的通道,按占空比控制定时调节阀,使定时活塞两侧的压力差变化,从而控制喷油时间。由传感器检测出定时活塞的位置,从而进行反馈控制。

3.时间控制式电子分配泵燃油系统

时间控制式电子分配泵燃油系统的电子控制单元内设有时钟,通过时钟控制喷油终了时刻,从而控制喷油量。控制喷油终了时刻的执行机构是电磁阀,对每一次喷油都可以进行控制,因此,可以取消其他喷油控制机构。

6.3.3 电子控制泵喷嘴燃油系统

1.系统组成

泵喷嘴就是将泵油柱塞和喷油器合成一体,安装在缸盖上。喷油器由于无高压油管,所以可以消除长的高压油管中压力波和燃油压缩的影响,高压容积大大减少,因此喷射压力可很高。它的驱动机构比较特殊,必须是顶置式凸轮驱动机构。

电子控制泵喷嘴燃油系统主要由泵喷嘴、驱动摇臂机构、电子控制单元、各种传感器等组成,如图6-3-3所示。

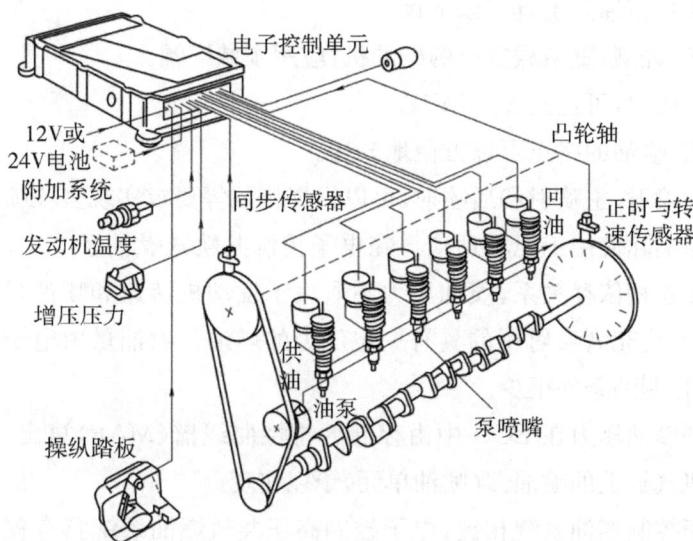

图6-3-3 电子控制泵喷嘴燃油系统

2.电子控制泵喷嘴燃油系统的特点

电子控制泵喷嘴燃油系统的特点是燃油压力升高仍然是机械式的,喷油始点和终点由电磁阀控制,即喷油量和喷油时间是由电磁阀控制的。

电子控制泵喷嘴燃油系统的结构特点如下。

①采用大容量齿轮式供油泵,确保将燃油稳定地供到安装在气缸盖内部的喷油器内。

②主供油管和气缸盖上的各个喷油器之间由支管连接,溢出燃油通过连接各喷油器的溢油管经调压阀排出到气缸盖外部。

③ECU 直接安装在发动机机体上,缩短了线束长度。为了减低因发动机引起的振动,采用橡胶固定,同时,采用燃油冷却 ECU 的背面。

④ECU 根据安装在飞轮以及凸轮相关部位的两个转速传感器检测到的发动机转速和曲轴转角、加速踏板位置传感器信号及其他的传感器信号进行最佳燃油喷射控制。

⑤柱塞通过摇臂由凸轮轴驱动,压缩燃油,建立高压。

⑥喷油器的高速电磁阀是常开的,燃油通过气缸盖内部的油路流动;但电磁阀关闭时,柱塞开始向喷油器压油,燃油从喷油器喷入气缸;当电磁阀打开时,溢油开始,喷油结束。

⑦因为没有喷油管,所以不仅可以实现高压喷射,而且可以通过适当组合喷油器的喷孔流通截面积和驱动凸轮的形状,使喷油率的形状徐徐上升,减少预混合期间的喷油量,从而达到控制预混合燃烧。

6.3.4 电子控制柴油共轨喷射系统

1.特点

电子控制共轨式燃油系统具有以下优点。

①可用于轿车、轻型、重型载货车的柴油机,应用领域广阔。

②更高的喷油压力,可达到 200 MPa。

③喷油的始点、喷油的终点可以方便地改变。

④可以实现预喷射、主喷射和后喷射,可以根据排放等要求实现多段喷射。

⑤喷油压力与实际使用工况相适应。在电子控制共轨式燃油系统中,喷油压力的建立与燃油喷射之间无互相依存关系,喷油压力不取决于发动机转速和喷油量。在高压燃油存贮器即"共轨"中,始终充满喷射用的具有一定压力的燃油。喷油量由电子控制单元通过计算决定,受到的其他制约条件很少。

⑥喷油正时和喷油压力在 ECU 中由存储的特性曲线谱(MAP)算出。然后,电磁阀控制装在每个发动机气缸上的喷油器(喷油单元)予以实现。

⑦与其他电子控制燃油系统相比,电子控制高压共轨燃油系统具有较高的技术和经济优势。

2.系统组成与工作原理

电子控制高压共轨燃油系统,按功能可分成燃油供给系统和控制系统两部分。

(1)燃油供给系统 如图 6-3-4 所示是燃油供给系统的示意图,主要由供油泵、共轨和喷油器组成。供油泵将燃油加压成高压供入共轨内。共轨实际上是一个燃油分配管。贮存在共轨内的燃油在适当的时刻通过喷油器喷入发动机气缸内。电子控制共轨系统中的喷油器是由电磁阀控制的喷油阀,电磁阀的开启和关闭由电子控制单元控制。

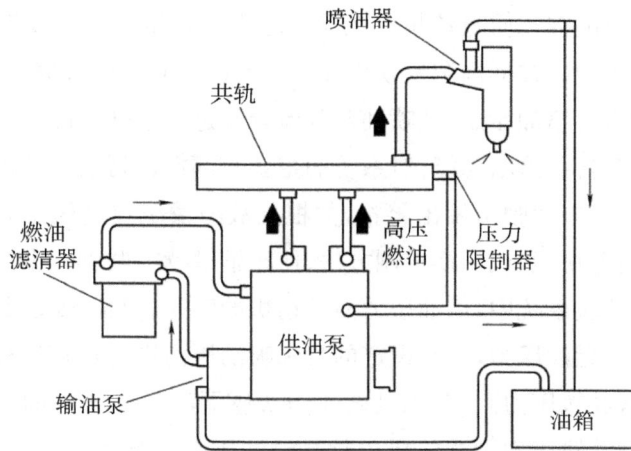

图 6-3-4　燃油供给系统的示意图

（2）控制系统　电子控制系统的组成如图 6-3-5 所示。

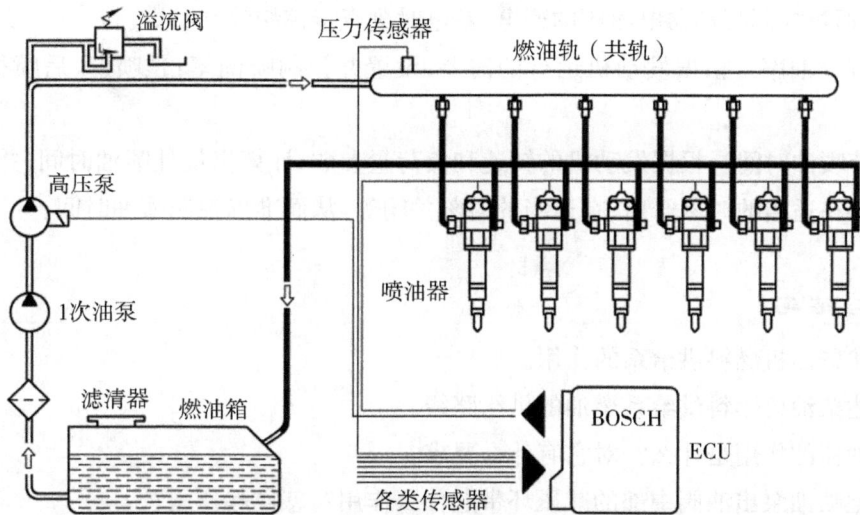

图 6-3-5　电子控制系统

　　控制系统的功能是根据各个传感器的信息,由 ECU 进行计算、完成各种处理后,求出最佳的喷油时间和最适合的喷油量,并计算出在什么时刻、在多长的时间范围内向喷油器发出开启电磁阀或关闭电磁阀的指令等,从而精确控制发动机的工作过程。

　　在电子控制共轨系统中,由各种传感器(如发动机转速传感器、加速踏板位置传感器、各种温度传感器等)实时检测出发动机的实际运行状态,由电子控制单元根据预先设计的计算程序进行计算后,定出适合于该运转状态的喷油量、喷油时间、喷油率模型等参数,使发动机始终都能处于最佳工作状态。

　　曲轴转速传感器测定发动机转速,凸轮轴转速传感器确定发火顺序(相位)。加速踏板位置传感器是一种电位计,它通过电信号通知 ECU 关于驾驶员对转矩的要求。

空气质量流量计检测空气质量流量。在涡轮增压并带增压压力调节的发动机中,增压压力传感器检测增压压力。在低温和发动机处于冷态时,ECU可根据冷却水温度传感器和空气温度传感器的数值对喷油始点、预喷油及其他参数进行最佳匹配。

电子控制单元具有自我诊断功能,对系统的主要零部件进行技术诊断,如果某个零件产生了故障,则诊断系统会向驾驶员发出警报,并根据故障情况自动做出处理;或使发动机停止运行,即所谓故障应急功能,或切换控制方法,使车辆继续行驶到安全的地方。

在电子控制高压共轨系统中,供油压力与发动机的转速、负荷无关,是可以独立控制的。由共轨压力传感器测出燃油压力,并与设定的目标喷油压力进行比较后进行反馈控制。

①调节喷油压力(共轨压力)。利用共轨压力传感器测量共轨内的燃油压力,从而调整供油泵的供油量,控制共轨压力。共轨压力就是喷油压力。此外,还可以根据发动机转速、喷油量的大小与设定的最佳值(指令值)始终一致地进行反馈控制。

②调节喷油量。以发动机的转速及油门开度信息等为基础,由电子控制单元计算出最佳喷油量,通过控制喷油器电磁阀的通电、断电时刻直接控制喷油参数。

③调节喷油率。根据发动机运行的需要,设置并控制喷油率:预喷射、后喷射、多段喷射等。

④调节喷油时间。根据发动机的转速和负荷量参数,计算出最佳喷油时间,并控制电子控制喷油器在适当的时刻开启、在适当的时刻关闭等,从而准确控制喷油时间。

思考与练习

1. 简述柴油机燃料供给系的作用。

2. 简述柴油机燃料供给系燃油的供给路线。

3. 喷油器的作用是什么？对它有什么要求？

4. A型喷油泵出油阀中部的减压环带起什么作用？怎样起作用？

5. 怎样调整喷油泵的供油提前角？

6. 供油提前角自动调节器的作用是什么？

7. 四行程汽油机和柴油机在总体结构上有哪些相同点和不同点？

8. 柴油机与汽油机在可燃混合气形成方式和点火方式上有何不同？它们所用的压缩比为何不一样？

9. 简述柴油发动机进气增压的作用。

项目7 发动机冷却系统

7.1 冷却系的功用与分类

7.1.1 冷却系的功用

冷却系是对发动机受热零部件进行适当冷却,保障发动机工作正常,使发动机各零部件在各种工况下都能保持在合适的温度范围内工作。

燃烧过程中,缸内气体温度高达 2000℃以上,汽缸体、缸套、汽缸盖、活塞和气门等直接与高温气体接触的零件,若不及时进行适当的冷却,会造成发动机过热、工作过程恶化、零部件强度降低、机油变质、运动零件受热膨胀以及磨损加剧等不良后果,同时引起发动机动力性、经济性、可靠性和耐久性下降,甚至会造成受热零件因高温而损坏。发动机的冷却必须适度,若冷却过度会造成热量散失过多、效率降低、
汽缸壁面温度过低以及排放恶化等。

7.1.2 冷却系的分类

发动机冷却系按冷却介质的不同,可分为水冷系和风冷系。

1. 水冷系

水冷系是通过冷却水在发动机水套中循环流动而吸收多余的热量,再将此热量散入大气而进行冷却的一系列装置,如图 7-1-1 所示。水冷系因冷却强度大、易调节.便于冬季起动而广泛用于汽车发动机上。在采用水冷系时,气缸盖内冷却水的温度应保持在 353~363 K 范围内,气缸壁的温度则不超过 470~550 K。

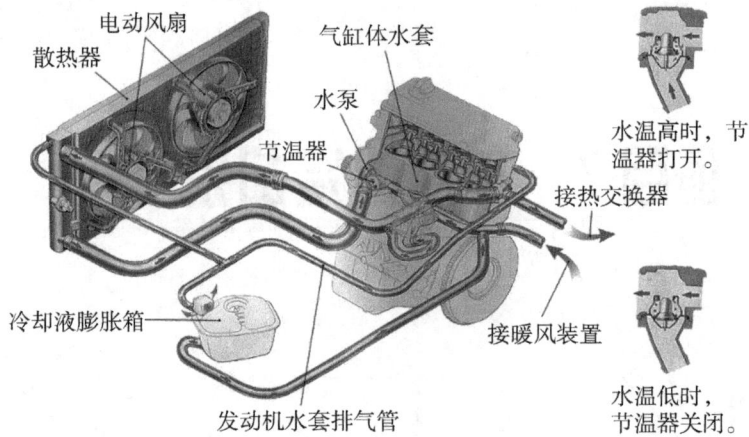

图 7-1-1　水冷却系统

2.风冷系

风冷系是将发动机中高温零件的热量,通过装在气缸体和气缸盖表面的散热片直接散人大气中而进行冷却的一系列装置,如图 7-1-2 所示。风冷系因冷却效果差、噪声大、功耗大等缺点,仅用于部分小排量及军用汽车发动机。在采用风冷系时,气缸体和气缸盖的允许温度分别为 $423\sim453$ K 及 $433\sim473$ K。

风冷系利用高速空气流直接流过气缸体及气缸盖表面,而将热量散入大气。

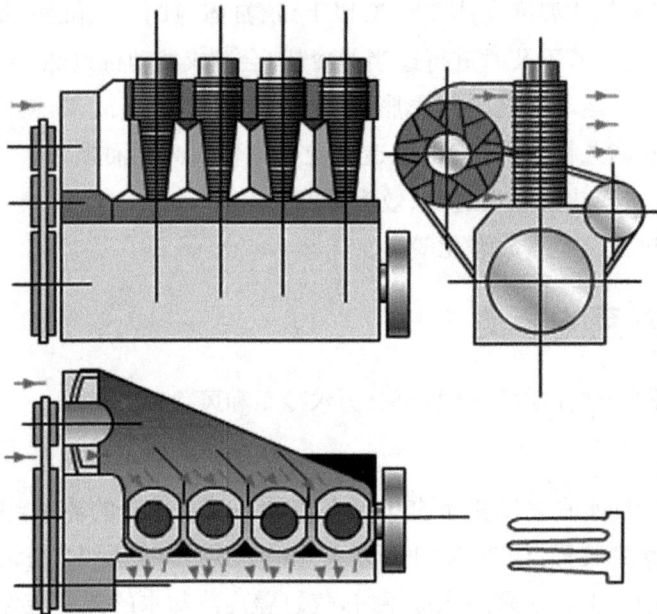

图 7-1-2　风冷却系统

7.2 强制循环式水冷系

7.2.1　水冷系的组成及水路循环

汽车发动机的水冷系统包括水泵、散热器、风扇、节温器、补偿水桶、发动机机体和缸盖中的水套等。

目前汽车发动机上普遍采用的是强制循环式水冷系，如图 7-2-1 所示。它利用水泵将冷却水提高压力，使其在发动机冷却系中循环流动。

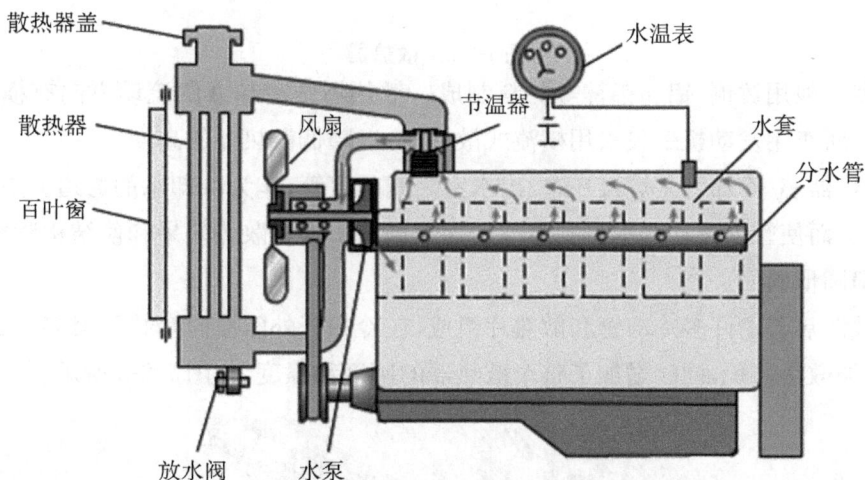

图 7-2-1　强制循环式水冷系

水冷发动机的气缸盖和气缸体中都铸有相互连通的水套。冷却水在水泵的作用下，流经气缸体及气缸盖的冷却水套而吸收热量，然后沿水管流入散热器。利用汽车行驶的速度及风扇的强力抽吸，而使空气流由前向后高速通过散热器，不断地将流经散热器的高温冷却水的热量散到大气中去而使冷却水温度下降。冷却后的水流至散热器的底部后，被水泵再次压入发动机的水套中，如此循环而将发动机工作时产生的大量热量不断带走，从而保证发动机正常工作。

为使发动机在低温时减少热量损失、缩短暖机时间，在低速大负荷情况下加快散热，冷却系中设有调节温度的装置，如节温器、风扇离合器及百叶窗等。

为便于驾驶员能及时掌握冷却系的工作情况，还设有水温表和高温警告灯等。

7.2.2　水冷系的主要部件

1.散热器

发动机水冷系统中的散热器由进水室、出水室及散热器芯等三部分构成（如图7-2-2所示）。冷却液在散热器芯内流动，空气在散热器芯外通过。热的冷却液由于向空气散热而变冷，冷空气则因为吸收冷却液散出的热量而升温，所以散热器是一个热交换器。

图7-2-2　散热器

散热器一般用黄铜、铝和铝锌等材料制成。散热器中冷却液的流动方向有横流和纵流两种形式。轿车用发动机一般采用横流式散热器，以降低散热器的高度。

（1）散热器芯　冷却管是焊接在进、出水室之间的直管，作为冷却水的通道。空气流过管的外表面，从而使管内流动的水得到冷却。为了进一步提高散热效果和使结构紧凑，冷却管大多采用扁圆形断面。

管片式散热器由许多冷却管和散热片组成，在冷却管外面横向套装了很多金属薄片（散热片）来增加散热面积，同时增加了整个散热器的刚度和强度，如图7-2-3所示。

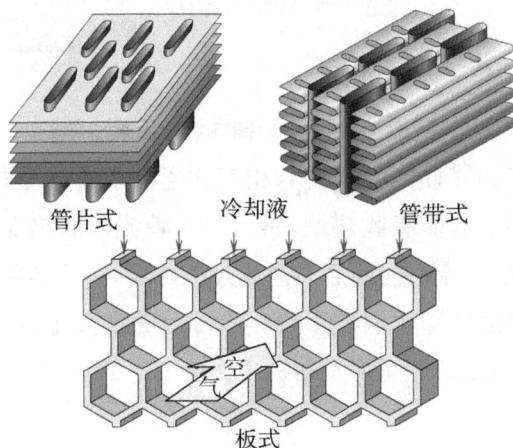

管片式　　　冷却液　　　管带式

空气

板式

图7-2-3　散热器芯结构形式

管带式波纹状的散热带与冷却管相间排列，在散热带上一般开有形似百叶窗的孔，以破坏空气流在散热带表面上的附面层,提高散热能力。

板式散热器芯的冷却液通道由成对的金属薄板焊合而成。这种散热器芯散热效果好、制造简单,但焊缝多不坚固,容易沉积水垢且不易维修。轿车常用管片式散热器。

(2)散热器盖　一些散热器的上面有加水口(进水室),平时用散热器盖严密盖住,以防冷却水溅出。散热器盖具有调节散热器内压力的作用。正常状态,阀门关闭将冷却系与大气隔开,防止水蒸气逸出,使冷却系内的压力稍高于大气压力,并可增高冷却液的沸点。在冷却系内压力过高或过低时,自动阀门开启以使冷却系与大气相通。如图 7-2-4 所示。

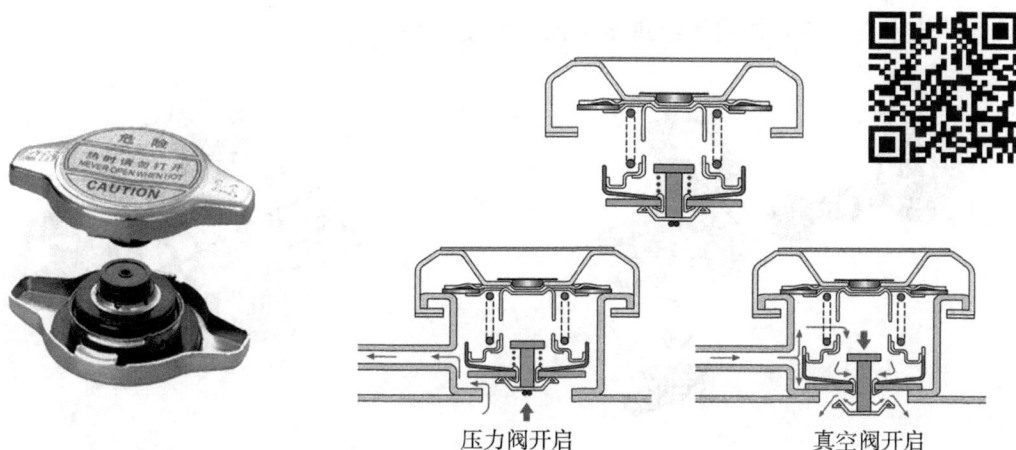

压力阀开启　　　　　　真空阀开启

图 7-2-4　散热器盖结构及工作原理

2.补偿水桶

现有汽车,特别是轿车的冷却系统中,都设有用塑料制成的补偿水桶(或膨胀箱),如图 7-2-5 所示。该水箱用橡胶软管与散热器上面的溢流管连接。补偿水桶可以减少冷却液的溢损并消除水冷系统中产生的气泡。当冷却液受热膨胀后,散热器多余的冷却液流入补偿水桶,温度降低后散热器内产生一定的真空度,补偿水桶中的冷却液又被吸回散热器内,使散热器始终被冷却液充满。

采用该方式,冷却液损失很少。驾驶员不必经常加注冷却液,补充冷却液时可从补偿水桶口加入,液面应保持在两条液面高度标记线之间为宜。

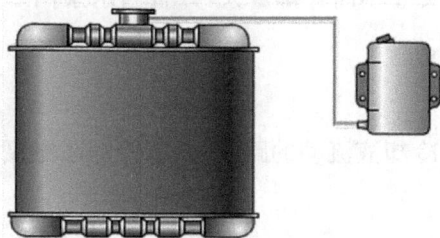

图 7-2-5　补偿水桶

3. 水泵

水泵用来对冷却水加压,强制冷却水循环流动。汽车发动机一般采用离心式水泵(图 7-2-6)。

叶轮由铸铁或塑料制造,叶轮上通常有 6—8 个径向直叶片或后弯叶片。水泵壳体由铸铁或铝铸制,进、出水管与水泵壳体铸成一体。当水泵叶轮旋转时,水泵中的冷却液被叶轮带动一起旋转,并在离心力的作用下被甩向水泵壳体的边缘,同时产生一定的压力,然后从出水管流出。在叶轮的中心处由于冷却液被甩出而压力下降,散热器中的冷却液在水泵进口与叶轮中心的压差作用下经进水管流入叶轮中心。

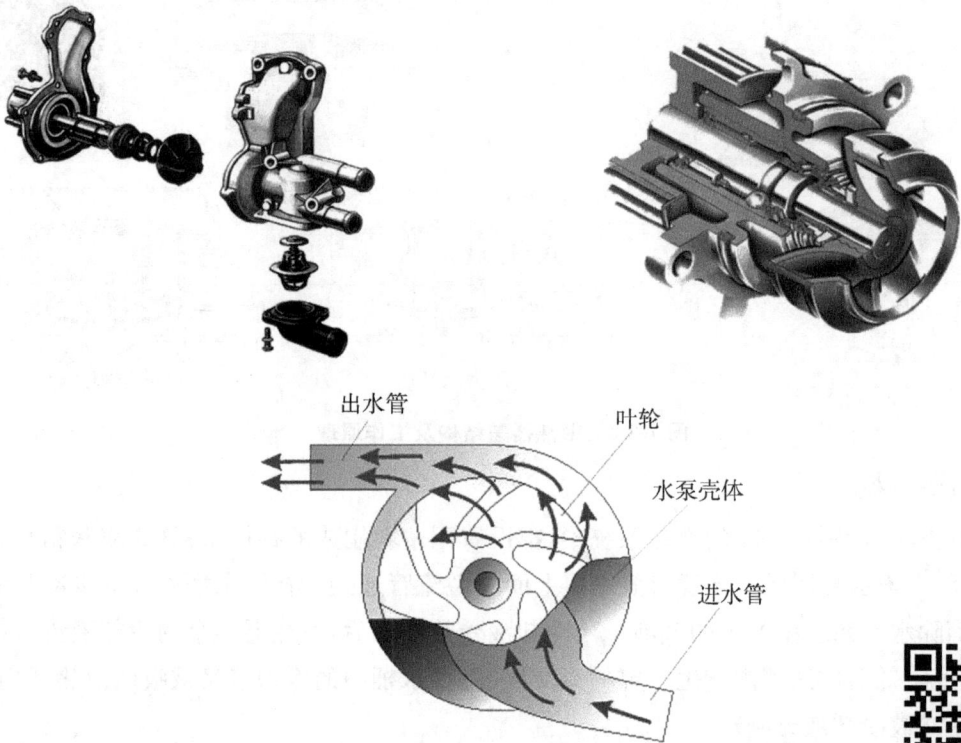

图 7-2-6 离心式水泵结构及工作原理

离心式水泵结构简单,尺寸小而且排量大,并且当水泵由于故障而停止工作时,并不妨碍水在冷却系内的自然循环。

4. 节温器

节温器是一种通过控制冷却液流动的路径,调节冷却系温度的部件,通常采用蜡式节温器(图 7-2-7)。

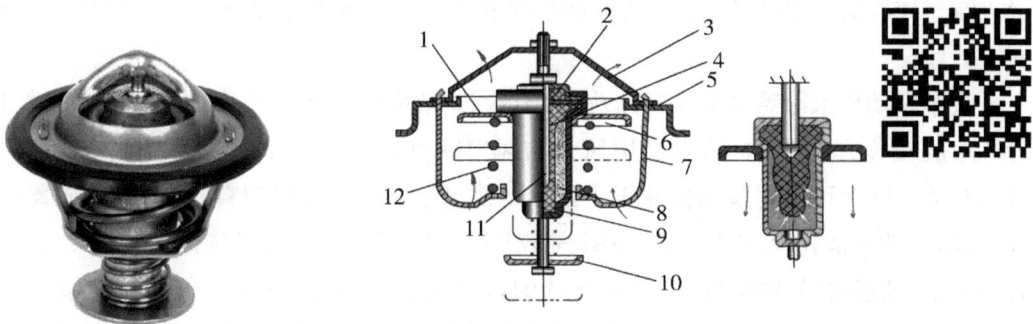

1—主阀门;2—盖和密封垫;3—上支架;4—胶管;5—阀座;6—通气孔;
7—下支架;8—石蜡;9—感应体;10—旁通阀;11—中心杆;12—弹簧

图 7-2-7 蜡式节温器结构和工作原理

发动机冷起动时,关闭通往散热器的通道,使发动机在冷起动后快速升温。其推杆的一端固定在支架的中心处,另一端插入胶管的中心孔中。胶管与节温器外壳之间形成的腔体内装有精制石蜡。常温下石蜡呈固态,弹簧将主阀门推向上方,使之压在阀座上,冷却液流向散热器的通道关闭,而来自发动机缸盖出水口的冷却水,经水泵又流回汽缸体水套中,进行小循环。

当发动机水温升高时,石蜡逐渐变成液态,体积膨胀,迫使胶管收缩,对推杆锥状端头产生上举力。固定不动的推杆退胶管、节温器外壳产生向下的反推力。当发动机水温为76℃时,推杆对节温器外壳的反推力可以克服弹簧预压力,阀门开始打开。水温超过86℃时阀门全开,这是来自汽缸盖出水口的冷却水沿出水管全部进入散热器冷却,进行大循环,如图7-2-8所示。

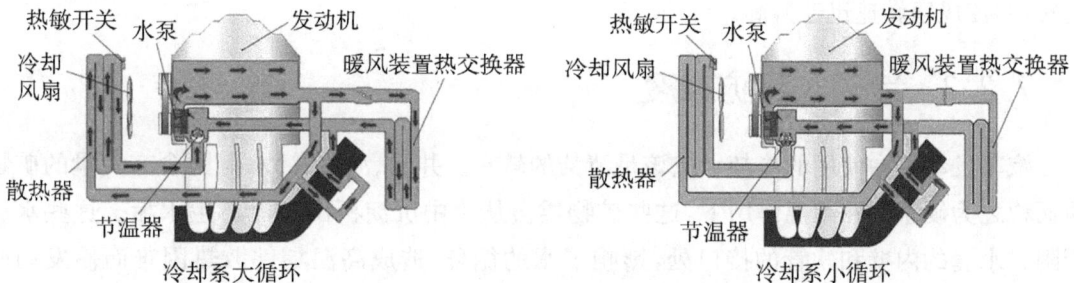

图 7-2-8 冷却系统大小循环示意图

传统发动机的冷却仅仅通过节温器的开关实现大、小循环的切换,而现在一些发动机根据发动机的工作温度,对发动机的冷却循环路线进行细分:冷机时只冷却缸盖,使汽缸的油温在短时间内上升以减低摩擦损耗;暖机后经散热器冷却的冷却水流经缸体和缸盖,提高了抗爆性。

5.风扇

风扇安装在散热器后面,当风扇旋转时对空气产生吸力,使之沿轴向流动。风扇旋转时吸进空气使其通过散热器,以增强散热器的散热能力,加快冷却液的冷却速度。见任务一图 7-1-1。

汽车发动机水冷系多采用低压头、大风量、高效率的轴流式风扇,即风扇旋转时,空气沿着风扇旋转轴的轴线方向流动。扇风量与风扇的直径、转速、叶片形状、叶片安装角及叶片数目有关。叶片可以用薄钢板冲压成弧形经铆接制成或直接用塑料、铝合金铸成翼形,后者效率较高,功率消耗少,在轿车和轻型汽车上广泛应用。为提高风扇的效率,风扇外围装设有导风罩,使通过散热器芯的气流分布均匀,且集中穿过风扇,减少空气回流现象。

不同汽车发动机冷却风扇的驱动方式也不尽相同,一些发动机的风扇和发电机一起由曲轴皮带轮通过三角皮带驱动,现代轿车发动机一般采用电动风扇。

汽车发动机的转速、负荷和环境气温等使用条件变化时,所要求的最佳冷却强度也应变化,以保证发动机始终在最佳温度下丁作。冷却强度可以用改变通过散热器的空气流量或改变冷却水流量的方法进行调节。电动风扇由控制器或通过热敏电阻开关控制。轿车发动机多采用两个电动风扇,既可以降低风扇直径和散热器高度,又可以多级控制冷却强度。

机械驱动风扇多采用自动风扇离合器改变通过散热器的空气流量,硅油式风扇离合器较为常见。硅油风扇离合器由主动板、从动板、双金属感温器及壳体等组成。风扇装在壳体上,从动板与壳体之间的空间为工作腔,从动板与前盖之间为贮油腔,硅油存于其中。从动板上有进油孔,由感温阀片和双金属感温器控制。从动板外援有一个由球阀控制的回油孔。冷却水温较低时,通过散热器的空气温度不高,进油孔关闭,贮油腔的硅油不能进入工作腔,离合器分离。冷却水温较高时,双金属感温器受热变形,从而带动阀片轴和阀片转过一定角度,将进油孔打开,硅油进入工作腔。由于硅油黏度大,主动板通过硅油带动壳体和风扇一起转动,使风扇转速迅速升高。

7.2.3 冷却水和防冻液

汽车发动机中使用的冷却水应该是清洁的软水。井水、河水、海水等因含有大量的矿物质而称之为硬水。在高温作用下,这些矿物质会从水中沉淀析出来而产生水垢。这些水垢积附在水套的内壁和软管的接口处,影响了水的循环,造成高温零件散热困难而使发动机过热。

对硬水应先软化处理后方可使用。常用的软化方法是:在 1 L 水中加入 0.5~1.5 g 碳酸氢钠或 0.5~0.8 g 氢氧化钠。

在冬季寒冷地区,往往因冷却水结冰而发生散热器、气缸体、气缸盖等变形、胀裂的现象。为适应冬季行车的需要,可在冷却水中加入一定量的防冻剂以达到降低冰点、提高沸点的目的。现代汽车使用的防冻液通常由一定比例的乙二醇和蒸馏水混合而成,其冰点可达 238 K,沸点则高达 400 K 左右。

在优质的防冻液中还常含有水泵润滑剂、防尘剂、防腐剂和酸度中和剂,以减少保养维修工作量,延长发动机的使用寿命。

因防冻液的膨胀系数比水受热时的膨胀系数略高,为避免因为膨胀而造成冷却水溢流损失,冷却水不能加得太满。在带有膨胀水箱的冷却系中,冷却水的液面高度应与膨胀水箱上的标记对齐。

思考与练习

1. 水泵的作用是什么?
2. 发动机温度过高过低有哪些危害?
3. 分别写出解放 CA6102 型汽车发动机冷却水大小循环时冷却水流经路线。
4. 试述蜡式节温器的工作原理。
5. 取下节温器不用,可能会给发动机带来哪些危害?
6. 解放 CA6102 型汽车发动机为什么要采用硅油式风扇离合器?
7. 简述上海桑塔纳汽车发动机冷却系采用电动风扇的原因及其工作情况。
8. 冷却系统的功用是什么? 发动机的冷却强度为什么要调节? 如何调节?

项目 8　发动机润滑系统

8.1　润滑系基本知识

8.1.1　润滑系统的作用

为保证发动机的正常工作,润滑系统持续不断地把数量足够、温度适当的洁净润滑油输送到相对运动零部件的摩擦表面,使金属表面形成油膜,减小摩擦,提高发动机功率、减轻零件磨损以及提高发动机的可靠性和耐久性。

8.1.2　润滑方式

发动机的润滑方式主要有润滑脂润滑、压力润滑和飞溅润滑。

润滑脂润滑主要用于水泵及发电机轴承等。

压力润滑是利用机油泵,将具有一定压力的润滑油源源不断地送往摩擦表面。轴主轴承、连杆轴承及凸轮轴轴承等处承受的载荷及相对运动速度较大,需要以一定压力将机油输送到摩擦面间隙中,才能形成油膜保证润滑。

飞溅润滑利用发动机工作时运动零件飞溅起来的油滴或油雾润滑摩擦表面。这种方式可润滑裸露在外面的载荷较轻的汽缸壁、相对滑动速度较小的活塞销,以及配气机构的凸轮表面、挺柱、摇臂等。

8.1.3　润滑剂的种类

汽车发动机润滑剂包括机油和润滑脂两种。

1.机油

机油具有润滑、冷却、清洗、密封盒防锈的作用,同时还可以作为液压油。在可变配气机构和液压挺柱中机油能起到液压和减震缓冲的作用。

　　汽车发动机机油在润滑系统内循环流动,其工作条件十分恶劣,在循环过程中,机油与高温的金属壁面及空气频频接触,工作温度变化范围很大,不断氧化变质。窜入曲轴箱内的燃油蒸气、废气以及金属磨屑和积炭等,使机油受到严重污染。因此需要机油具有适当的黏度、优异的氧化安定性、良好的防腐性、较低的起泡性、强烈的清净分散性和高度的极压性。

　　国际上广泛采用美国 SAE 黏度分类法和 API 使用分类法,而且它们已被国际标准化组织(ISO)确认。美国工程师学会(SAE)按照机油的黏度等级,把机油分为冬季用机油和非冬季用机油。冬季用机油有 6 种牌号:SAEOW、SAE5W、SAE10W、SAE15W、SAE20W 和 SAE25W。非冬季机油有 4 种牌号:SAE20、SAE30、SAE40 和 SAE50。号数较大的机油黏度较大,适于在较高的环境温度下使用。

　　API 使用分类法是美国石油学会(API)根据机油的性能及其最适合的使用场合,把机油分为 S 系列和 C 系列两类。S 系列为汽油机油,目前有 SA, SB, SC, SD, SE, SF, SG, SH, SJ,SL,SM,SN。C 系列为柴油机油,目前有 CA, CB, CC, CD, CE, CF, CF-2, CF-4, CG-4, CH-4, CI-4。级号越靠后,使用性能越好,适用的机型越新或强化程度越高。其中,SA、SB、SC 和 CA 等级别的机油,除非汽车制造厂特别推荐,否则将不再使用。

　　多黏度等级如 5W-30、5W-40、10W-30、10W-40、15W-40、20W-40 等,其黏度特性随温度的变化而变化。20W-40 在低温下使用时,其黏度与 20 号一样,在高温下使用与 40 号一样。因此机油桶上的标注是 5W/40,一种机油可以冬夏通用,不必根据季节和气温的变化而更换机油。

　　合成机油是利用化学合成方法制成的润滑剂。其主要特点是有良好的黏度—温度特性,可以满足大温差的使用要求。有优良的热氧化安定性,可长期使用不需更换。使用合成机油,发动机的燃油经济性会稍有改善,并可降低发动机的冷起动转速。

　　2. 润滑脂

　　润滑脂是将稠化剂掺入液体润滑剂中所制成的一种稳定的固体或半固体产品,其中可以加入旨在改善润滑脂某种特性的添加剂。润滑脂在常温下可附着于垂直表面而不流淌,并能在敞开或密封不良的摩擦部位工作,具有其他润滑剂所不能代替的特点。因此,在汽车的许多部位都是用润滑脂润滑。

　　目前,进口汽车和国产新车普遍推荐使用汽车通用锂基润滑脂。这种润滑脂具有良好的高低温适应性,可在 -30~120℃ 的宽阔温度范围内使用,具有良好的抗水性和防锈性能,可用于潮湿和与水接触的摩擦部位;具有良好的安定性和润滑性,在高速运转的机械部位使用,不变质、不流失,保证润滑。它能够满足我国从哈尔滨到海南岛广大地区汽车的使用要求,与使用钙基或复合钙基润滑脂比较,可以延长换油期 2 倍,使润滑和维护费下降 40% 以上。

8.2

润滑系的主要部件

发动机润滑系统由机油泵、机油滤清器、机油冷却器、集滤器和机油油道等组成(如图8-2-1所示)。为使驾驶员能随时掌握润滑系的工作状况,有些发动机还设有指示机油压力的机油压力表或其他警示装置,有的还备有机油温度表。

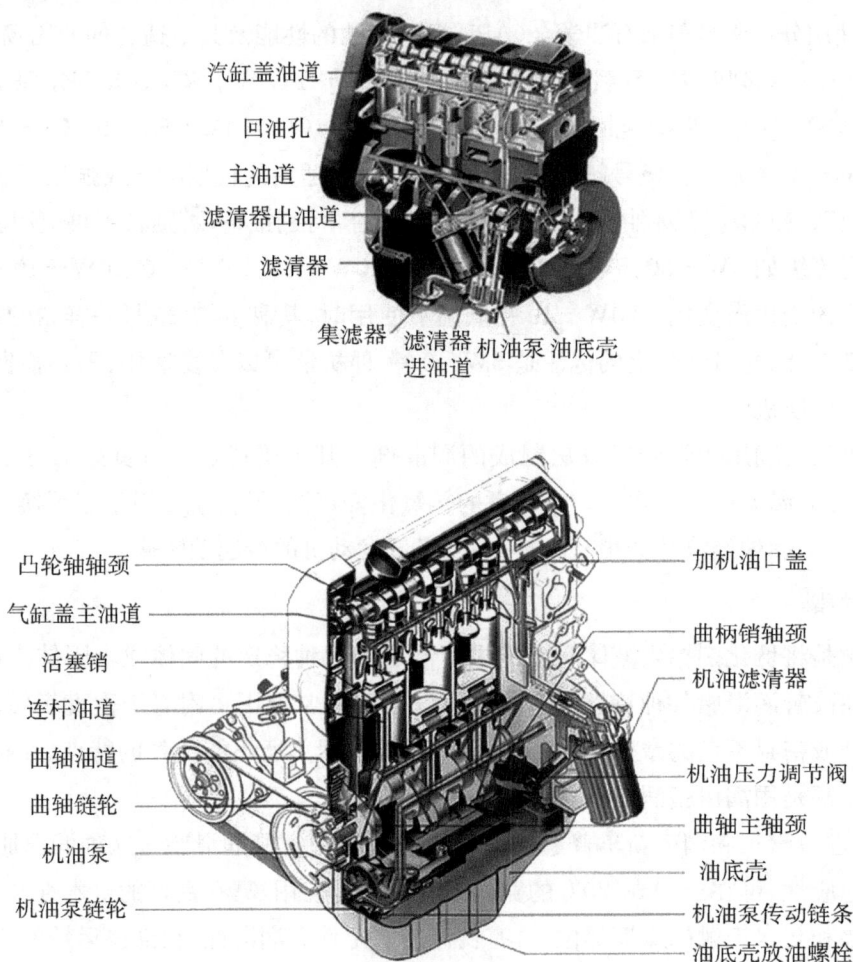

汽缸盖油道
回油孔
主油道
滤清器出油道
滤清器
集滤器 滤清器进油道 机油泵 油底壳

凸轮轴轴颈
气缸盖主油道
活塞销
连杆油道
曲轴油道
曲轴链轮
机油泵
机油泵链轮

加机油口盖
曲柄销轴颈
机油滤清器
机油压力调节阀
曲轴主轴颈
油底壳
机油泵传动链条
油底壳放油螺栓

图 8-2-1 润滑系统的组成

润滑油贮存在油底壳内,经滤清器过滤和机油泵加压后,进入发动机机体上的一系列润滑油道。进入主油道的机油,通过上曲轴箱中的横向油道分别润滑主轴颈和凸轮轴轴颈(下置式凸轮),通过曲轴中的斜向油道从主轴颈处流向连杆轴颈(曲柄销),从凸轮轴的轴颈处经上油道通向摇臂支座,润滑摇臂轴、推杆球头和气门端部。对于顶置式凸轮轴,主油道的一条分油道直通凸轮轴轴承润滑油道,再分多个分油道向各凸轮轴轴承供油。

8.2.1　机油泵

机油泵是用来提高机油压力的,以保证机油在润滑系统内不断循环。机油泵有齿轮式机油泵和转子式机油泵,通常安装在曲轴箱内。

1.齿轮式机油泵

齿轮式机油泵由主动轴、主动齿轮、从动轴、从动齿轮和泵体等组成,有外啮合和内啮合两种布置形式,如图 8-2-2 所示。两个齿数相同的齿轮相互啮合,装在泵体内,齿轮与泵体的径向和端面间隙很小。主动轴与主动齿轮键连接,从动齿轮空套在从动轴上。

外啮合齿轮泵工作时,主动齿轮带动从动齿轮反向旋转。两齿轮旋转时,充满在齿轮齿槽间的机油沿油泵壳壁由进油腔带到出油腔,在进油腔一侧由于齿轮脱开啮合以及机油被不断带出而产生真空,油底壳内的机油在大气压力作用下经集滤器进入进油腔,而在出油腔一侧由于齿轮进入啮合和机油被不断带入而产生挤压作用,机油以一定压力被泵出。

内啮合齿轮式机油泵工作原理和外啮合齿轮式机油泵相同。内啮合齿轮泵由曲轴直接驱动,无需中间传动机构,零件数量少,制造成本低,占用空间小。

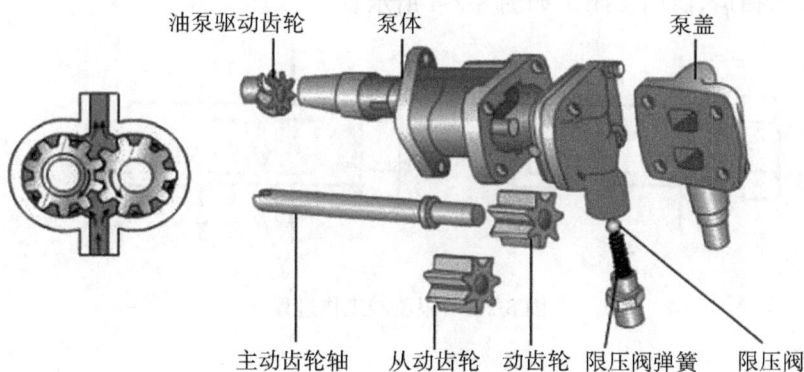

油泵驱动齿轮　　泵体　　　　　　　　　泵盖

主动齿轮轴　从动齿轮　动齿轮　限压阀弹簧　限压阀

图 8-2-2　齿轮式机油泵

2.转子式机油泵

转子式机油泵由壳体、内转子、外转子等组成,如图 8-2-3 所示。内转子用键或销固定在机油泵传动轴上,由曲轴齿轮驱动,内转子有 4 个凸齿,外转子有 5 个凹齿。

转子齿形齿廓使得转子转到任何角度时,内、外转子每个齿的齿形廓线上总能互相成点接触。这样内、外转子间形成 4 个工作腔,随着转子的转动,这 4 个工作腔的容积不断变化。

在进油道的一侧空腔,由于转子脱开啮合,容积逐渐增大,产生真空,机油被吸入。转子继续旋转,机油被带到出油道的一侧,这时转子正好进入啮合,使该空腔容积减小油压升高,机油从齿间挤出并经出油道压送出去。随着转子的不断旋转,机油就不断地被吸入和压出。

转子式机油泵结构紧凑,外形尺寸小,质量小,吸油真空度大,泵油量大,供油均匀性好,成本低。但滑动阻力相对齿轮泵较大,功率消耗也较大。

图 8-2-3　转子式机油泵

3. 限压阀

限压阀防止润滑系中机油压力过高,把最高压力限制在设定的限度内。发动机工作时,机油泵的泵油压力随发动机转速的增加而增高,且当润滑系中油路淤塞、轴承间隙过小或使用的机油黏度过大时,也将使供油压力增高。因此,在润滑系机油泵和主油道中设有限压阀,限制机油最高压力,以确保安全。当机油泵和主油道上机油压力超过预定的压力时,克服限压阀弹簧作用力,顶开阀门,一部分机油从侧面通道流入油底壳内,使油道内的油压下降至设定的正常值后,阀门关闭。如图 8-2-4 所示。

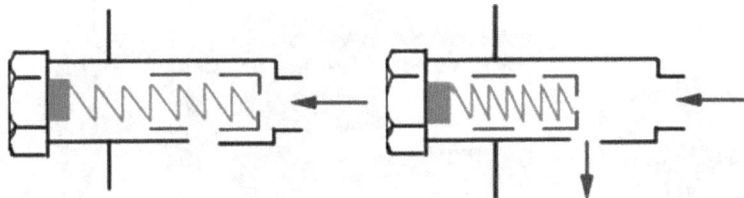

图 8-2-4　限压阀工作过程

4. 旁通阀

旁通阀用以保证润滑系内油路畅通。当机油滤清器堵塞时,机油通过并联在其上面的旁通阀直接进入润滑系的主油道,防止主油道断油。旁通阀与限压阀的结构基本相同,只是安装位置、控制压力和溢流方向不同。通常旁通阀弹簧刚度,要比限压阀弹簧刚度小得多。

8.2.2　机油滤清器

机油滤清器可去除机油中的金属磨屑、机械杂质和机油氧化物等,保证摩擦表面的良好润滑,延长其使用寿命。如图 8-2-5 所示为机油滤清器结构图。

机油滤清器分全流式和分流式,轿车发动机一般采用全流纸质式机油滤清器,串联在机油泵与主油道之间,全部机油都经过它的过滤,如图 8-2-6 所示。还有一些发动机一般采用粗、细双级过滤器。粗滤器是过滤式滤清器,机油通过细小的孔眼或缝隙时,将大于孔眼或缝隙的杂质留在滤芯的外部,用于滤去机油中粒度较大的杂质。粗滤器流动阻力小,串联在机油泵与主油道之间。细滤器用以清除细小的杂质,流动阻力大,常做成分流式,与主油道并联,少量的机油通过它滤清后又回到油底壳。

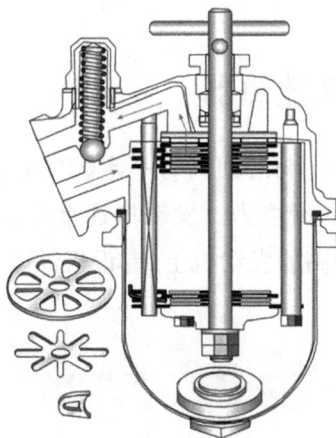

图 8-2-5 机油滤清器结构图

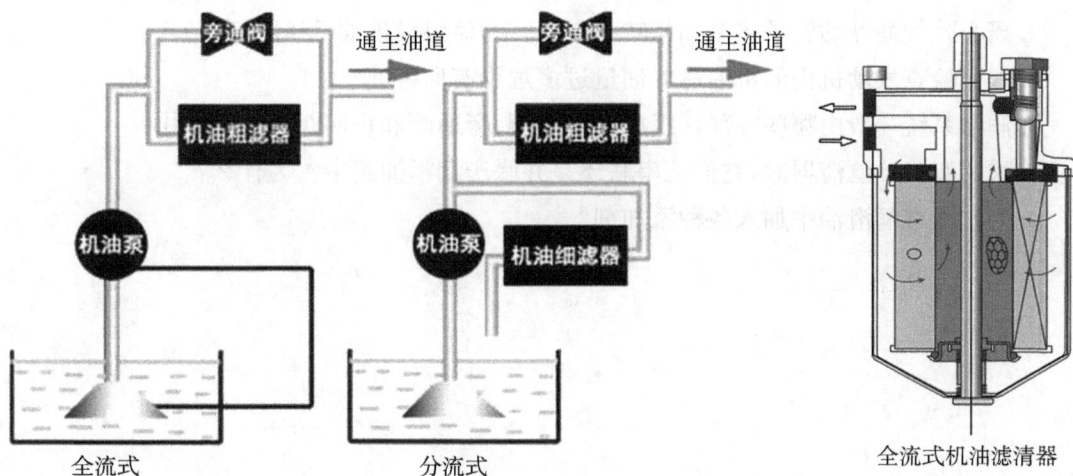

图 8-2-6 机油滤清方式

8.2.3 集滤器

集滤器装在机油泵之前的吸油口端,多采用滤网式,防止粒度大的杂质进入机油泵。汽车发动机使用的集滤器目前分为浮式集滤器和固定式集滤器两种。

浮式集滤器工作时漂浮于机油油面上,以保证油泵总是吸入最上层较清洁的机油,但油面上的泡沫易被吸入,造成机油压力降低,润滑可靠性差;固定式集滤器装在油面下面,吸入的机油清洁度略逊于浮式集滤器,但可防止泡沫吸入,润滑可靠、结构简单,使用广泛。例如一汽奥迪 100 轿车、解放 CA1091 型载货汽车、东风 EQ1090E 型载货汽车等发动机都采用了固定式集滤器。

集滤器是具有金属网的滤清器,安装在机油泵进油管上,其作用是防止较大的机械杂质进入机油泵。

8.2.4　机油冷却器或散热器

两者均属降低机油温度和保持润滑油具有一定黏度的部件。发动机运转时,由于机油黏度随温度的升高变稀,降低了润滑能力。发动机通常靠汽车行驶中的迎面空气流吹拂油底壳来使机油冷却。在热负荷较高的发动机上,专设机油冷却器以加强机油冷却。

思考与练习

1.润滑系有哪些作用?

2.限压阀与旁通阀各有什么作用?

3.试用方框图示标明解放 CA6102 型汽车发动机润滑系中机油的流经路线。

4.为什么机油泵输出的机油不全部流经细滤器?

5.离心式细滤器的转子体是如何转起来的? 为何要设进油低压限制阀?

6.如何检查发动机内的机油量? 油量过多过少有何害处?

7.润滑系统一般由哪些零部件组成? 安全阀、旁通阀和止回阀各有何功用?

8.采用双机油滤清器时,它们是串联还是并联于润滑油路中? 为什么?

9.为什么在润滑油中加入各种添加剂?

项目9 汽油机点火系统

9.1 点火系的功用与类型

能够按时在火花塞两电极之间产生电火花的全部装置,称为汽油机点火系。点火系的作用是适时地为汽油发动机气缸内已压缩的可燃混合气提供足够能量的电火花,使发动机能及时、迅速地做功。点火系性能好坏对发动机的工作有十分重要的影响。

目前,在国内外汽车上使用的点火系种类较多,主要有传统点火系、无触点电子点火系和微机控制点火系等。

(1)传统点火系 由蓄电池或发电机供给的 12 V 低压电,经点火线圈和断电器转变为高压电,再经配电器分送到各缸火花塞,使其电极间产生电火花。

(2)无触点电子点火系 取消了断电器的触点,用点火信号发生器产生点火信号,控制点火系工作。它可以避免由触点引起的各种故障,减少了保养和维护工作,还可以增大初级电流,提高次级电压和点火能量,改善混合气的燃烧状况,提高发动机的动力性和经济性,并减少排气污染。

(3)微机控制点火系 由微机控制装置根据各传感器提供的信号,确定点火时刻,并发出点火控制信号,可使发动机实际点火提前角接近理想点火提前角。在各种运转条件下,点火提前角可获得复杂而精确的控制。在怠速时,最佳点火提前角的主要目标是运转平稳、排放污染最低、油耗最小;在部分负荷时,主要要求降低油耗和提高行驶特性;在大负荷时,重点是提高最大转矩和避免工作中产生爆震。

9.2 点火系的组成与工作原理

9.2.1 点火系的组成

传统点火系的组成如图 9-2-1 所示,主要包括如下部件。

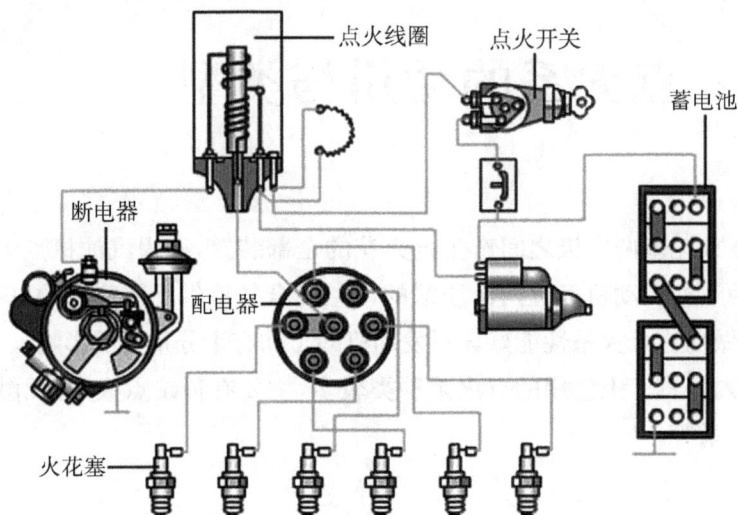

图 9-2-1 传统点火系的组成

(1)电源 供给点火系所需的电能,由蓄电池和发电机提供。

(2)点火线圈 将电源 12 V 的低压电变成 15~20 kV 的高压电。

(3)分电器 包括断电器、配电器、电容器和点火提前机构等部分。各部分作用如下。

①断电器。接通与切断点火线圈初级电路。

②配电器。将点火线圈产生的高压电按气缸的工作顺序送至各缸火花塞。

③电容器。减小断电器触点火花,延长触点使用寿命并提高次级电压。

④点火提前机构。随发动机转速、负荷和汽油辛烷值变化改变点火提前角。

(4)火花塞 将高压电引入气缸燃烧室产生电火花点燃混合气。

(5)点火开关 控制点火系统的初级电路。

(6)附加电阻 改善点火性能和起动性能。

9.2.2　点火系的工作原理

1.传统点火系的工作原理

在传统点火系中,蓄电池或发电机供给的 12 V 低压电,经点火线圈和断电器转变为高压电,再经配电器分送到各缸火花塞,使其电极间产生电火花。其工作原理如图 9-2-2 所示。

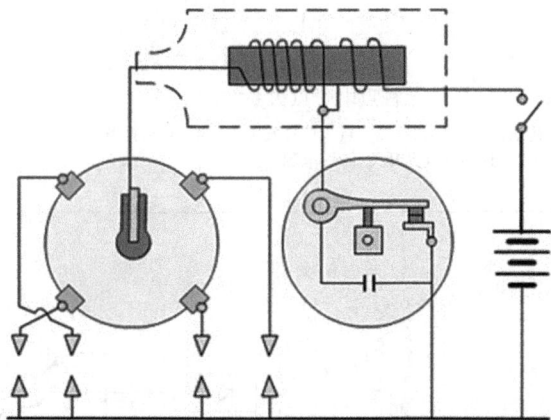

图 9-2-2　传统点火系的工作原理

发动机工作时,断电器轴连同凸轮一起在发动机凸轮轴的驱动下旋转。凸轮转动时,断电器触点交替地闭合和打开。当触点闭合时,接通点火线圈初级绕组的电路;当触点分开时,切断初级绕组的电路,使点火线圈的次级绕组中产生高压电;当火花塞的电极间隙被击穿时,产生电火花,点燃混合气。

发动机工作期间,断电器凸轮每转一转各缸按点火顺序轮流点火一次。若要停止发动机的工作,只要断开点火开关,切断初级电路即可。

2.无触点电子点火系的工作原理

无触点电子点火系一般由点火信号发生器、电子点火器、点火线圈、火花塞等组成,如图 9-2-3 所示。其基本工作原理为:转动分电器使点火信号发生器产生脉冲电压信号,此脉冲电压信号经电子点火器大功率晶体管前置电路的放大、整形等处理后,控制串联于点火线圈初级回路的大功率晶体管的导通和截止。大功率晶体管导通时,点火线圈初级通路,点火系统储能;当输入电子点火器的点火信号脉冲使大功率晶体管截止时,点火线圈初级断路,次级绕组便产生高压电。无触点电子点火系按信号发生器的形式不同可分为磁脉冲式、霍尔效应式和光电式等。

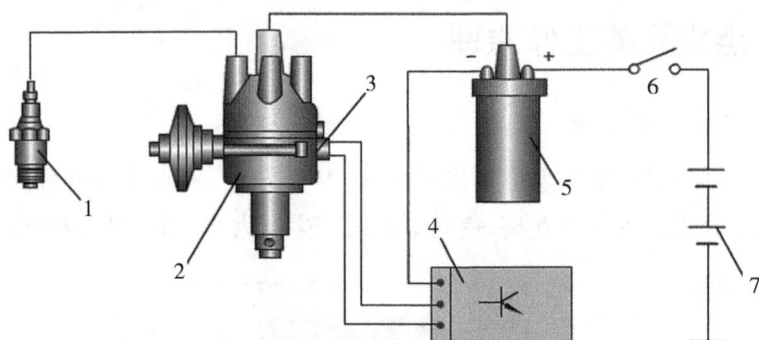

无触点电子点火系统的组成

1—火花塞；2—分电器；3—点火信号发生器；4—点火控制器；
5—点火线圈；6—点火开关；7—电源

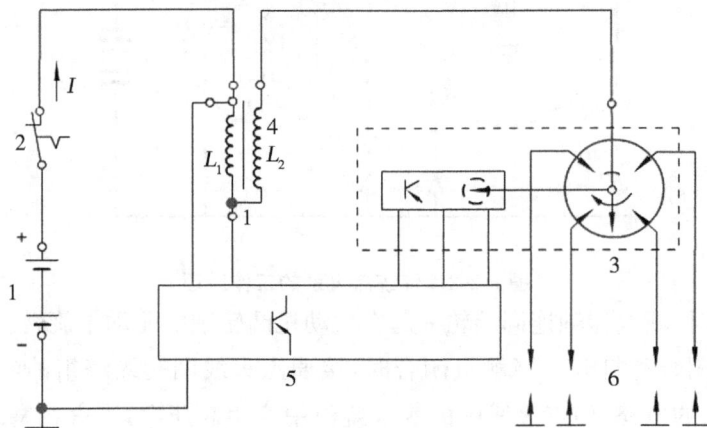

一汽大众捷达轿车的无触点点火系统原理图

1—电源；2—点火开关；3—带点火信号发生器的分电器；4—点火线圈；
5—点火控制器；6—火花塞

图 9-2-3　无触点电子点火系的工作原理

　　(1)磁脉冲式点火系统　磁感应信号发生器用来产生点火控制信号,装在分电器内的底板上,如图 9-2-4 所示,它由装在分电器轴上的信号转子以及永久磁铁、铁心和绕在铁心上的传感线圈等组成。信号转子由分电器轴驱动,转子上的凸齿数与发动机气缸数相等。

　　磁脉冲点火信号发生器是利用电磁感应原理工作的,当通过传感线圈的磁通发生变化时,在传感线圈内便产生交变电动势,它相当于一个极小的发电机。如图 9-2-5 所示。其永久磁铁的磁路是:永久磁铁 N 极—空气隙—信号转子—空气隙—铁心(通过传感线圈)—永久磁铁 S 极。当发动机未转动时,信号转子不动,通过传感线圈的磁通未发生变化,传感线圈不产生电动势,因而无信号输出。当发动机转动时,信号转子便由分电器轴带动旋转,这时信号转子的凸齿与铁心间的空气隙将发生变化,使通过传感线圈的磁通发生变化,因此在传感线圈中便产生感应电动势。如图 9-2-6 所示。

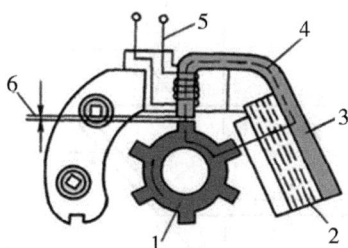

1—信号转子；2—永久磁铁；3——铁心；4—磁通；
5—传感线圈；6—空气隙

图 9-2-4　磁脉冲信号发生器结构

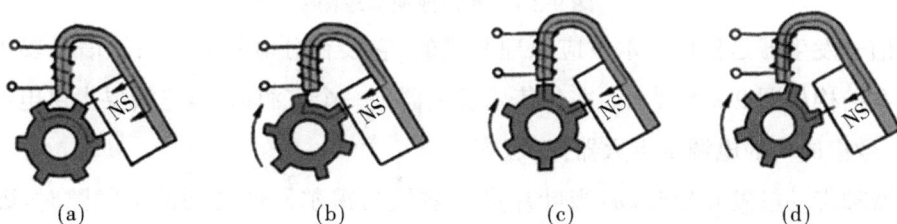

(a)　　　　　　　(b)　　　　　　　(c)　　　　　　　(d)

图 9-2-5　磁脉冲信号发生器工作原理

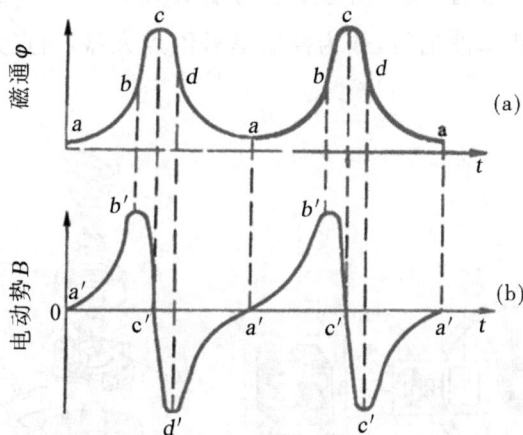

图 9-2-6　通过感应线圈的磁通及感应电动势情况

（2）霍尔式点火系统　霍尔效应的原理如图 9-2-7 所示,当电流通过放在磁场中的半导体基片(称霍尔元件)且电流方向和磁场方向垂直时,在垂直于电流和磁通的半导体基片的横向侧面上即产生一个电压,这个电压称为霍尔电压。霍尔电压 U_H 的高低与通过的电流 I 和磁感应强度 B 成正比。

B—磁场；I—电流；U_H—感应电压

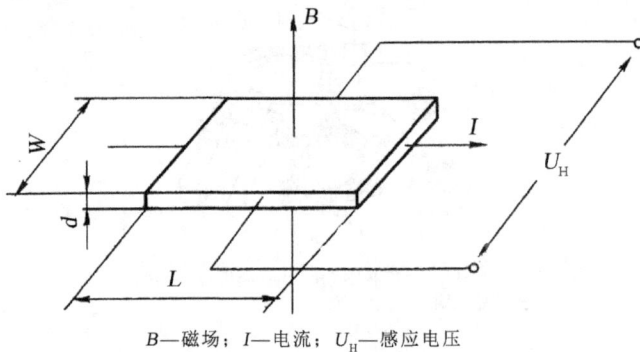

图 9-2-7　霍尔效应原理图

霍尔信号发生器是根据霍尔效应原理制成的,它装在分电器内。霍尔信号发生器的示意图和基本结构如图 9-2-8 所示。霍尔信号发生器是一个有源器件,它需要提供电源才能工作,霍尔信号集成块的电源由点火器提供。

分电器轴带动触发叶轮转动,当叶片进入磁铁与霍尔元件之间的空气隙时,磁场被旁路,霍尔元件产生的霍尔电压为 0 V,霍尔集成电路末级三极管截止,信号发生器输出高电位达 11~12 V。当触发叶轮离开空气隙,永久磁铁的磁力线通过霍尔元件而产生 20 mV 的霍尔电压,集成电路末级三极管导通,信号发生器输出 0.3~0.4 V 低电位。叶片不停的转动,信号发生器输出一个矩形波信号,作为控制信号给点火器,由点火器控制点火线圈初级线圈电路的通断。

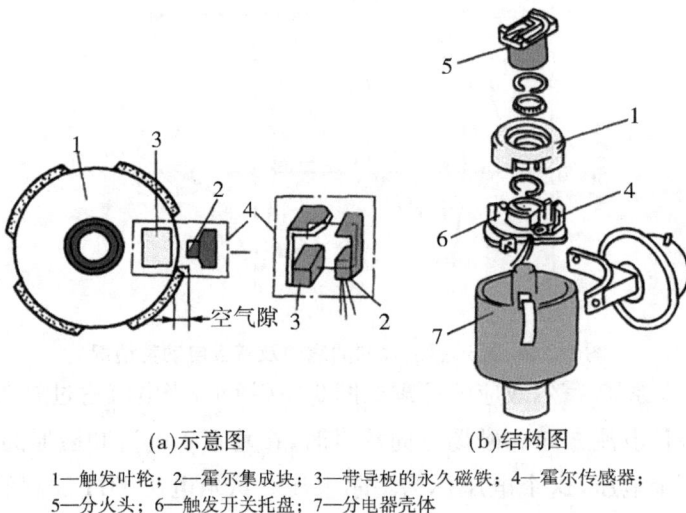

(a)示意图　　　　　　　(b)结构图

1—触发叶轮；2—霍尔集成块；3—带导板的永久磁铁；4—霍尔传感器；
5—分火头；6—触发开关托盘；7—分电器壳体

图 9-2-8　霍尔信号发生器工作原理

(3)光电式点火系统　安装在分电器内的光电式点火信号发生器通常都由光源、光接收器和遮光盘三部分组成,其结构示意如图 9-2-9 所示。

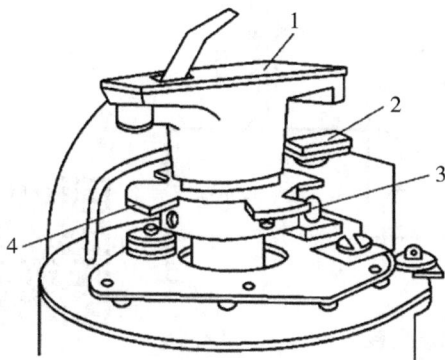

1—分火头；2—光源；3—光接收器；4—遮光盘

图 9-2-9　光电式点火信号发生器结构

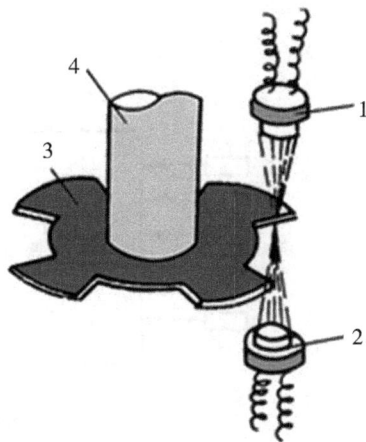

1—光源；2—光接收器；3—遮光盘；4—分电器轴

图 9-2-10　光电式点火信号发生器工作原理

光电式点火信号发生器工作原理如图 9-2-10 所示。光源是一只砷化镓发光二极管，它发出红外线光束，用一只近似半球形的透镜聚焦。该发光二极管比白炽灯泡耐震，并能耐较高的温度，在 150℃ 的环境温度下能连续工作，工作寿命很长。

光接收器是一只硅光敏晶体管，它与光源相对，并相距一定距离，以使红外线光束聚焦后照射到光敏晶体管上。光敏晶体管的工作与普通晶体管的不同之处，是它的基极电流由光产生，因此不必在基极上输入电信号，也无需基极引线。

遮光盘用金属或塑料制成，装在分电器轴上，位于分火头下面，盘的外缘伸入光源与光接收器之间，盘的外缘上开有缺口，缺口数与气缸数相等。缺口处允许红外线光束通过，其余实体部分则能挡住光束。当遮光盘随分电器轴转动时，即按一定位置产生光电点火信号。

点火电子组件的作用是把光接收器的信号电流放大，从而通过功率晶体管接通和切断点火线圈的初级电流。

3. 微机控制点火系

微机控制点火系主要由传感器、电子控制器、点火器、点火线圈等组成，如图 9-2-11 所示。

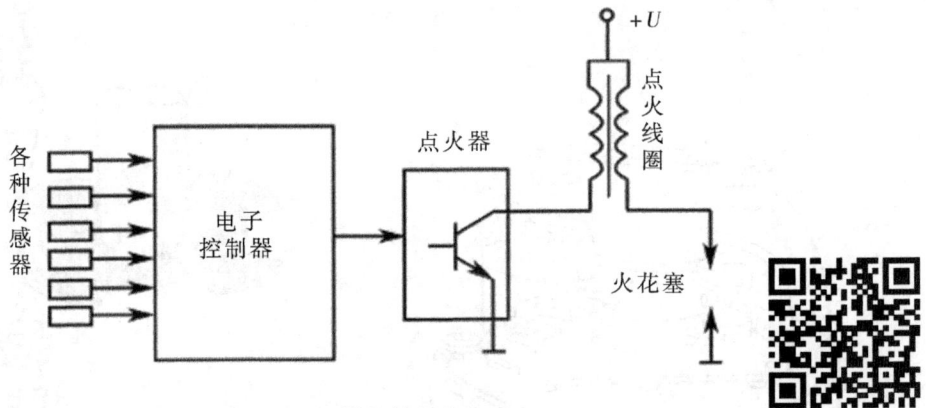

图 9-2-11　微机控制点火系

（1）传感器（包括各种开关）　主要有曲轴位置传感器、空气流量计（或绝对压力传感器）、水温传感器、进气温度传感器、氧（O_2）传感器、节气门位置传感器、车速传感器、爆震传感器、空调开关信号等。

（2）电子控制器　它的作用是根据发动机各传感器输入的信息及内存的数据，进行运算、处理、判断，然后输出指令（信号）控制有关执行器（如点火器）动作，达到快速、准确控制发动机工作的目的。

（3）点火器　它的作用是根据电子控制器输出的指令，通过内部的大功率三极管的导通和截止，控制初级电流的通断，完成点火工作。

采用微机点火控制以后，可以进一步取消分电器，由控制系统直接进行高压电的分配，成为无分电器电子点火系统，如图 9-2-12、图 9-2-13 所示分别为有分电器微机控制点火系统、无分电器微机控制点火系统。

无分电器电子点火系统分两种：一种方式为每两缸装一个点火线圈，两缸同时点火；另一种方式为每缸一个点火线圈，各缸独立进行控制。

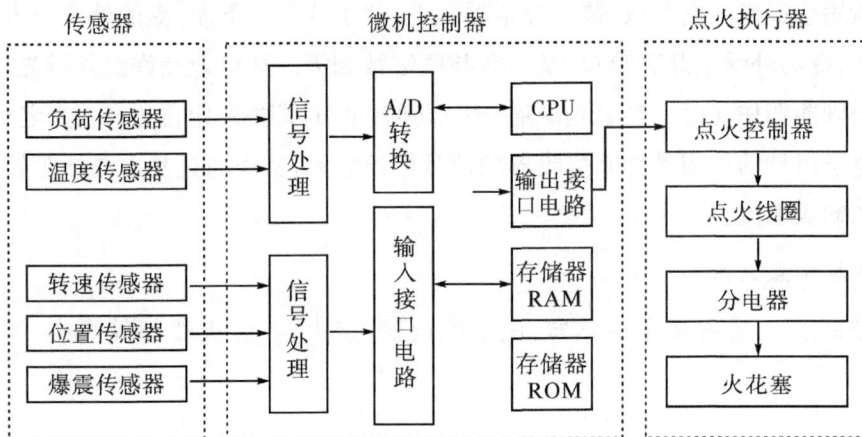

图 9-2-12　有分电器微机控制点火系统的组成

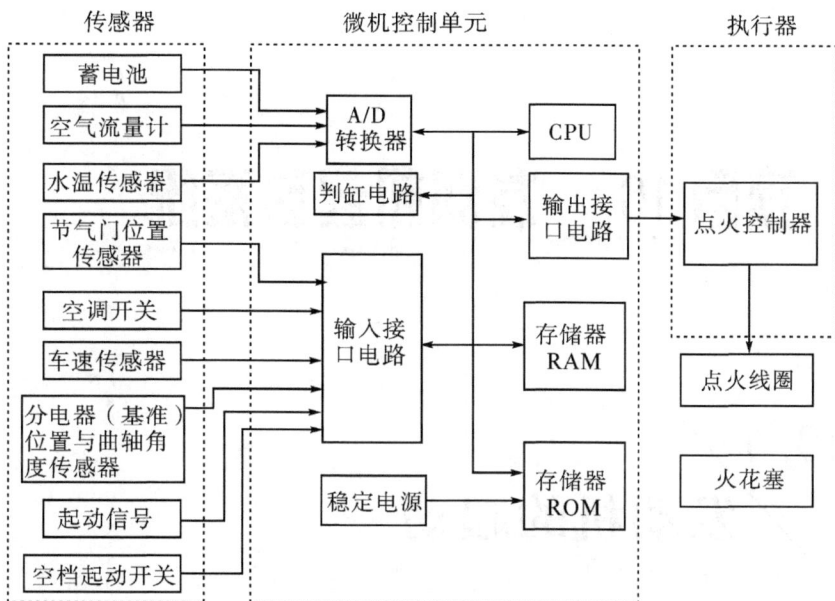

图 9-2-13 无分电器微机控制点火系统组成

思考与练习

1. 点火系统基本功能和基本要求有哪些？

2. 试说明传统点火系由哪些部分组成？各组成部分的作用是什么？

3. 汽车发动机的点火系为什么必需设置真空点火提前和离心点火提前调节装置？它们是怎样工作的？

4. 什么是点火提前角？影响因素有哪些？

项目 10　发动机起动系统

10.1 发动机的起动

10.1.1　发动机的起动

起动机的作用就是起动发动机。发动机起动之后，起动机便立即停止工作。

发动机常用的起动方式有人力起动、辅助汽油机起动和电力起动机起动。目前大多数运输车辆都已采用电力起动机起动。电力起动机起动方式是由直流电动机通过传动机构将发动机起动。它具有操作简单、体积小、质量轻、安全可靠、起动迅速并可重复起动等优点，一般将这种电力起动机简称为起动机。

10.1.2　汽、柴油机冷起动辅助装置

汽车冬季使用时，由于气温较低，活塞压缩行程后，空气（或可燃混合气）的温度较低，加之低温时机油黏度大，起动阻力大，因此发动机点火困难。为保证发动机在低温条件下能迅速起动，多数柴油机和少数汽油机上设有低温预热装置，以提高进入气缸的空气（或可燃混合气）的温度。

进气预热的类型有集中预热和分缸预热两种。集中预热装置安装在发动机的进气管上；分缸预热装置安装在各气缸内或进气歧管上。集中预热装置用于汽油机和部分柴油机；分缸式预热装置用于柴油机。

预热装置通常有电热塞、进气加热器和电火焰预热器等。

1. 电热塞

对于采用涡流室式或预燃室式燃烧室的柴油机，一般在涡流室或预燃室中装有一个密

封式电热塞,如图 10-1-1 所示。用铁镍铝合金制成螺旋形电阻丝,其两端分别焊于中心螺杆和发热体钢套的底部。在发热体钢套中用绝缘性好、导热性能好,且耐高温的氧化铝填充物固定着电阻丝。中心螺杆与外壳之间有瓷质绝缘体。高铝水泥胶合剂将中心螺杆固定于绝缘体上。外壳上端将绝缘体、钢套、密封垫圈和外壳互相压紧。外壳连同密封垫圈装在气缸盖上,各电热塞中心螺杆用导线并联,接到蓄电池 上发动机起动前,接通电热塞开关,通电 10～15 s,电热丝温度将达到 800℃,最高温度可达 1 000～1 100℃,加热气缸内的空气,使发动机顺利起动。

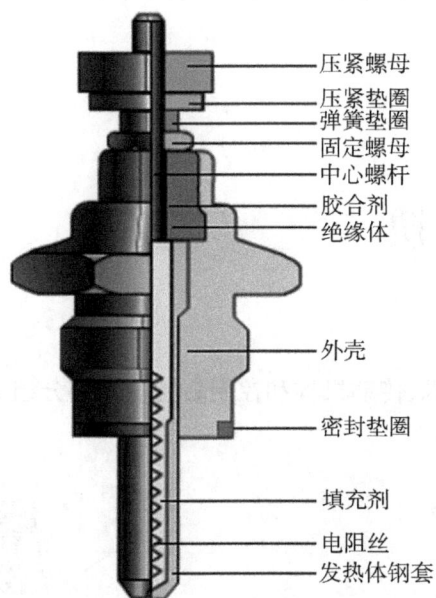

图 10-1-1　电热塞

2.进气加热器

柴油发动机普遍采用的是电热丝网加热器,如图 10-1-2 所示。电热丝网加热器安装在进气管上,由起动开关控制预热继电器给其供电。

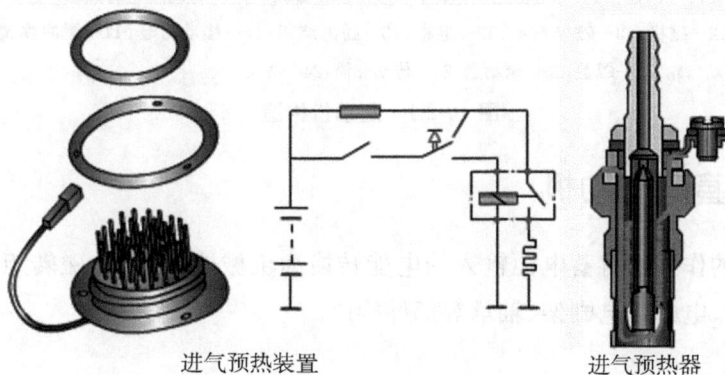

进气预热装置　　　　　　进气预热器

图 10-1-2　进气加热器

3.电火焰预热器

南京依维柯汽车预热系统属于火焰喷射式预热系统,其中预热塞为压力雾化炽热塞点火式。

这种预热塞由带电磁阀的喷油器、炽热塞等部分组成。起动前接通预热电路,电流通过炽热塞使其升温。40 s 后炽热塞即已炽热。起动时,柴油经柴油滤清器在电磁阀控制下进入喷油器,在 0.35 MPa 的压力下,由喷孔喷出雾状柴油,雾状柴油与空气混合后形成易燃混合气,并在炽热塞点燃下燃烧,形成火焰,加热加气。

10.2 / 起动机

起动机由串激直流电动机、传动机构和控制装置 3 个部分组成,如图 10-2-1 所示。

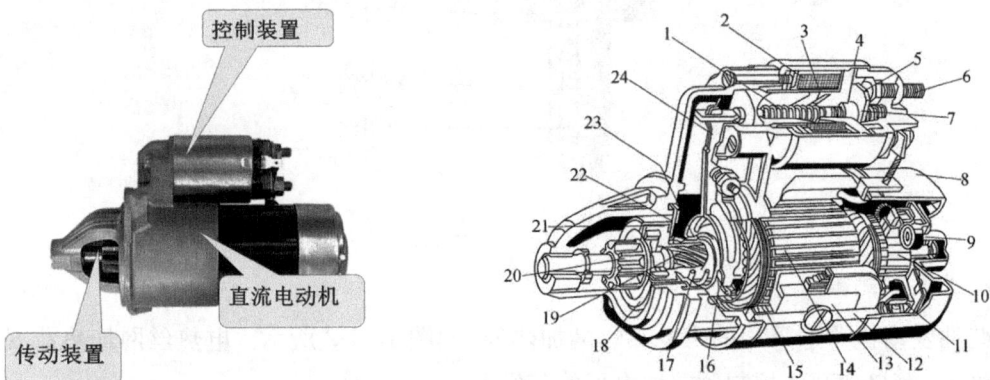

1—回位弹簧;2—保持线圈;3—吸拉线圈;4—电磁开关壳体;5—触点;6—接线柱;7—接触盘;8—后端盖;9—电刷弹簧;10—换向器;11—电刷;12—磁极;13—磁极铁心;14—电枢;15—励磁绕组;16—移动衬套;17—缓冲弹簧;18—单向离合器;19—电枢轴花键;20—驱动齿轮;21—罩盖;22—制动盘;23—传动套筒;24—拨叉

图 10-2-1 起动机构造

10.2.1 直流电动机

直流电动机的作用是将蓄电池输入的电能转换为机械能,产生电磁转矩。直流电动机主要由电枢、磁极、电刷与电刷架、轴承等部件构成。

1.电枢

电枢是直流电动机的旋转部分,包括电枢轴、换向器、电枢铁芯、电枢绕组。为了获得足够的转矩,通过电枢绕组的电流一般为 200～600 A,因此电枢绕组采用较粗的矩形裸铜线绕制成成型绕组。电枢绕组各线圈的端头均焊接在换向器片上,通过换向器和电刷将蓄电池的电流引进来。换向片和云母片叠压成换向器。为了避免电刷磨损的粉末落入换向片之间造成短路,起动机换向片间的云母一般不必割低。

2. 磁极

磁极一般是 4 个,两对磁极相对交错安装在电动机定子内壳上,低碳钢板制成的机壳也是磁路的一部分,也有用 6 个磁极的起动机。

3. 电刷与电刷架

电刷架一般为框式结构,其中正极刷架与端盖绝缘地固装,负极刷架直接搭铁。电刷置于电刷架中,电刷由铜粉与石墨粉压制而成,呈棕红色。刷架上装有弹性较好的盘形弹簧。

4. 轴承

因为起动机工作时间短暂,每次的工作时间仅几秒钟,所以一般都是采用青铜石墨轴承或铁基含油轴承。

10.2.2 传动机构

起动机的传动机构是起动机的主要组成部件。它包括离合器和拨叉两个部分。离合器的作用是将电动机的电磁转矩传递给发动机使之起动,同时又能在发动机起动后自动打滑,保护起动机不致飞散损坏。传动机构中的离合器分为滚柱式离合器、摩擦片式离合器和弹簧式离合器几种。拨叉的作用是使离合器做轴向移动,将驱动齿轮啮入和脱离飞轮齿圈。

发动机起动时,按下按钮或起动开关,线圈通电产生电磁力将铁芯吸入,于是带动拨叉转动,由拨叉头推出离合器,使驱动齿轮啮入飞轮齿圈。发动机起动后,只要松开按钮或开关,线圈即断电,电磁力消失,在回位弹簧的作用下,铁芯退出,拨叉返回,拨叉头将打滑工况下的离合器拨回,驱动齿轮脱离飞轮齿圈。

滚柱式单向离合器是目前国内外汽车起动机中使用最多的一种。解放牌汽车、东风牌汽车、北京牌吉普车等均使用滚柱式离合器。滚柱式离合器的构造如图 10-2-2 所示。其中,驱动齿轮与外壳连成一体。接通起动开关起动发动机时,起动机的电枢轴连同内座圈按图中所示的箭头方向旋转,由于摩擦力和弹簧张力的作用,滚柱被带到内、外座圈之间楔形槽窄的一端,将内、外座圈联成一体,于是电枢轴上的转矩通过内座圈、楔紧的滚柱传递到外座圈和驱动齿轮,驱动齿轮与电枢轴一起旋转使发动机起动。

发动机起动后,曲轴转速升高,飞轮齿圈将带着驱动齿轮高速旋转。虽然驱动齿轮的旋转方向没有改变,但它由主动轮变为从动轮。当驱动齿轮和外座圈的转速超过内座圈和电枢轴的转速时,在摩擦力的作用下,滚柱克服弹簧张力的作用滚向楔形槽宽的一端,使内、外座圈脱离联系而可以自由地相对运动,高速旋转的驱动齿轮与电枢轴脱开,防止电动机超速。

弹簧

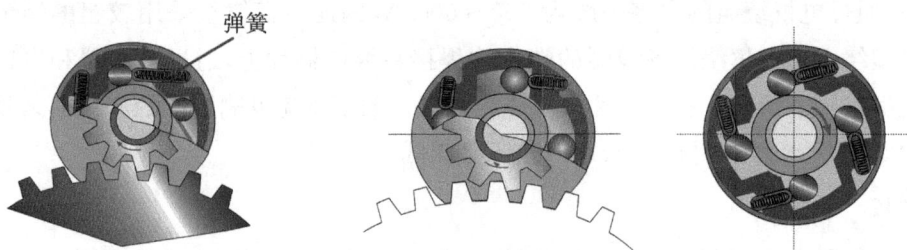

图 10-2-2　滚柱式单向离合器的工作原理

10.2.3　控制装置

控制装置的作用是用来接通和断开电动机与蓄电池之间的电路,同时还能接入和切断点火线圈的附加电阻。

起动机的控制装置分为直接操纵式和电磁操纵式两种形式。目前,电磁操纵式起动机的应用最为广泛。

QD124 型起动机为电磁操纵式起动机,其接线如图 10-2-3 所示。

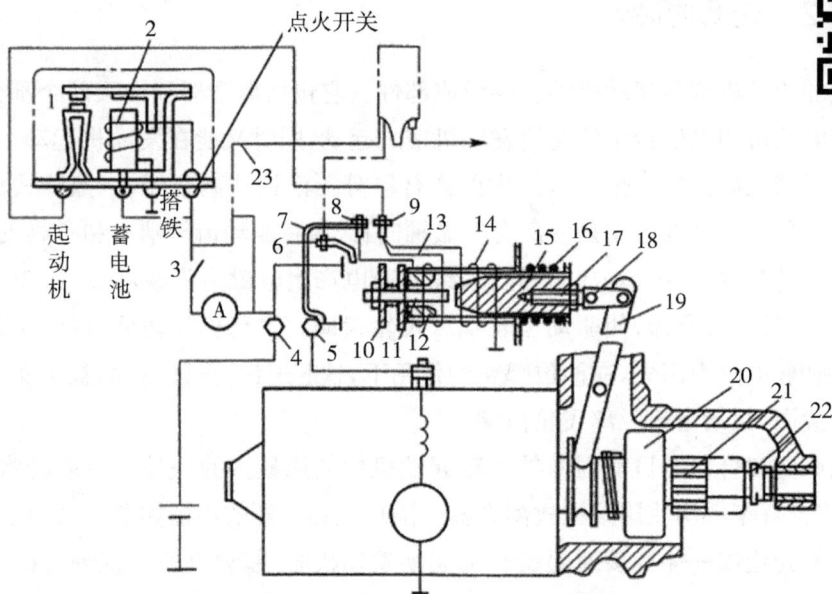

1—起动继电器触点;2—起动继电器线圈;3—点火开关;4、5—主接线柱;6—辅助接线柱;7—导电片;8—吸引线圈接线柱;9—电磁开关接线柱;10—接触盘;11—活动杆;12—固定铁心;13—吸引线圈;14—保持线圈;15—电磁铁心;16—回位弹簧;17—螺杆;18—连接头;19—拨叉;20—滚柱式离合器;21—驱动齿轮;22—止推螺母;23—点火线附加电阻线

图 10-2-3　QD124 型起动机控制电路

发动机起动时,将点火开关钥匙旋至起动挡位,起动继电器通电后,吸下可动臂使触点闭合,接通了电磁开关线圈电路,起动机投入工作。发动机起动后,只需松开点火开关钥匙,点火开关自动转回到点火工作挡位,起动继电器线圈断电触点打开,电磁开关也随即断开,

起动机停止工作。

　　利用起动继电器控制电磁开关,能减小通过点火开关起动触点的电流,避免烧蚀触点,延长使用寿命。有些汽车上的起动继电器在改进控制电路以后,还能起到自动停止起动机工作及安全保护的作用。

思考与练习

　　1.为什么发动机低温起动困难?为使发动机在低温下迅速可靠地起动,常采用哪些辅助起动装置?

　　2.电动机起动系的组成?

　　3.车用起动机为什么采用串激直流电动机?

　　4.为什么必须在起动机中安装离合机构?常用的起动机离合机构有哪几种?

　　5.试述滚柱式单向离合器的结构及工作原理。

　　6.试述电磁操纵式起动机起动过程,为什么电磁开关必须有吸引和保持两个线圈?

项目11 汽车的排放净化

11.1 汽车排放污染物

汽车排放物是汽车的排气排放物、蒸发排放物和曲轴箱排放物的总称,习惯上指其中的污染物。

汽车排放污染物是汽车排放物中污染环境的各种物质,主要有一氧化碳(CO)、碳氢化合物(HC)、氮氧化物(NO_x)和微粒物(PM)等。

1.一氧化碳

CO是燃料中的碳在不完全燃烧下所生成的一种气体。

2.碳氢化合物

HC是由碳和氢形成的化合物的总称,指气缸内的燃料或润滑油未经燃烧,或经分解而生成的碳和氢的化合物以及燃料蒸气。

3.氮氧化物

NO_x是气缸内的氮在高温下被氧化生成的气体,主要由一氧化氮(NO)和二氧化氮(NO_2)混合而成。

4.光化学烟雾

光化学烟雾是碳氢化合物和氮氧化物在太阳光紫外线照射下,发生光化学反应所生成的烟雾状物。它是一种强刺激性有害气体的二次污染。

5.微粒物

PM是排气中各种直径大于$0.001~\mu m$的固体或液体微粒的总称,通常包括铅氧化物等重金属化合物、硫酸盐、有机物、烟灰和炭颗粒等。

6.柴油机排气可见污染物

柴油机排气可见污染物是指柴油机的排烟,即悬浮在柴油机排气流中的微粒和雾状物。它们阻碍光线通过使其变暗,并反射、折射光线。

汽车排放污染主要有 3 个排放源:一是发动机排气管排出的发动机燃烧废气(俗称尾气),汽油车的主要污染成分是 CO、HC 和 NO_x,而柴油车除了这 3 种有害物外还排放大量的微粒物;二是曲轴箱排放物,由发动机在压缩和燃烧过程中未燃的 HC 由燃烧室漏向曲轴箱再排向大气而产生;三是燃料蒸发排放物,主要由发动机燃料供给系的燃料蒸发而产生。

11.2 汽车排放污染物形成原因

11.2.1　汽油机排放污染物的成因

1.一氧化碳(CO)

①燃料不完全燃烧。CO 是烃类燃料在燃烧过程中缺氧而不能完全燃烧的产物。

②CO_2 和 H_2O 在高温时离解。当汽油机缸内温度超过 1800℃时,CO_2 和 H_2O 在高温时会发生离解,生成 CO。

2.碳氢化合物(HC)

①由于气缸壁对火焰的冷却作用、缝隙效应、油膜和沉积物对燃油蒸气的吸附作用,使燃料未燃烧或未完全燃烧。

②由于燃料供给系统的蒸发以及燃烧室等泄漏而产生。

3.氮氧化合物(NO_x)

①混合气在高温燃烧过程中,空气中的分子氮被氧化为 NO,也称为高温 NO,是 NO 的主要来源。

②燃料中的含氮化合物在燃烧过程中,分解成低分子氮化物被氧化生成 NO,也称为燃料 NO。

③在燃烧过程中燃料中的碳氢化合物裂解出的 CH、CO_2、C 等与空气中的 N_2 反应生成 HCN 和 NH 等,并进一步与 OH、O 反应生成 NO,也称为激发或瞬发 NO。

11.2.2　柴油机排放污染物的成因

从总体看,由于柴油机的平均混合气浓度比汽油机稀得多,即使在高负荷区,平均过量空气系数也远大于1,所以柴油机总有足够的氧气对已形成的 CO 和 HC 进行氧化。柴油机的 CO 和 HC 排放量要比汽油机低得多。从细节上看,柴油机 CO 和 HC 的具体生成原因也与汽油机有所不同。

1. CO

柴油机 CO 主要源于缺氧造成喷注中过浓部分的不完全燃烧。

2. HC

柴油机 HC 的生成主要有下述两个原因。

①滞燃期中,处于喷注前缘的极稀混合气,其浓度远低于燃烧极限而无法着火便产生 HC。滞燃期越长,滞燃期中喷油量越多,过分稀释的混合气也越多,HC 排放也就增多。

②在柴油机中,喷雾质量、喷雾贯穿度、与空气的混合等因素对未燃 HC 的生成影响很大。喷油器结构不合理,特别是针阀后压力室容积过大是形成未燃 HC 的重要原因。此外,窜机油,起动时不着火以及不正常喷射(如二次喷射)也是产生未燃 HC 的原因。在冷起动、怠速、低负荷等条件下,喷注中的大颗粒油滴来不及蒸发,严重的后燃也会造成未燃 HC 的排放。

3. NO_x

柴油机的 NOx 生成条件与汽油机相同,也是高温、富氧和较长的作用时间,但是达到上述条件的具体情况各不相同。

柴油机在燃烧过程中产生 NOx 的区段有速燃期的稀燃火焰区和缓燃期的扩散燃烧区。因为这两个区段具有生成 NOx 的条件。

4. 微粒和碳烟

柴油机中,微粒和碳烟的生成源于高温和局部混合气过浓。

11.3 发动机排放污染物的净化

发动机排放污染物的净化方法可以分为两大类:机内净化和机外净化。

11.3.1 机内净化

机内净化是通过优化工作过程,改善可燃混合气的品质和燃烧状况,彻底减少有害气体,使排气中的有害气体减至最少。例如,采用电控汽油喷射装置取代原先的化油器是机内净化的有效措施,可以实时优化混合气浓度和燃烧过程,从而最大程度地降低有害气体排放。通过对配气相位、点火时刻、燃烧方式及燃烧室形状等方面进行综合考虑,最大程度地降低有害排放物的生成条件。对于柴油机,燃烧室形状、气流组织方式、喷油系统和特性、是否采用增压和中冷、不同品质的柴油等,都会对柴油机的工作过程和排放污染物的形成产生重要的影响。

通过机内净化的方式,无法消除所有的有害排放物,为达到严格的排放标准,必须采取机外净化的方式,即安装附加装置对废气净化后再排入大气,又称尾气后处理。

11.3.2　机外净化

1. 催化转换

在排气管中安装催化转换器,当排放污染物进入排气管,流经催化转换器后,在催化剂的作用下将 CO、HC 和 NO_x 转换为对人体无害的气体。催化转换器有氧化催化转换器、还原催化转换器和三元催化转换器。

氧化催化转换器只将排气中的 CO 和 HC 氧化为 CO_2 和 H_2O,因此这种催化转换器也称做二元催化转换器。

还原催化转换器只将排气中的 NO_x 进行还原,生成 N_2 和 O_2。

三元催化转换器以排气中的 CO 和 HC 作为还原剂,把 NO、还原为 N_2 和 O_2,同时 CO 和 HC 被氧化为 CO_2 和 H_2O,是最常用的催化转换器。

三元催化转换器多用金属外壳封闭,中间加有隔热减振层。将带有很多小孔的蜂窝状陶瓷作为载体,表面有一层薄的氧化铝中间镀层,再在其上镀以催化剂,催化剂大多用铂、钯、锗等贵金属。

催化转换器的使用有一定的要求:①由于铅会使催化剂失效,要求使用无铅汽油。②温度超过 350℃ 时才起催化反应,温度较低时转换效率急剧下降。③发动机的混合气浓度必须始终保持在理论空燃比,只允许极小的偏差才能有较好的转换效果,长期过浓或过稀都会使三元催化转换器失效。

2. 二次空气喷射

在发动机冷起动和暖机过程中,混合气比较浓,并且由于催化转换器的温度太低催化转换过程不能较好地完成。为了使催化转换器的温度尽快升高,可采用推迟点火、电加热和二次空气喷射等方法。

二次空气喷射就是在每缸排气门后面输入空气,可使高温废气中的 HC 和 CO 在排气管中继续燃烧,产生的热量使催化转换器尽快升温。二次空气喷射系统,一般由二次空气泵、继电器、电磁阀、单向阀等组成。空气经过滤器过滤后由二次空气泵加压,然后由单向阀等流向控制元件进入排气管或排气道。为防止高温排气进入二次空气系统，单向阀在背压较高时关闭，阻止废气倒流。

3.废气再循环

废气再循环(EGR)就是通过回引部分废气与新鲜空气共同参与燃烧反应(图 11-3-1)，利用废气中含有的大量惰性气体(CO_2、N_2、H_2O 等)具有较高的比热容特性，降低燃烧温度，从而达到降低 NO_X 的目的。当这些不活泼气体被吸入燃烧室后，燃烧状况会发生改变。大量的 N_2 和 CO_2 起到了稀释汽缸内反应气体的作用，从而减慢了燃烧反应速度，降低了最高燃烧温度。高热容量的水蒸气和 CO_2 气体温度上升需吸收较多的热量，有效地降低了汽缸内的燃烧温度，使 NO_X 生成量减少。

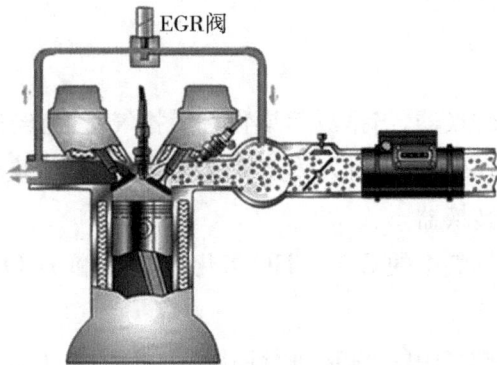

图 11-3-1　废气再循环

　外部 EGR 系统利用专门的管道将废气引入进气管，使废气与新鲜充量在进入汽缸前充分混合。它可以通过电控系统精确控制 EGR 率，优化发动机性能，还可以在外部系统中通过加装 EGR 冷却器有效降低燃烧温度。

再循环的废气量由 EGR 阀自动控制，当 EGR 阀开启时，部分废气将从排气门经排气再循环通道进入进气歧管。EGR 阀分机械式和电控式两种，其中机械式主要有直接控制式 EGR 阀和正背压式 ECR 阀。

直接控制式 EGR 阀，进气管真空度经真空传送管传入膜片室。当真空度较小或没有时，在膜片弹簧的作用下，锥阀将排气再循环通道关闭。真空度较大时，膜片、膜片推杆和锥阀一起上升，将排气再循环通道打开。

正背压式 EGR 阀，通气膜片上有一通气孔。当通气阀打开时，膜片室与大气连通。发动机转速较低或节气门开度很小时，排气压力不大，不足以克服通气阀弹簧弹力而使通气阀打开，膜片室与大气继续连通，传递到膜片室的真空度将减弱或消除，锥阀保持关闭。排气压力增大时，膜片被推动向上并将通气阀关闭，使膜片室与大气的通路隔断，进气管真空度传到膜片室，吸引膜片、膜片推杆和锥阀上升，排气再循环通道开启。

一般发动机 EGR 系统通过电磁式 EGR 控制阀来控制 EGR 背压，从而控制 EGR 阀的开度和排气再循环量,也有发动机直接通过电控式 EGR 阀来控制排气再循环量。

EGR 降低了发动机的有效功率,甚至导致燃烧不稳定且失火率增加。通常要求在急速下不进行排气再循环。随着负荷的增加逐渐增加排气再循环量,在全负荷和高速下,为了使发动机有足够的动力性,也不进行排气再循环。

4. 燃油蒸发控制系统

汽油箱内的汽油随时都在蒸发气化,由于油箱不可能密封,且需要有调节油箱压力的装置,汽油蒸气一旦进入大气,将造成环境污染和燃油浪费。所以,必须严格控制汽油的蒸发。

汽油蒸发控制系统将汽油蒸气收集和储存在炭罐内,在发动机工作时将其送入汽缸燃烧。现代车用发动机采用电子控制汽油蒸发控制系统。

炭罐与油箱连接,内部装有活性炭,来自油箱的燃油蒸气经过压力控制阀进入炭罐。

炭罐控制阀安装在炭罐至进气歧管的真空管路上,用于控制燃油蒸发控制系统再生气流的流量。控制器控制炭罐控制阀打开,由于进气歧管的真空作用,新鲜空气经通风口被吸入,与炭罐中饱和的燃油蒸气形成再生气流,重新引入发动机进气管。控制器根据发动机工况的不同,改变输送给炭罐控制阀电磁线圈脉冲信号的占空比,从而对再生气流的流量进行控制,该流量还受两端压力差的影响。节流阀可以确保排空活性炭罐。

5. 强制曲轴箱通风(PCV)

发动机工作时,有部分可燃混合气和燃烧产物经活塞环由汽缸窜入曲轴箱内从而导致曲轴箱内压力升高、机油加速变质。这些气体中含有 HC 及其他污染物,不能直接排放到大气中。现代车用发动机采用强制曲轴箱通风将曲轴箱内的窜气引入到进气系统,然后进入燃烧室烧掉。

在 PCV 系统中,控制元件是 PCV 阀,其上端出口接进气管,下端进口接曲轴箱。一些发动机 PCV 阀常直接安装在汽缸盖罩上,进行曲轴箱通风。它根据发动机工况的变化,自动调节曲轴箱通风气体流量。

①发动机不工作或发生回火时,弹簧将锥形阀压在阀座上,关闭曲轴箱与进气歧管的通路。

②急速或减速时,进气管真空度很大,真空度克服弹簧力把锥形阀推向上端,使锥形阀与阀体之间只有很小的缝隙。该工况下,窜入曲轴箱的气体很少,虽然 PCV 阀开度小,但足以使曲轴箱气体流出曲轴箱。

③中等负荷时,进气管真空度比急速时小,在弹簧的作用下锥形阀与阀体间的缝隙增大,PCV 阀开度较大。

④加速或大负荷时,节气门开度大,进气管真空度较小,弹簧将锥形阀下压,PCV 阀全开,使曲轴箱气体全部流入进气管。

如果机油随曲轴箱通风进入到燃烧室,会使机油油耗增加,造成发动机积炭等现象。因此,需要采取一些使油气分离的结构措施,减小随通风而消耗的机油量。如在汽缸盖罩或其他部位设计一定的迷宫结构,使机油小液滴在通过迷宫时滞留在壁面上,然后流回油底壳。

思考与练习

1. 一台六缸发动机,哪几个汽缸的排气歧管汇合在一起能较好地消除排气干涉现象?

2. 曲轴箱通风的目的是为了什么?

3. 为什么说恒温进气空气滤清器是一种排气净化装置?

4. 催化转换器在什么情况下会过热,为什么?

5. 在什么情况下不进行排气再循环? 为什么?

6. PCV 堵塞会有什么后果?

项目 12　汽车传动系统

12.1　传动系功用与布置形式

12.1.1　传动系的功用

汽车传动系的基本功用是将发动机发出的动力传给驱动车轮，使汽车行驶。

1. 减速增矩及变速

汽车在使用过程中，其使用条件要求车速和驱动力在很大的范围内不断变化，而发动机的有利转速范围很窄，为了使发动机能保持在有利转速范围内工作，而驱动力和转速又可以在足够大的范围内变化，应当使传动系的传动比能在最大值与最小值之间变化，即传动系应起变速的作用。因此在传动系中设置了主减速器和变速器以满足上述要求。

2. 实现汽车倒驶

汽车除了前进以外，在某些情况下还需要倒向行驶，而发动机是不能反向旋转的，这就要求传动系能够改变驱动轮的转动方向，以实现汽车的倒向行驶，一般是在变速器中设置一个倒挡。

3. 中断动力传动

在起动发动机后、汽车行进中换挡以及对汽车进行制动时，要暂时切断动力的传递路线，为满足此要求，在发动机与变速器之间设置一个可由驾驶员控制的分离或结合的机构，称为离合器。另外在变速器中设置空挡，即各挡位齿轮都处于非传动状态，满足汽车在发动机不停止转动时能较长时间中断动力的传递。

4. 差速作用

汽车在转弯行驶时，左右驱动车轮在同一时间内滚过的距离不同，如果两侧的驱动轮用一根刚性轴驱动,则两轮转动的角速度必然相同,因而在汽车转弯时必然产生车轮相对地面滑动的现象,这将使转向困难,汽车的动力消耗增加,传动系内部某些零件和轮胎磨损加剧。为避免这些情况的出现,在驱动桥内安装了差速器,使左右驱动车轮以不同的角速度旋转。动力由主减速器先传到差速器,再由差速器分配给左、右半轴,最后传到驱动轮上。

12.1.2　传动系的布置型式

传动系在汽车上的布置方式根据发动机的型式和性能、汽车总体结构型式、汽车行驶系及传动系本身的结构型式等因素有多种型式。发动机前置后轮驱动(FR)方式是典型的传动系布置型式,此外还有发动机前置前轮驱动(FF)方式;发动机后置后轮驱动(RR)方式;发动机中置后轮驱动(MR)方式和全轮驱动(4WD)等。

1.发动机前置后轮驱动

发动机前置后轮驱动简称前置后驱动,英文简称 FR。图 12-1-1 所示即为发动机前置后轮驱动,其发动机布置在汽车前部,动力经过离合器、变速器、万向传动装置、后驱动桥,最后传到后驱动车轮,使汽车行驶。

这是一种传统的布置型式,其应用广泛,适用于除越野汽车以外的各类型汽车,如大多数的货车、部分轿车和部分客车都采用这种形式。

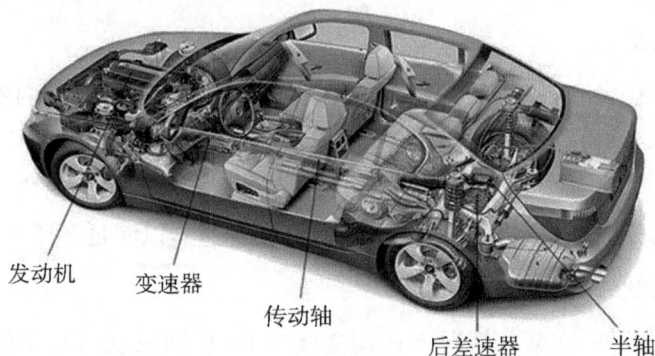

发动机　　变速器　　传动轴　　后差速器　　半轴

图 12-1-1　**发动机前置后轮驱动**

2.发动机前置前轮驱动

发动机前置前轮驱动简称前置前驱动,英文简称 FF,如图 12-2-2 所示。发动机布置在汽车前部,动力经过离合器、变速器、前驱动桥,最后传到前驱动车轮,使汽车行驶。这种布置型式在变速器与驱动桥之间省去了万向传动装置,使结构简单紧凑,整车质量小,高速时操纵稳定性好。大多数轿车采用这种布置型式,但这种布置型式的爬坡性能差,豪华轿车一般不采用,而是采用传统的发动机前置后轮驱动。

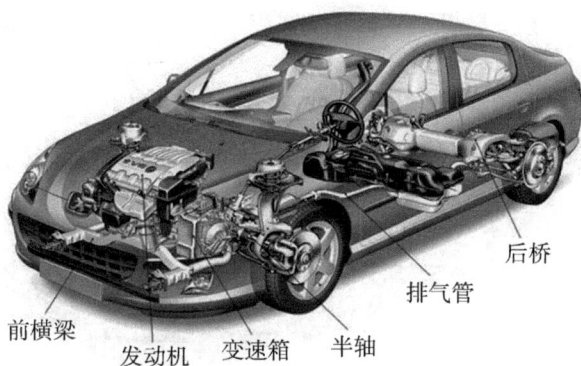

图 12-1-2 发动机前置前轮驱动

根据发动机布置的方向可以分为发动机前横置前轮驱动和发动机前纵置前轮驱动。

3. 发动机后置后轮驱动

发动机后置后轮驱动简称后置后驱动,英文简称 RR。如图 12-1-3 所示,发动机布置在汽车后部,动力经过离合器、变速器、角传动装置、万向传动装置、后驱动桥,最后传到后驱动车轮,使汽车行驶。这种布置型式便于车身内部的布置,减小室内发动机的噪声,一般用于大型客车。

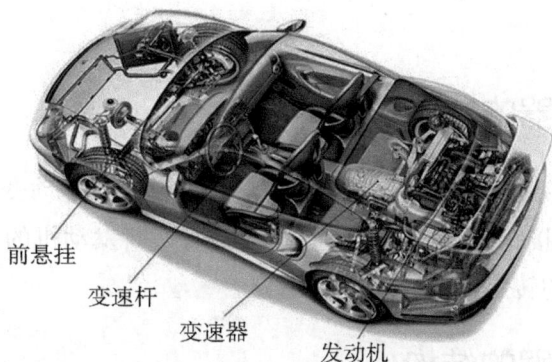

图 12-1-3 发动机后置后轮驱动

4. 发动机前置全轮驱动

发动机前置全轮驱动简称全轮驱动,英文简称 4WD。如图 12-1-4 所示,发动机布置在汽车前部,动力经过离合器、变速器、分动器、万向传动装置分别到达前后驱动桥,最后传到前后驱动车轮,使汽车行驶。由于所有的车轮都是驱动车轮,因而提高了汽车的越野通过性能,这是越野汽车采取的布置型式。

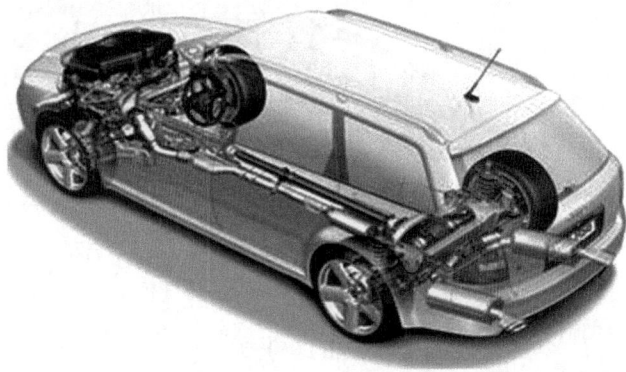

图 12-1-4　发动机前置全轮驱动

12.2 离合器

12.2.1　离合器的功用

离合器是汽车传动系统的重要组成部分,安装在发动机与手动变速器之间,其功用是使发动机与传动系统逐渐接合,保证汽车平稳起步,暂时切断发动机的动力传动,保证变速器换挡平顺,限制所传递的转矩,防止传动系统过载。

12.2.2　离合器的结构

离合器根据各元件的动力传递和作用不同,离合器可分为主动部分、从动部分、压紧装置和操纵机构。压紧装置(膜片弹簧)将从动盘压紧在飞轮端面上,发动机转矩靠飞轮与从动盘接触面之间的摩擦而传递到从动盘上,再经过从动轴等传给驱动轮。普通轿车普遍使用膜片弹簧摩擦离合器,如图 12-2-1 所示。

膜片弹簧离合器盖通过螺栓固定在飞轮上,为了保持正确的安装位置,离合器盖通过定位销进行定位。压盘和离合器盖通过周向均布的三组或四组传动片来传递转矩。传动片用弹簧钢片制成,每组两片,一端用铆钉铆离合器盖上,另一端用螺钉连接在压盘上。

从动盘主要由从动盘本体、摩擦片和从动盘毂等组成。为消除传动系的扭转振动,从动盘一般都带有扭转减振器。从动盘钢片外圆周铆接有波浪形弹簧钢片,摩擦衬片分别铆接在弹簧钢片上,从动盘钢片与减振器盘铆接在一起,之间夹有摩擦垫圈和从动盘毂。从动盘毂、从动盘钢片和减振器盘上都有圆周均布的窗孔,减振弹簧在窗孔中。当从动盘受到转矩时,转矩从摩擦衬片传到从动盘钢片,再经减振弹簧传给从动盘毂,此时弹簧将被压缩,吸收发动机传来的扭转振动。

膜片弹簧的径向开有若干切槽,形成弹性杠杆。切槽末端有圆孔,固定铆钉穿过圆孔,并固定在离合器盖上。膜片弹簧两侧装有钢丝支承环,这两个钢丝支承环是膜片弹簧工作时的支点。膜片弹簧的外缘通过分离钩与压盘联系起来。

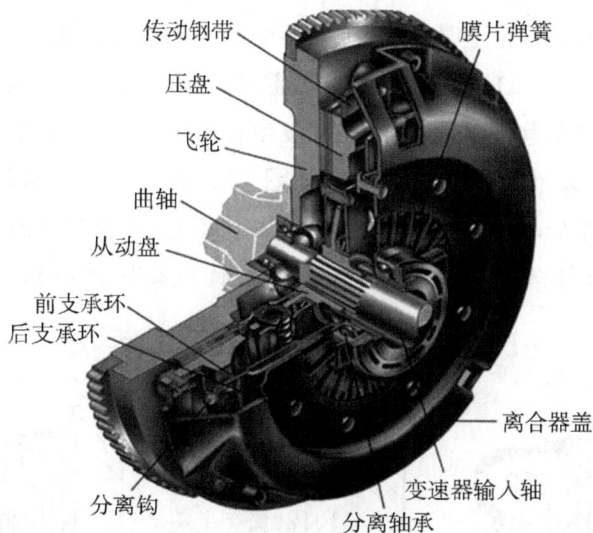

图 12-2-1　离合器整体结构

12.2.3　离合器工作原理

发动机转矩即靠飞轮与从动盘接触面之间的摩擦作用而传到从动盘上,再由此经过变速器的第一轴和传动系统中一系列不见传给驱动轮。压紧弹簧的压紧力越大,则离合器所传递的转矩也越大。

(1)接合状态　由于汽车在行驶过程中需要经常保持动力传递,而中断传动只是暂时的需要,所以汽车离合器的主动部分和从动部分经常处于接合状态,摩擦副之间采用弹簧作为压紧装置即是为了适应这一要求。离合器接合状态时,弹簧将压盘、飞轮及从动盘互相压紧。发动机的扭矩经飞轮及压盘通过摩擦面的摩擦力矩传至从动盘,再经从动轴向传动系输出。

(2)分离过程　欲使离合器分离,只要踏下操纵机构中的离合器踏板,套在从动盘毂环槽中的拨叉便拨动从动盘,克服压紧弹簧的压力向右移动而与飞轮分离,摩擦副之间的摩擦力消失,从而中断了动力传递。于是离合器的主、从动部分处于分离状态而中断动力的传递。

(3)接合过程 当需要重新恢复动力传递时,为使汽车速度和发动机转速的变化平稳,应该适当控制放松离合器踏板的速度,使从动盘在压紧弹簧的压力作用下向左移动,与飞轮恢复接触,二者接触面间的压力逐渐增加,相应地,摩擦力矩也逐渐增加。当飞轮和从动盘接合还不紧密,摩擦力矩比较小时,二者可以不同步旋转,即离合器处于打滑状态。随着飞轮和从动盘结合紧密程度逐步增大,二者的转速也渐趋相等。直到离合器完全接合而停止打滑时,汽车速度才与发动机转速成正比。

当离合器盖未安装到飞轮上时,膜片弹簧不受力而处于自由状态,此时离合器盖与飞轮之间有一距离,如图12-2-2(a)所示。当离合器盖通过螺栓固定在飞轮上时,离合器盖靠向飞轮,消除距离,后钢丝支承环压紧膜片,使之发生弹性变形(锥角变小),此时膜片弹簧外端对压盘产生压紧力,使离合器处于接合状态,如图12-2-2(b)所示。当踩下离合器踏板时,分离轴承左移推动膜片弹簧,使膜片弹簧被压在前支承环上,其径向截面以支承环为支点转动(膜片弹簧呈反锥形),外圆周向后翘起,通过分离钩拉动压盘后移,使离合器分离,如图12-2-2(c)所示。

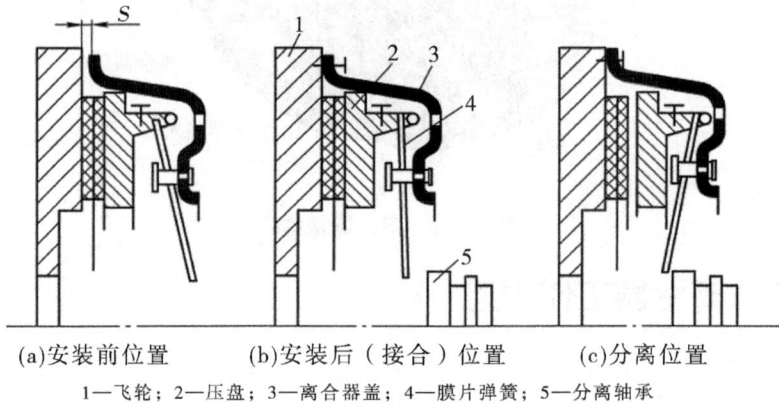

(a)安装前位置　　　(b)安装后（接合）位置　　　(c)分离位置

1—飞轮；2—压盘；3—离合器盖；4—膜片弹簧；5—分离轴承

图12-2-2　膜片弹簧离合器工作原理

目前世界各国生产的汽车,特别是轿车已全部采用了膜片弹簧离合器,它具有如下优点:

1.膜片弹簧离合器转矩容量大且较稳定

图12-2-3所示为摩擦离合器中的两种压紧弹簧(膜片弹簧与螺旋弹簧)的弹性特性。装在离合器盖总成中的螺旋弹簧处于预压紧状态,其弹性特性曲线如图中曲线1所示。而在装在离合器盖中的膜片弹簧基本处于自由状态,其弹性特性曲线如图中曲线2所示。假如所设计的两种离合器压紧弹簧的压紧力均相同,即压紧力均为P_b,轴向压缩变形量为λ_b。当摩擦片磨损量达到容许的极限值$\Delta\lambda'$时,弹簧压缩变形量减小到λ_a。此时螺旋弹簧压紧力降低到P'_a。$P'_a<P_b$,两值相差较大,将使离合器中压紧力不足而产生滑摩,而膜片弹簧压

紧力则只降低到与 P_b 相差无几的 P_a，使离合器仍能可靠地工作，不至于产生滑磨。可见，膜片弹簧离合器比螺旋弹簧离合器转矩容量大，一般大 15％ 左右。

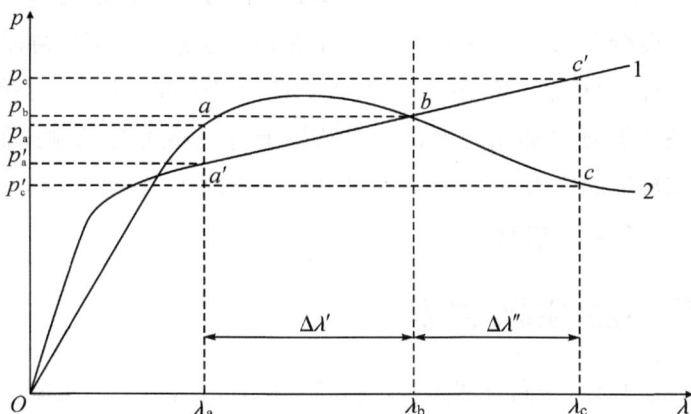

图 12-2-3　离合器两种压紧弹簧的弹性特性

2. 操纵轻便

当分离离合器时，分离轴承将压紧弹簧进一步压缩，由图 12-2-3 看出，如有两种弹簧的压缩量均为 $\Delta\lambda''$ 时，膜片弹簧所需要的作用力为 P_c，比螺旋弹簧所需要的作用力 P_c' 减少约 25％～30％。此外，在膜片弹簧离合器中采用了传动片或分离弹簧钩的装置，它们产生的弹性恢复力与离合器压盘的分离力方向一致；而且在膜片弹簧离合器中，还因无分离杠杆装置，减少了这部分杆件的摩擦损失。因此膜片弹簧离合器的操纵轻便。

3. 结构简单且较紧凑

膜片弹簧的碟簧部分起压紧弹簧作用，而分离指则起分离杠杆作用，这样，膜片弹簧不仅取代了周布螺旋弹簧离合器中的多个螺旋弹簧，而且也省去了多组分离杠杆装置，零件数目减少，质量也减轻。在满足相同压紧力的情况下，膜片弹簧的轴向尺寸较螺旋弹簧小，在有限的空间内便于布置，使离合器的结构更为紧凑。

4. 高速时平衡性好

膜片弹簧是圆形旋转对称零件，平衡性好，在高速时，其压紧力降低很少，而周置的螺旋弹簧在高速下，因受离心力作用会产生横向挠曲，弹簧严重鼓出，从而降低了对压盘的压紧力。

5. 散热通风性能好

在离合器轴向尺寸相同的情况下，膜片弹簧离合器可以采用较厚的压盘，以保证有足够的热容量，同时也便于在压盘上设散热筋。此外，在膜片离合器盖上可开有较大的通风口，而且零件数目少，更有利于实现良好的散热通风。

6.摩擦片的使用寿命长

由于膜片弹簧以整个圆周与压盘接触,使摩擦片上的压力分布均匀,接触良好,磨损均匀,再加上膜片弹簧离合器的散热性能良好,从而提高了摩擦片的使用寿命。

膜片弹簧离合器的缺点是,膜片弹簧在制造上有一定困难,因为它对弹簧钢片的尺寸精度、加工和热处理条件等要求都比较严格。在结构上分离指部分的刚度低,使分离效率降低;而且分离指根部易形成应力集中,使碟簧部分的应力增大,容易产生疲劳裂纹而损坏;分离指舌尖部易磨损,而且难以修复。

12.2.4　离合器的操纵机构

离合器的操纵机构起始于离合器踏板,终止于分离杠杆,可分为机械式和液压式。

1.机械式

机械式操纵机构可分为杠杆传动和钢索传动。

(1)杠杆传动操纵机构　杠杆传动操纵机构结构简单,工作可靠,广泛应用于各型汽车上。但杠杆传动中杆件间铰接多,摩擦损失大,车架或车身变形以及发动机位移时都会影响其正常工作。

(2)钢索传动操纵机构　由于钢索是挠性件,因此对其他装置的布置没有大的影响,安装方便,成本低,保养容易,使用较多。

2.液压式

液压式操纵机构如图12-2-4所示,由离合器踏板、离合器主缸、离合器工作缸(或称为离合器分泵)、分离叉等组成。

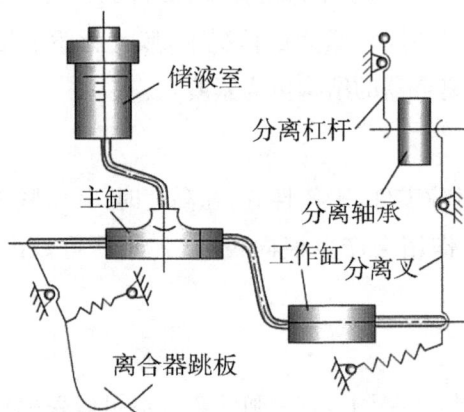

图 12-2-4　液压式操纵机构

离合器主缸壳体上的回油孔、补偿孔通过进油软管与储液罐相通。主缸内装有活塞,活塞两端装有皮碗,左端中部装有止回阀,经小孔与活塞右方主缸内腔的油室相通。当离合器踏板处于完全放松位置时,活塞左端皮碗位于回油孔和补偿孔之间,两孔均与储液罐相通。

离合器工作缸结构如图 12-2-5 所示。工作缸内装有活塞、皮碗、推杆等,壳体上还设有放气螺塞。当管路内有空气存在而导致离合器不能分离时,需要拧出放气螺塞进行放气。工作缸活塞直径略大于主缸活塞直径,故液压系统具有增力作用,以使操纵轻便。

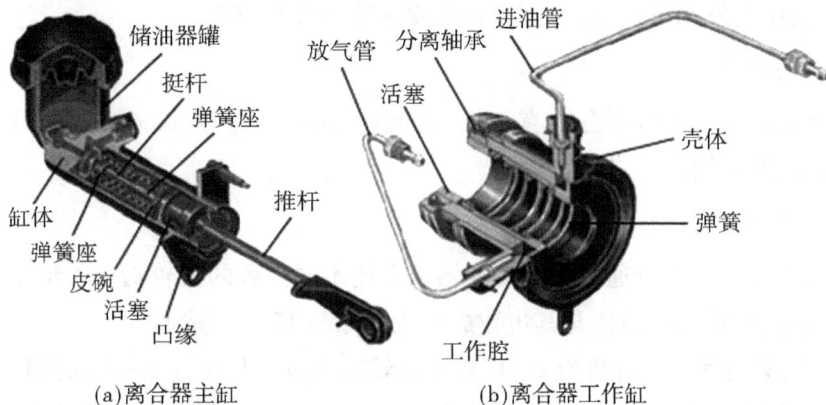

(a)离合器主缸　　　　　　　　　(b)离合器工作缸

图 12-2-5　离合器主缸及工作缸结构

由离合器的工作原理可知,当从动盘摩擦片磨损变薄后,为了保证离合器处于接合状态,传递发动机转矩,则压盘必须向前移动。此时膜片弹簧(或分离杠杆)外端和压盘一起向前移,其内端向后移。如果膜片弹簧(或分离杠杆)与分离轴承之间没有间隙,由于机械式操纵机构的干涉作用,压盘最终无法前移,即导致离合器不能接合,出现打滑现象。为此,在离合器膜片弹簧(或分离杠杆)内端与分离轴承之间预留一定的间隙,一般为几毫米,这个间隙称为离合器的自由间隙。离合器分离过程中,为消除离合器自由间隙和分离机构、操纵机构零件的弹性变形所需要踩下的踏板行程称为离合器踏板自由行程。

12.3
手动变速器

12.3.1　变速机构

1.变速机构的作用

(1)实现变速、变矩　改变传动比,扩大驱动轮转速和转矩的变化范围,以适应汽车在不同工况下所需的牵引力和合适的行驶速度,并使发动机尽量在功率较高而油耗较低的有利工况下工作。汽车中主要通过主减速器和变速器实现变速和变矩。

(2)实现倒车 发动机的旋转方向从前往后看为顺时针方向,且不能改变,为了使倒向行驶,可通过变速器中的倒挡来实现。

(3)实现中断动力传动 在发动机起动和怠速运转、变速器换挡、汽车滑行和暂时停车等情况下,都需要中断发动机的动力传动,因此变速器中设有空挡。

2.变速器的种类

变速器按传动比的级数可分为有级式、无级式和综合式。按操纵方式可分为手动变速器、自动变速器和手动自动一体变速器。

3.手动变速器

(1)齿轮传动的原理 普通齿轮式变速器是利用不同齿数的齿轮啮合传动来实现转矩和转速的改变的,两齿轮的转速比与其齿数成反比。如图 12-3-1 所示。

设主动齿轮转速为 n_1、齿数为 z_1;从动齿轮转速为 n_2、齿数为 z_2;主动齿轮(即输入轴)转速与从动齿轮(即输出轴)转速之比值为传动比(i_{12}),则由 1 传到 2 的传动比为:

$$i_{12} = n_1/n_2 = z_2/z_1$$

当小齿轮为主动齿轮,带动大齿轮转动时,输出转速降低,即 $n_2 < n_1$,为减速传动,此时传动比大于1;当大齿轮驱动小齿轮时,输出转速升高,即 $n_2 > n_1$,为增速传动,此时传动比小于1。汽车变速器就是根据这一原理。利用若干大小不同的齿轮副传动而实现变速的。

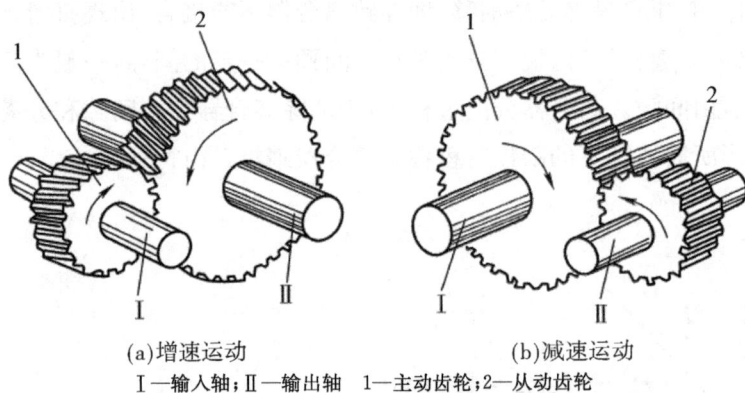

(a)增速运动   (b)减速运动

Ⅰ—输入轴;Ⅱ—输出轴 1—主动齿轮;2—从动齿轮

图 12-3-1 齿轮传动的基本原理

一对齿轮传动只能得到一个固定的传动比,从而得到一种输出转速,并构成一个挡位。为了扩大变速器输出转速的变化范围,普通齿轮式变速器通常都采用多组大小不同的齿轮啮合传动,这样就构成了多个不同的挡位。不同的挡位对应于不同的传动比,从而得到各种不同的输出转速。两级齿轮传动中,主动齿轮 1 为主动齿轮,驱动从动齿轮 1 转动,主动齿轮 2 与从动齿轮 1 固连在一起,再驱动从动齿轮 2 转动,并输出动力,此时由主动齿轮 1 传到从动齿轮 2 的传动比为:

$$i_{14} = n_1/n_4 = (z_2 z_4)/(z_1 z_2) = i_{12} i_{34}$$

对比变速器，各挡的传动比就是变速器输入轴转速与输出轴转速之比，即 $i = n_{输入}/n_{输出} = T_{输出}/T_{输入}$。

当 $i > 1$ 时，$n_{输出} < n_{输入}$，$T_{输出} > T_{输入}$，此时实现减速增距，为变速器的低档挡位，且越大，挡位越低；当 $= 1$ 时，$n_{输出} = n_{输入}$，$T_{输出} = T_{输入}$，为变速器的直接挡；当 $i < 1$ 时，$n_{输出} > n_{输入}$，$T_{输出} < T_{输入}$，此时实现升速降距，为变速器的超速挡。

(2)换挡原理　通过改变不同的啮合齿轮副，改变传动比。常见的换挡方式有利用滑动齿轮换挡、利用接合套换挡、利用同器换挡等三种方式。

①利用滑动齿轮换挡。图 12-3-2 所示的传动机构中，滑动齿轮通过内花键与第二轴连接，通过滑动齿轮向左或向右滑动，分别与中间轴左边或右边的固定齿轮连接，以实现不同传动比的动力输出，达到换挡的效果。

②利用接合套换挡。图 12-3-3 所示为利用接合套的换挡方式。通常此方式需将换挡的输出轴上的齿轮通过轴承空套在输出轴上，齿轮一有接合齿圈，随齿轮同速旋转。接合套安装在待接合的两齿轮中间，接合套通过内花键和输出轴连接在一块，可带动输出轴旋转；同时，接合套的内花键还可滑动至一侧齿轮的接合齿圈与之啮合，齿轮可带动接合套同速旋转，继而带动输出轴同速旋转。当接合套滑动至另一齿轮的接合齿圈与其啮合时，另一侧齿轮可通过接合套带动输出轴以另一种转速输出。通过接合套的滑动实现换挡效果。

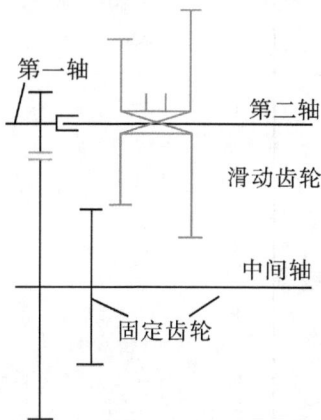

图 12-3-2　滑动齿轮换挡　　　　　图 12-3-3　接合套换挡

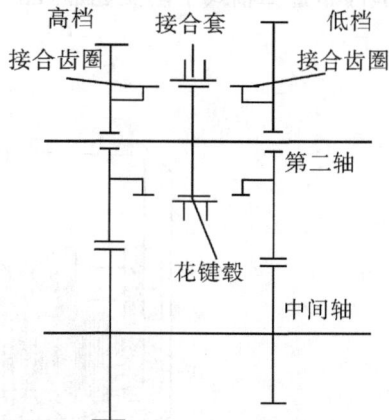

③利用同步器换挡。利用同步器换挡的原理是在接合套换挡的基础上增加了同步装置，减少了齿间的冲击。如图 12-3-4 所示，具体工作原理在同步器中叙述。

(3)变向原理　与前进挡相比，倒挡通常比前进挡增加一级惰轮传动，改变传动方向，实现反向传动功用。

前进挡时，动力由主动齿轮直接传给从动齿轮，只经过一对齿轮传动，两齿轮转动方向相反。倒挡(如图 12-3-5 所示)时，主动齿轮和从动齿轮之间增加惰轮，动力由主动齿轮传给惰轮，再由惰轮传给从动齿轮，经过两级齿轮传动，从动齿轮与主动转动方向相同，与前进挡的旋向相反，实现反向传动。

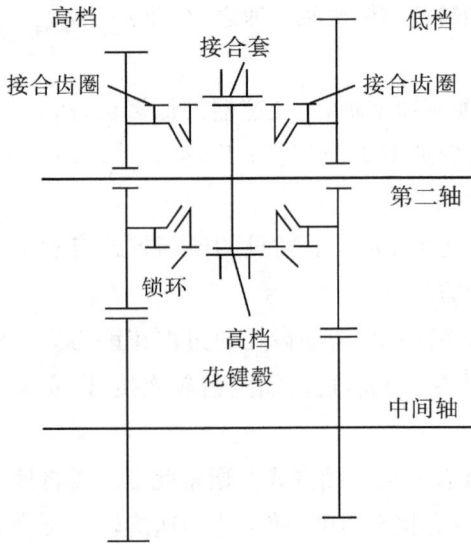

图 12-3-4 同步器换挡

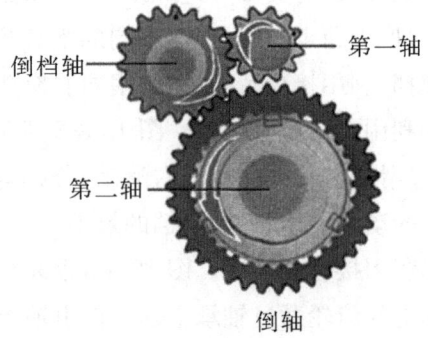

图 12-3-5 倒挡原理图

手动变速器包括变速传动机结构和操纵机构两大部分。变速传动机构的主要作用时改变转矩和转速的数值和方向；操纵机构的作用是实现变速器传动比的变换—换挡。普通轿车一般采用横向布置二轴式手动变速器(图 12-3-6)。

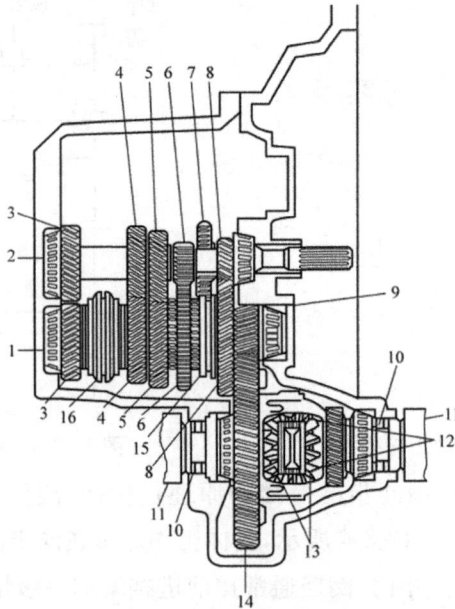

1—输出轴；2—输入轴；3—四挡齿轮；4—三挡齿轮；5—二挡齿轮；6—倒挡齿轮；

7—倒挡惰轮；8—挡齿轮；9—主减速器主动齿轮；10—差速器油封；11—等速万向节轴；

12—减速行星齿轮；13—减速半轴齿轮；14—主减速器从动齿轮；15—一、二挡同步器；16—三、四挡同步器

图 12-3-6 横向布置二轴式手动变速器

12.3.2　传动机构

该变速器的变速传动机构有输入轴和输出轴,两轴平行布置。输入轴同时是离合的从动轴,输出轴是主减速器的主动锥齿轮轴。该变速器具有 5 个前进挡(一至三挡为降速挡,四挡为直接挡,五挡为超速挡)和 1 个倒挡,全部采用锁环式惯性同步器换挡。

变速器的输入轴前端通过轴承支承在发动机曲轴后端的中心孔内。输入轴上有一至五挡主动齿轮和倒挡齿轮。输出轴有一至五挡从动齿轮,一、二挡同步器(接合套上有倒挡从动齿轮),三、四挡同步器和五挡同步器。

同步器的功用是使接合套与待啮合的齿圈迅速同步,缩短换挡时间;且防止在同步前啮合而产生换挡冲击。现在,采用的同步器几乎都是摩擦式惯性同步器,按锁止装置不同,可分为锁环式惯性同步器和锁销式惯性同步器。锁环式同步器尺寸小、结构紧凑、摩擦力矩也小。

(1)锁环式同步器　锁环式同步器(图 12-3-7)的花键毂用内花键套装在轴的外花键上,用垫圈、卡环轴向定位。三个滑块分别装在花键毂上三个均布的轴向槽内,沿槽可以轴向移动。花键毂两端与齿轮之间各有一个青铜制成的锁环(即同步环)。锁环有内锥面,与接合齿圈外锥面相配合,组成锥面摩擦副。通过这对锥面摩擦副的摩擦,可使转速不等的两齿轮在接合之前迅速达到同步。

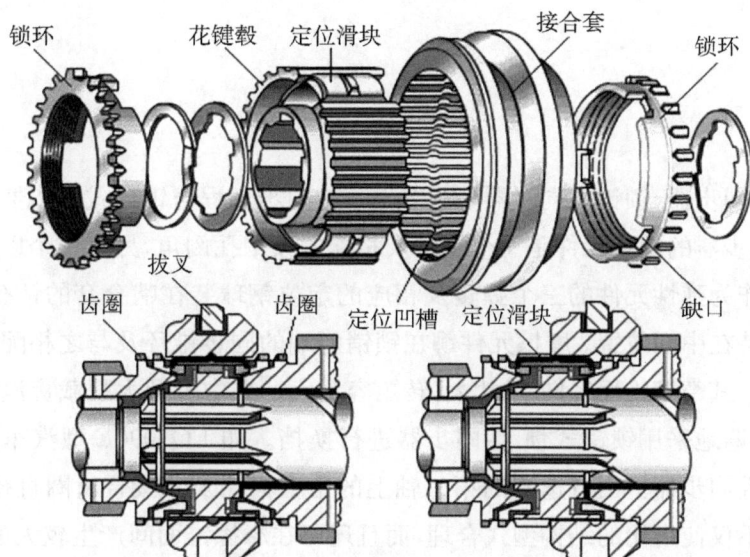

图 12-3-7　锁环式惯性同步器

在换挡的时候,同步锁环内锥面与待接合齿轮齿圈外锥面接触,在摩擦力矩的作用下齿轮转速迅速降低(或升高)到与同步锁环转速相等,两者同步旋转,齿轮相对于同步锁环的转速为零,因而惯性力矩也同时消失,这时在作用力的推动下,接合套不受阻碍地与同步锁环齿圈接合,并进一步与待接合齿轮的齿圈接合而完成换挡过程。如图 12-3-8 所示。

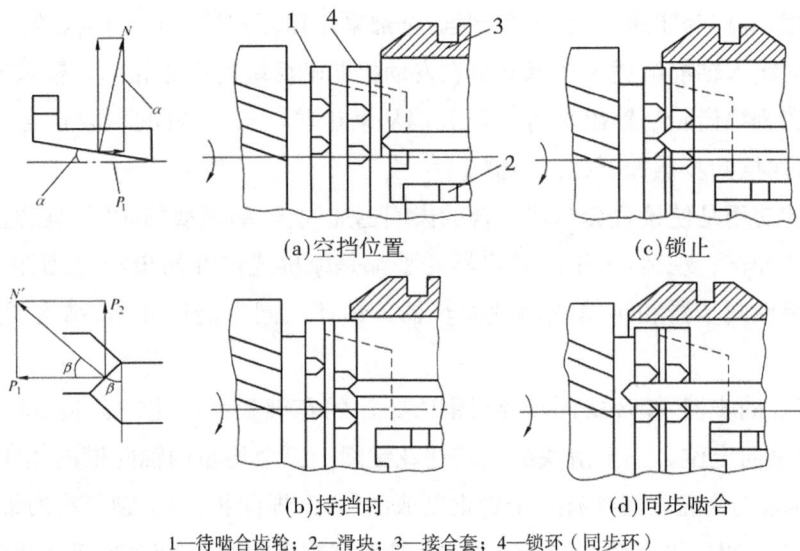

(a)空挡位置   (c)锁止

(b)持挡时   (d)同步啮合

1—待啮合齿轮;2—滑块;3—接合套;4—锁环(同步环)

图 12-3-8　同步器的工作原理

(2)锁销式同步器　锁销式同步器(图 12-3-9)的同步过程与锁环式同步器的同步过程类似,但锁销式同步器的锁止元件是三个锁销及相配的锁销孔倒角,另有三个以弹簧及钢球定位的定位销。作为弹性元件的三个弹簧及相应的定位钢球装在啮合套的钻孔中,使啮合套等在空挡时保持在中间位置。摩擦元件铆在锁销两端的同步锥环及与之相配并固定在齿轮上的内锥面上。其摩擦锥面径向尺寸大,转矩容量大。在中型及大型载货汽车变速器的各挡中,目前较普遍地采用锁销式惯性同步器进行换挡。如 EQ1090E 型汽车五档变速器即采用锁销式惯性同步器。当变速器的第二轴上的常啮齿轮及其接合齿圈直径较大时,装用锁销式同步器不仅使齿轮的结构型式合理,而且还可在摩擦锥面间产生较大的摩擦力矩,缩短了同步时间。

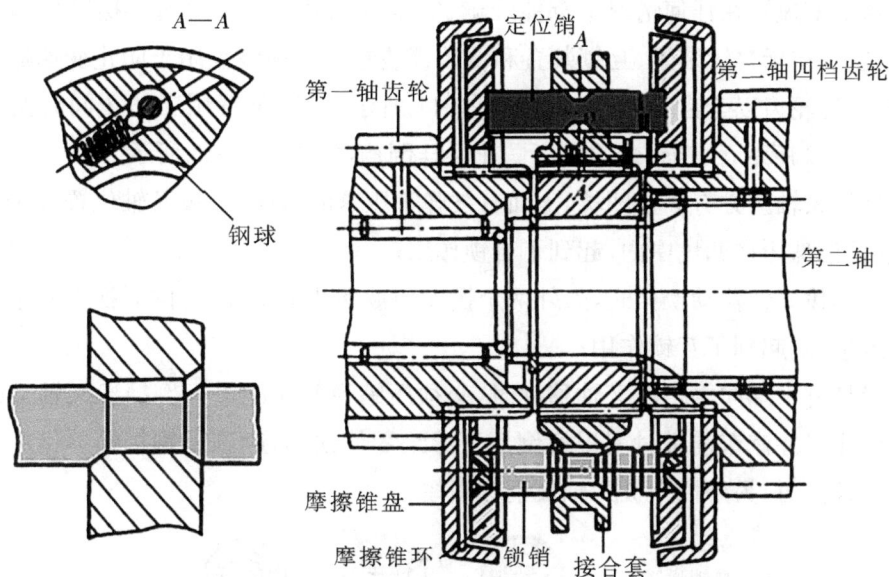

图 12-3-9　锁销式惯性同步器

12.3.3　操纵机构

在汽车行驶过程中,需要驾驶人通过变速器的操纵机构使相应挡位的齿轮进入啮合或使相应挡位的同步器进入啮合状态,以实现动力自发动机经变速器传到驱动轮,此外,当需要暂时中断动力传递或停车时,变速器应由工作挡位退入空挡位置,这一操作也是由变速器操纵机构来进行的。

变速器操纵机构按照变速操纵杆(变速杆)位置的不同,可分为直接操纵式和远距离操纵式。发动机前置后轮驱动的车辆多采用直接操纵;发动机前置前轮驱动的汽车上多采用远距离操纵式,其结构如图 12-3-10 所示。

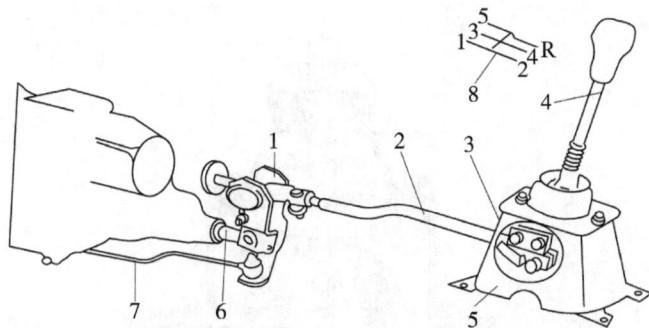

1—换挡杆接合器;2—外换挡杆;3—换挡手柄座;4—变速杆;5—倒挡保险挡块;6—内换挡杆;7—支承杆;8—换挡标记

图 12-3-10　远距离操纵式结构

为了保证变速器在任何情况下都能准确、安全、可靠地工作,变速器操纵机构一般都具有换挡锁装置,包括自锁装置、互锁装置和倒挡锁装置。自锁装置用于防止变速器自动脱挡或换挡,并保证轮齿以全齿宽啮合,如图 12-3-11 所示;互锁装置用于防止同时换上两个挡位,如图 12-3-12 所示;倒挡锁装置用于防止误挂倒挡,如图 12-3-13 所示。

①换挡拨叉轴上方有 3 个凹坑,上面有被弹簧压紧的钢珠,当拨叉轴位置处于空挡或某一挡位置时,钢珠压在凹坑中内,起到了自锁作用;

②当中间拨叉轴移动换挡时,另外两个拨叉轴被钢球锁住,防止同时换上两个挡而使变速器卡死或损坏,起到了互锁作用;

③当换挡杆下端向倒挡拨叉轴移动时,必须压缩弹簧才能进入倒挡拨叉轴上的拨块槽中。这样防止了在汽车前进时因误换倒挡而导致零件损坏,起到了倒挡锁的作用。当倒挡拨叉轴移动挂挡时,另外两个拨叉轴被钢球锁住。

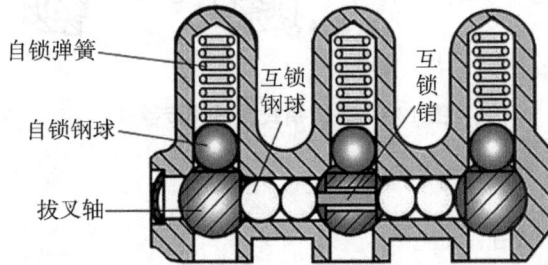

图 12-3-11　自锁示意图

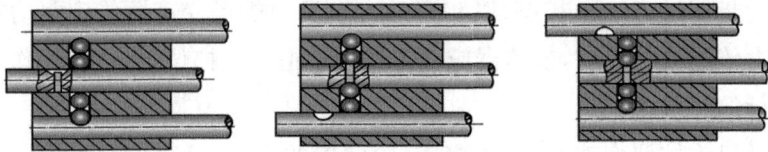

图 12-3-12　互锁示意图

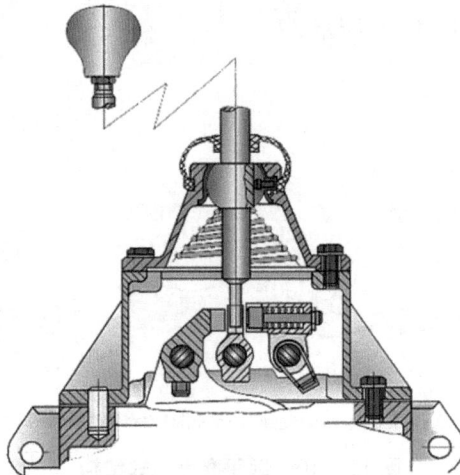

图 12-3-13　倒挡锁

12.4 / 自动变速器

12.4.1　自动变速器的功用与种类

自动变速器能实现自动操纵汽车起步选挡和换挡等功能。具有自动变速、连续改变转矩、换挡时不中断动力传递等特点，并具有操作轻便、换挡平稳、乘坐舒适、过载保护性能好等优点。采用此类变速器，可以大大减轻驾驶员的驾驶强度，提高车辆行驶的机动性、越野性以及交通安全性等。

目前，被广泛应用的自动变速器有以下几种。

1. 液力自动变速器

把原有液压控制完成的功能改由微处理器来完成，实现了由 AT 向 EAT（Electronic—controlled AT）的转变，减少了结构复杂性和制造技术要求，降低成本，提高了产品适应性。

2. 手动式机械变速器

借助于微机控制技术，正在演变为电子计算机控制的机械式自动变速器（EMT，Electronic-controlled Mechnical Transmission 或 AMT，Automated Mechnical Transmission），从而克服了手动操纵的种种弊端。

双离合器式自动变速器是基于手动变速器发展而来的，其工作原理是通过将变速器挡位按奇、偶数分开布置，分别与两个离合器连接，通过切换两个离合器的工作状态，就可以完成换挡动作。双离合器式自动变速器（DCT，Dual Clutch Transmission），也叫 DSG（Direct Shift Gearbox）直接换挡变速器。

3. 无级变速器

无级变速器（CVT，Continuously Variable Transmission）改由电子控制取代液压控制，实现由 CVT 向 ECVT 的转变，达到简化结构、提高控制精度的目的。

12.4.2　液力变矩器

液力变矩器位于发动机和机械变速器之间，以自动变速器油（ATF）为工作介质，完成转矩的传递,实现一定范围内的无级变速、自动离合和油泵的驱动,其动力传递柔和,并能防止传动系统过载。

1.液力变矩器的结构

如图 12-4-1 所示,液力变矩器通常由泵轮、涡轮和导轮组成。液力变矩器总成封在一个钢制壳体(变矩器壳体)中,内部充满 ATF。液力变矩器壳体通过螺栓与发动机曲轴后端的飞轮连接,与发动机曲轴一起旋转。泵轮位于液力变矩器的后部,与变矩器壳体连在一起。涡轮位于泵轮前,通过带花键的从动轴向后面的机械变速器输出动力。

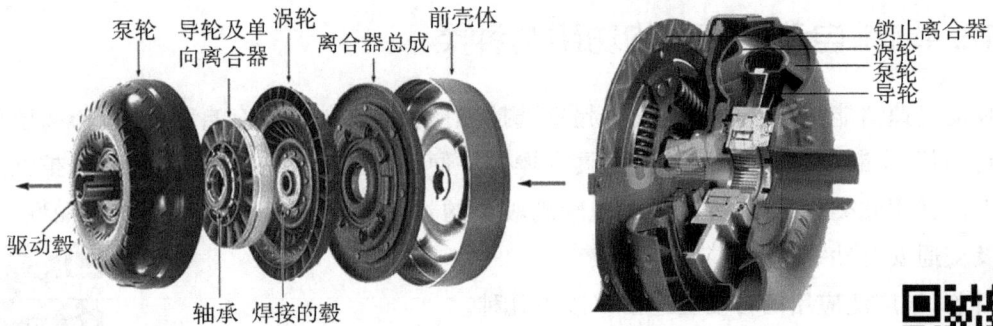

图 12-4-1 液力变矩器

2.液力变矩器的工作原理

液力变矩器工作时,发动机带动壳体旋转,壳体带动泵轮旋转,泵轮的叶片将 ATF 带动起来,并冲击到涡轮的叶片。如果作用在涡轮叶片上冲击力大于作用在涡轮上阻力,涡轮将开始转动,并使机械变速器的输入轴一起转动。由涡轮叶片流出的 ATF 经过导轮后再流回到泵轮,依据液流方向将工作轮按泵轮涡轮导轮依次展开如图 12-4-2 所示。

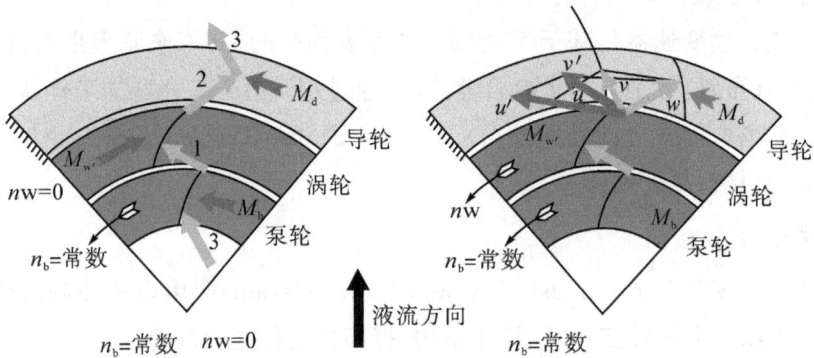

图 12-4-2 液力变矩器的工作原理

液力变矩器在工作过程中当涡轮的转速 $n_w = 0$ 时,$M_w = M_b + M_d$,涡轮受力大于泵轮;随 n_w 着的增加,u 增加,使 v 的方向改变,当涡轮流出的液流正好沿导轮出口方向冲向导轮时，$M_d = 0$，$M_d = M_d$；随着 n_w 的继续增加，u 增加为 u'，v 的方向改变为 v'，$M_w = M_b - M_d$；当 $M_w = M_b$ 时，工作液在循环圆中的循环流动停止，将不能传递动力。

液力变矩器有两个重要的特性参数：液力变矩器传动比 i 和液力变矩器变矩系数 K。

3. 锁止离合器

锁止离合器可以将泵轮和涡轮直接连接起来，即将发动机与机械变速器直接连接起来，这样减少液力变矩器在高速比时的能量损耗，提高了传动效率，提高汽车在正常行驶时的燃油经济性，并防止 ATF 油过热。锁止离合器的结构及工作原理如图 12-4-3 所示。

当车辆起步、低速或在坏路面上行驶时，应将锁止离合器分离，使液力变矩器具有变矩作用。此时油液流至锁止离合器的前端，锁止离合器片前端与后端的压力相同，使锁止离合器分离。当车辆以中速或高速行驶时，油液流至锁止离合器的后端，使锁止离合器片与前盖一起转动。此时发动机的动力经液力变矩器壳体、锁止离合器、涡轮轮毂传给后面的机械变速器，相当于将泵轮和涡轮刚性连在一起，传动效率为 100%。

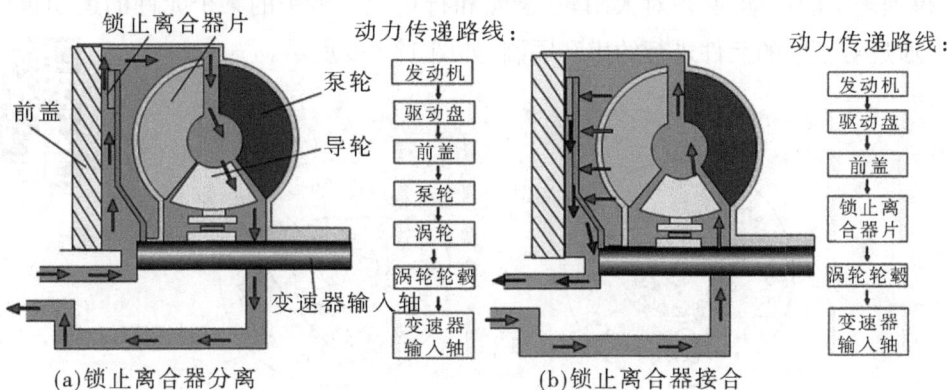

图 12-4-3   锁止离合器工作原理

4. 液力自动变速器

液力自动变速器主要由液力变矩器、齿轮变速机构、换挡执行元件、液压控制系统、电子控制系统等组成，如图 12-4-4 所示。其中液力变矩器是动力接续装置，前面已做介绍；齿轮变速机构主要由行星齿轮变速机构和平行轴齿轮变速机构。

图 12-4-4   液力自动变速

(1)行星齿轮变速机构 如图 12-4-5 所示单排行星齿轮机构主要由一个太阳轮(或称为中心轮)、一个带有若干个行星齿轮的行星架和一个齿圈组成。太阳轮与行星轮啮合,两者的旋转方向相反;行星轮与齿圈内啮合,两者的旋转方向相同。

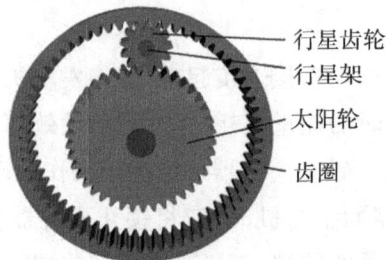

图 12-4-5　行星齿轮变速机构

如果将太阳轮、齿圈和行星架中某个元件作为主动(输入)部分,让另一个元件作为从动(输出)部分,由于第三个元件不受任何约束限制,所以从动部分的运动是不确定的。因此,为了得到确定的运动,必须对太阳轮、齿圈和行星架三者中的某个元件的运动进行约束和限制。通过对不同的元件进行约束和限制,如图 12-4-6 所示。

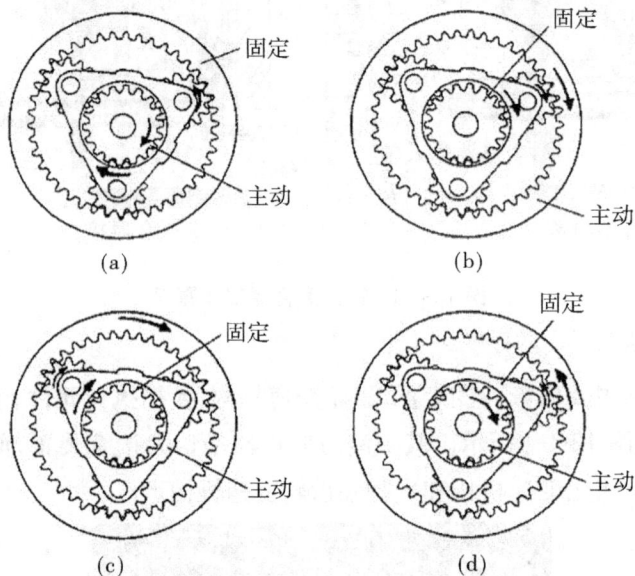

图 12-4-6　动力传递示意图

可以得到不同的动力传递方式,见表 12-4-1。

表 12-4-1

序号	主动件	从动件	固定件	传动比	备注
1	太阳轮	行星架	齿圈	$1+\alpha$	降挡
2	行星架	太阳轮	齿圈	$1/(1+\alpha)$	升挡
3	齿圈	行星架	太阳轮	$1+1/\alpha$	降挡
4	行星架	齿圈	太阳轮	$\alpha/(1+\alpha)$	升挡
5	太阳轮	齿圈	行星架	$-\alpha$	倒挡
6	齿圈	太阳轮	行星架	$-1/\alpha$	倒挡
7	任意两个连成一体			1	直接挡
8	既无元件制动,又无任何二元件连成一体			自由转动	不能传动、空挡

自动变速器中的行星齿轮变速器一般是采用 23 排行星齿轮机构传动,其各挡传动比就是根据上述单排行星齿轮机构传动特点进行合理组合得到的,这种复合式行星齿轮机构有两类:辛普森式和拉威娜式。

(1)辛普森式 是由两排行星齿轮机构共用一个太阳轮组成的复合式行星齿轮机构,可以获得 3 个前进挡和 1 个倒挡。

(2)拉威挪式 是两排行星齿轮机构共用一个齿圈和一个行星架,如图 12-4-7 所示。行星架上的长行星轮与前排行星齿轮机构的大太阳轮啮合,同时还与后排行星齿轮机构的短行星轮相啮合。短行星轮还与小太阳轮啮合。可以组成 3 个前进挡和 1 个倒挡的行星齿轮变速器。其结构紧凑,所用构件少,相互啮合的齿较多,可传递较大转矩,但结构较复杂,传动效率略低。

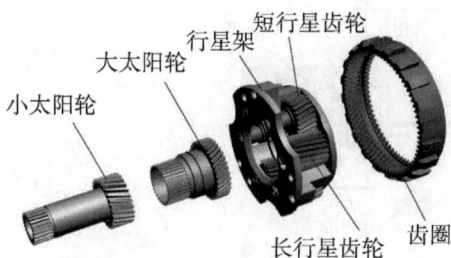

图 12-4-7 **拉威挪式**

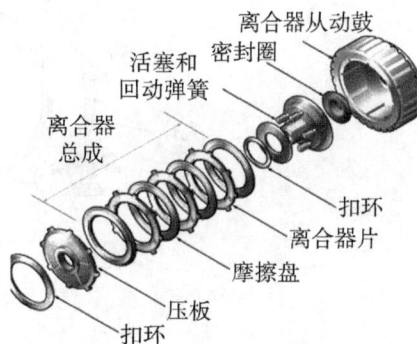

图 12-4-8 **离合器结构**

(3)换挡执行元件 行星齿轮变速器的换挡执行元件包括离合器、制动器和单向离合器。离合器和制动器以液压方式控制行星齿轮机构元件的旋转,单向离合器是以机械方式对行星齿轮机构的元件进行锁止。

离合器的功用是连接轴和行星齿轮机构中的元件或连接行星齿轮机构中的不同元件。离合器主要由离合器鼓、花键毂、活塞、主动摩擦片、从动钢片、复位弹簧等组成,如图 12-4-8 所示。

制动器的功用是固定行星齿轮机构中的元件,防止其转动。制动器的形式有片式和带式。

片式制动器与离合器的结构和原理相同,如图 12-4-9 所示,不同之处是离合器是起连接作用而传递动力,而片式制动器是通过连接而起制动作用。

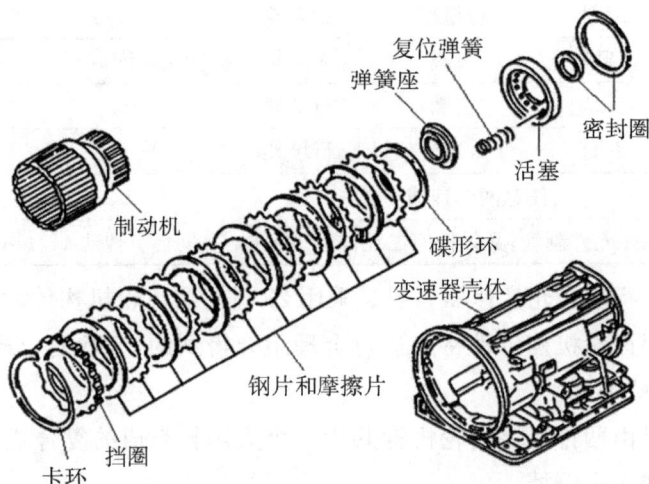

图 12-4-9　片式制动器

带式制动器由制动带和控制油缸等组成,如图 12-4-10 所示。制动带是内表面带有镀层的开口式环形钢带。制动带的一端支承在与变速器壳体固连的支座上,另一端与控制油缸的活塞杆相连。

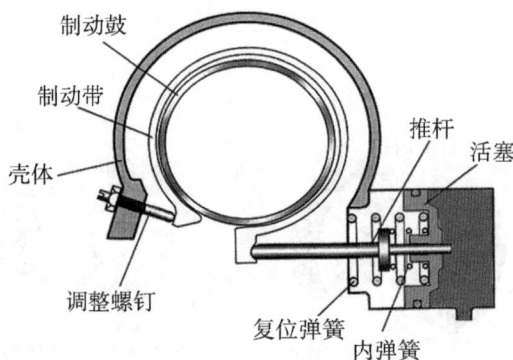

图 12-4-10　带式制动器

单向离合器的作用是使某元件只能按一定方向旋转,在另一个方向上锁止。常见的单向离合器有楔块式和滚柱式两种结构形式。楔块式单向离合器由内座圈、外座圈、楔块、保持架等组成,如图 12-4-11 所示。当内座圈固定、外座圈逆时针转动时,外座圈带动楔块逆时针转动,楔块的长径与内外座圈接触。由于长径长度大于内、外座圈之间的距离,所以外座圈被卡住而不能转动。反之,当外座圈顺时针转动时,外座圈带动楔块顺时针转动,楔块的短径与内、外座圈接触。由于短径长度小于内、外座圈之间的距离,所以外座圈可以自由转动。

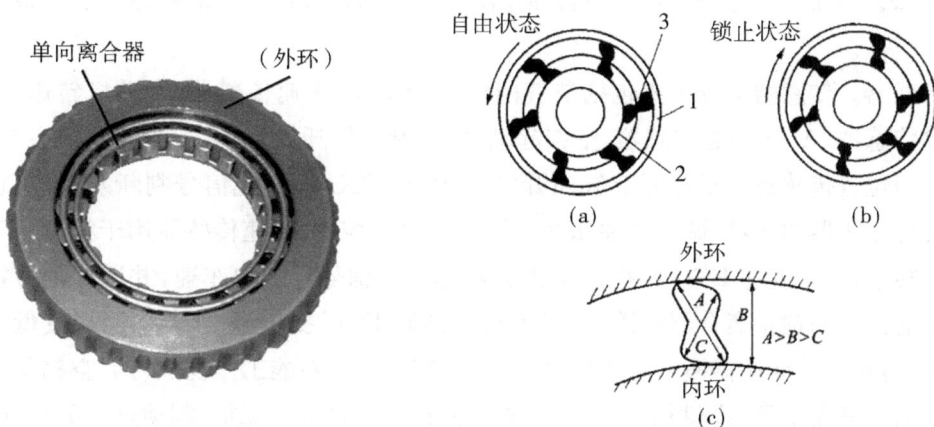

图 12-4-11   单向离合器结构及工作原理

（4）**液压控制系统** 液压控制系统的动力源是油泵（或称为液压泵），可提供满足需求的 ATF 油量和油压，用来完成各种阀体的动作、换挡执行元件的工作，进而实现离合器的接合和分离、制动器的制动和松开动作，以得到相应的挡位。在这个过程中，主要通过控制机构（阀体和各种阀，如主调压阀、手动阀、换挡阀等）和一些辅助装置（如用于防止换挡冲击的蓄能器、止回阀等）进行控制。

（5）**电子控制系统** 自动变速器的电子控制系统包括传感器、ECU 和执行器，如图 12-4-12 所示所示。

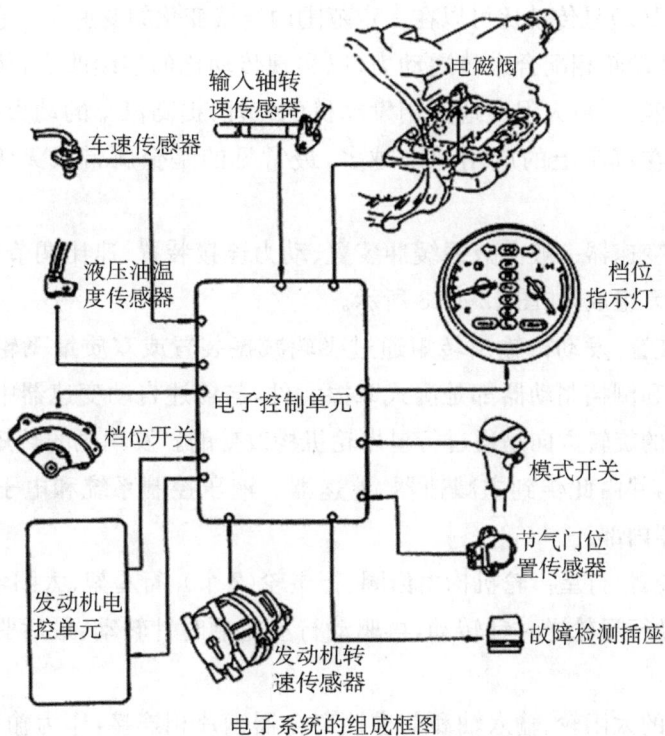

电子系统的组成框图

图 12-4-12   自动变速器的电子控制系统

①ECU。ECIJ 主要完成换挡控制、锁止离合器控制、油压控制、故障诊断和失效保护等功能。

②传感器。传感器部分主要包括节气门位置传感器、车速传感器、发动机转速传感器、冷却液温传感器、ATF 油温传感器、空挡起动开关、制动灯开关等。

节气门位置传感器可于检测节气门开度的大小，ECU 根据此信号判断发动机负荷，从而控制自动变速器的换挡、调节主油压和对锁止离合器控制；车速传感器用于检测自动变速器输出轴转速，自动变速 ECU 根据车速传感器输入的信号计算出车速，并以此信号控制自动变速器的换挡和锁止离合器的锁止；温度传感器给 ECU 提供温度信号，当温度低于设定温度时，可防止自动变速器换入超速挡，同时锁止离合器也不能工作；驻车挡/空挡位置开关可以给自动变速器 ECU 提供挡位信息，可据此进行发动机起动保护；制动灯开关给 ECU 提供制动信息，如果踩下制动踏板，ECU 会取消锁止离合器的工作。

③执行器。执行器部分主要包括各种电磁阀和故障指示灯等。电磁阀根据功能的不同可以分为换挡电磁阀、锁止离合器电磁阀和油压电磁阀。根据工作原理的不同可以分为开关式电磁阀和占空比式电磁阀。绝大多数换挡电磁阀是采用开关式电磁阀，油压电磁阀是采用占空比式电磁阀，而锁止离合器电磁阀采用开关式的和占空比式的都有。

5. 机械无级自动变速器

无级变速器（CVT）是传动比可以在一定范围内连续变化的变速器。它采用传动带和工作直径可变的主、从动轮相配合来传递动力，以实现传动比的连续改变，从而得到传动系与发动机工况的最佳匹配，最大限度地利用发动机的特性，提高汽车的动力性和燃油经济性。目前，无级变速器在汽车上的应用越来越多，最常见的是金属带式无级变速器（VDT－CVT）。

金属带式无级变速器一般由减振缓冲装置、动力连接装置、速比调节变换器、液压控制单元和电子控制单元组成，如图 12-4-13 所示。

（1）减振缓冲装置 发动机输出转矩通过飞轮减振装置或双质量飞轮传递给无级变速器。前进挡离合器和倒挡制动器都是湿式摩擦元件，与前述自动变速器中的离合器和制动器结构相同。倒挡的旋转方向是通过行星齿轮机构改变的。发动机的转矩通过辅助减速齿轮传到速比变换器，并由此传到主减速器、差速器。液压控制系统和电子控制系统集成一体，位于无级变速器内部。

（2）动力连接装置 行星齿轮机构由齿圈、行星轮（2 个）、行星架、太阳轮组成。当太阳轮顺时针转动时，驱动行星轮逆时针转动，再驱动行星轮顺时针转动，最后驱动齿圈也顺时针转动。

作为输入元件的太阳轮、输入轴和前进挡离合器钢片相连接，作为输出元件的行星架、

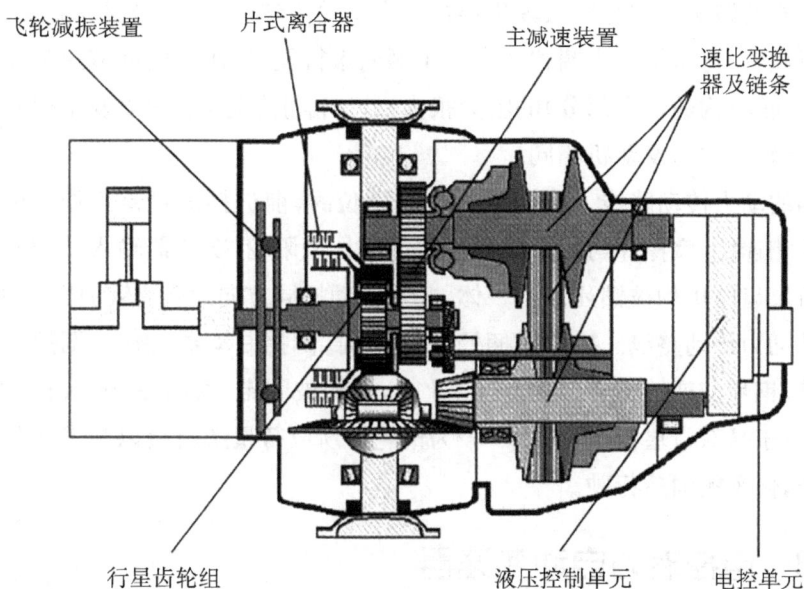

图 12-4-13　金属带式无级变速器

辅助减速齿轮的主动齿轮和前进挡离合器的摩擦片相连接,齿圈和倒挡制动器摩擦片相连接,倒挡制动器钢片和变速器壳体相连接。

(3)速比调节变换器　速比变换器的功用是实现无级变速传动,由两组滑动锥面链轮和作用在其中间的 V 形传动链组成,如图 12-4-14 所示。主动链轮由发动机通过辅助减速齿轮驱动,发动机转矩由传动链传递到从动链轮装置,并由此传给主减速器。每组链轮装置中的一个链轮可沿轴向移动,用来调整传动链的跨度尺寸,从而连续地改变传动比。两组链轮装置必须同步进行,这样才能保证传动链始终处于张紧状态,并且具有足够的传动链和 链轮之间的接触压力。

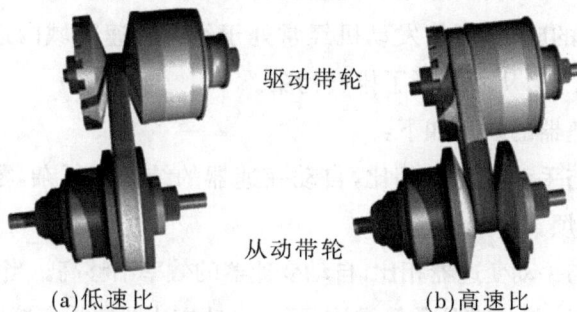

图 12-4-14　无级变速器

(4)液压控制单元和电子控制单元

①P/N 位的动力传动路线。换挡手柄处于 P 或 N 位时,前进挡离合器和倒挡制动器都

不工作。发动机的转矩通过与输入轴相连接的太阳轮传到行星齿轮机构,并驱动行星轮,行星轮再驱动行星轮,行星轮与齿圈相啮合。车辆尚未行驶时,作为辅助减速齿轮输入部分的行星架(行星齿轮机构的输出部分)的阻力很大,处于静止状态,齿圈以发动机转速一半的速度怠速运转,旋转方向与发动机相同。

②前进挡的动力传动路线。换挡手柄处于 D 位时,前进挡离合器工作。前进挡离合器钢片与太阳轮相连接,摩擦片与行星架相连接,此时,太阳轮(变速器输入轴)与行星架(输出部分)连接,行星齿轮机构被锁死成为一体,并与发动机同方向运转,传动比为 1:1。

③倒挡的动力传动路线。换挡手柄处于 R 位时,倒挡制动器工作。倒挡制动器摩擦片与齿圈相连接,钢片与变速器壳体相连接,此时,齿圈被固定,太阳轮(输入轴)主动,转矩传递到行星架,由于是双行星齿轮(其中一个为惰轮),所以行星架就会以与发动机旋转方向相反的方向运转,使车辆向后行驶。

12.4.3 电控液力自动变速器

1. 电控液力自动变速器的优缺点

电控液力自动变速器的优点如下:

(1)整车具有更好的驾驶性能 自动变速器能够根据汽车行驶工况,自动控制升降挡,以获得最佳的燃油经济性和动力性。使得驾驶性能与驾驶员的技术水平关系不大,因而特别适用于非职业驾驶。

(2)良好的行驶性能 自动变速装置的挡位变换不但快而且平稳,提高了汽车的乘坐舒适性。

(3)较好的行车安全性 在车辆行驶过程中,驾驶员必须根据道路、交通条件的变化,对车辆的行驶方向和速度进行改变和调节。

(4)降低废气排放 发动机在怠速和高速运行时,排放的废气中 CO 或 CH 化合物的浓度较高,而自动变速器的应用,可使发动机经常处于经济转速区域内运转,也就是在较小污染排放的转速范围内工作,从而降低了排气污染。

电控液力自动变速器的缺点如下:

(1)结构较复杂 与手动变速器相比,自动变速器的结构较复杂,零件加工难度大,生产成本较高,修理也较麻烦。

(2)传动效率低 与手动变速器相比,自动变速器的效率不够高。当然,通过与发动机的匹配优化、液力变矩器锁止、增加挡位数等措施,可使自动变速器的效率接近手动变速器的水平。

2. 电控液力自动变速器的组成

电控液力自动变速器主要由液力变矩器、齿轮变速机构、换挡执行机构、液压控制系统和电子控制系统五大部分组成。

(1)液力变矩器　液力变矩器安装在发动机与变速器之间,将发动机转矩传给变速器输入轴。它相当于普通汽车上的离合器,但在传递力矩的方式上又不同于普通离合器。普通汽车离合器是靠摩擦传递力矩,而液力变矩器是靠液力来传递力矩,而且液力变矩器可改变发动机转矩,并能实现无级变速。

(2)齿轮变速机构　齿轮变速机构可形成不同的传动比,组合成电控自动变速器不同的挡位。目前绝大多数电控自动变速器采用行星齿轮机构进行变速,但也有个别车型采用普通齿轮机构进行变速(如本田车系)。

(3)换挡执行机构　电控自动变速器的换挡执行机构,其功用与普通变速器的同步器有相似之处,但电控自动变速器的换挡执行机构受电液系统控制,而普通变速器的同步器是由人工控制的。电控液力自动变速器的换挡执行机构包括离合器、制动器、单向离合器3种。

(4)液压控制系统　电控自动变速器中的液压控制系统主要控制换挡执行机构的工作,由液压泵及各种液压控制阀和液压管路等组成。

(5)电子控制系统　电控自动变速器中的电子控制系统与液压控制系统配合使用,通常把它们合称为电液控制系统。电子控制系统主要包括电子控制单元、各类传感器及执行器等。电子控制系统中的传感器及各种控制开关将发动机工况、车速等信号传递给电子控制单元,电子控制单元发出指令给执行器,执行器和液压系统按一定的规律控制换挡执行机构工作,实现电控自动变速器自动换挡。

3.电控液力自动变速器的控制原理

电控液力自动变速器是通过传感器和开关监测汽车和发动机的运行状态,接受驾驶员的指令,将发动机转速、节气门开度、车速、发动机水温、自动变速器液压油温等参数转变为电信号,并输入电控单元(ECU);ECU 根据这些信号,按照设定的换挡规律,向换挡电磁阀、油压电磁阀等发出电子控制信号;换挡电磁阀和油压电磁阀再将 ECU 发出的控制信号转变为液压控制信号,阀板中的各个控制阀根据这些液压控制信号,控制换挡执行机构的动作,从而实现自动换挡。

4.电控液力自动变速器挡位介绍

自动变速器换挡元件有按钮式和拉杆式两种类型,驾驶员可以通过对它的操作进行挡位选择。按钮式一般布置在仪表板上;拉杆式即换挡操纵手柄,可布置在转向柱上或驾驶室地板上,它通过连杆机构或钢索与液压系统控制元件的手动阀相连接,为液压系统及电控系统提供操纵信号。

自动变速器的换挡操纵手柄通常有 4～7 个位置,如本田车系有 7 个位置,分别为 P、R、N、D4、D3、2、1;丰田车系操纵手柄的位置为 P、R、N、D、2、L,日产车系操纵手柄的位置为 P、R、N、D、2、1,欧美部分车系操纵手柄的位置为 P、R、N、D、S、L 和 P、R、N、D、3、2、1 等。日产轿车系列常见换挡操纵手柄的位置如图 12-4-15 所示,其功能如下。

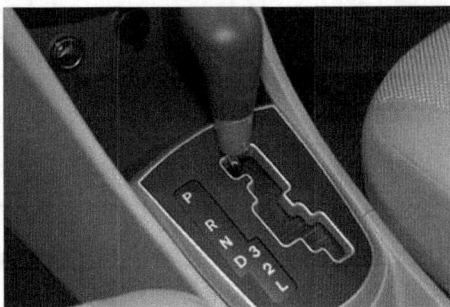

图 12-4-15　日产轿车系列常见换挡操纵手柄的位置

(1)P 挡　停车挡。当换挡操纵手柄置于该位置时,停车锁止机构将变速器输出轴锁止。

(2)R 挡　倒挡。操纵杆置于此位,液压系统倒挡油路被接通,驱动轮反转,实现倒挡行驶。

(3)N 挡　空挡。此时行星齿轮系统空转,不能输出动力。

发动机只有在换挡操纵手柄位于 P 或 N 位时,汽车才能起动,此功能靠空挡起动开关来实现。

(4)D(D4)挡　前进挡。当换挡操纵手柄置于该位置时,液压系统控制装置根据节气门开度信号和车速信号自动接通相应的前进挡油路,行星齿轮系统在执行机构的控制下得到相应的传动比,随着行驶条件的变化,在前进挡中自动升降挡,实现自动变速功能。

(5)3(D3)挡　高速发动机制动挡。操纵手柄位于该位时,液压控制系统只能接通前进挡中的一、二、三挡油路,自动变速器只能在这三个挡位间自动换挡,无法升入四的挡位,从而使汽车获得发动机制动效果。

(6)2(S)挡　中速发动机制动挡。操纵手柄位于该位时,液压控制系统只能接通前进挡中的一、二挡油路,自动变速器只能在这两个挡位间自动换挡,无法升人更高的挡位,从而使汽车获得发动机制动效果。

(7)L 挡(也称 1 位)　低速发动机制动挡。此时发动机被锁定在前进挡的一挡,只能在该挡位行驶而无法升人高挡,发动机制动效果更强。此挡位多用于山区行驶、上坡加速或下坡时有效地稳定车速等特殊行驶情况,可避免频繁换挡,提高其使用寿命。

(8)"2"和"L"挡　它们又称为为闭锁挡,另外有些车型的"3""2""1"或"S"挡也为闭锁挡。

12.4.4　双离合器自动变速器

双离合器自动变速器也叫 DSG 直接换挡变速器。双离合器自动变速器是基于手动变速器发展而来的,其工作原理是将变速器挡位按奇、偶数分开布置,分别与两个离合器连接,

通过切换两个离合器的工作状态,就可以完成换挡动作。

双离合器自动变速器的结构如图 12-4-16 所示(在一挡时)。双离合器自动变速器有两组离合器,前进挡、倒挡每个挡位都有同步器操作模式,也可以实现手自动一体换挡模式。

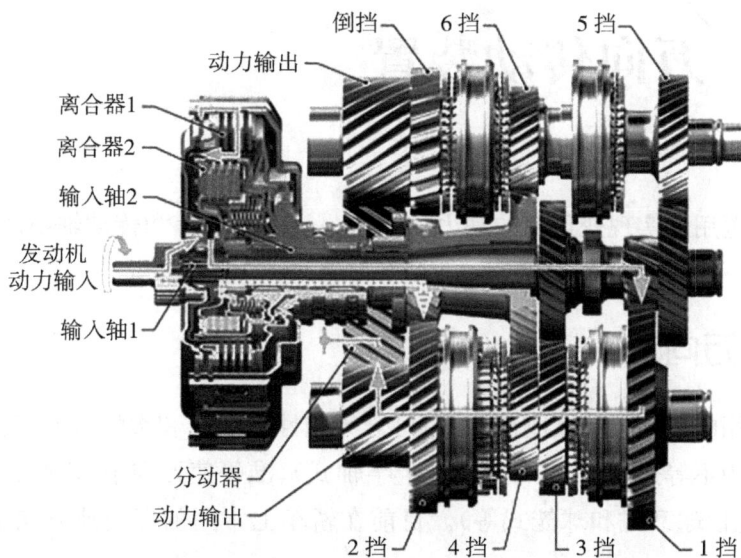

图 12-4-16　双离合器自动变速器的结构

1. 结构特点

双离合器变速器结构的主要特点是:①基本结构与手动换挡变速器一样;②齿轮组支承在 3 根轴上;③有两个离合器;④通过变速器的控制和执行机构来操纵离合器和换挡机构。

2. 工作原理

将排列各挡的齿轮分为偶数挡齿轮和奇数挡齿轮两组。尽管双离合器变速器与常规的中间轴换挡变速器的基本排列相似,但它们间的根本区别是双离合器变速器的主轴是分开的:一根是实心轴;一根是套在实心轴外面的空心轴。实心轴与空心轴靠齿轮组连接在一起。在变速器输入端的实心轴和空心轴都装有离合器。因为在换挡时嵌入两个挡位(即主动挡和预选的相邻挡位),所以能在两个挡位间迅速换挡,如同液力自动变速器那样而没有牵引力中断。

3. 性能

双离合器变速器的优点是:①效率高;②换挡时没有牵引力中断;③能跳过一个挡;④具有良好的换挡品质和车辆动力性、经济性。

其缺点是:①体积较大;②支承力大、结构粗实。

12.5
万向传动装置

万向传动装置用来实现变角度的动力传递。一般由万向节和传动轴组成,有时还要加装中间支承。

12.5.1 万向节

在汽车上使用的万向节按其刚度大小,可分为刚性万向节和柔性万向节。刚性万向节按其速度特性分为不等速万向节(常用的为十字轴式)、准等速万向节(双联式和三销轴式)和等速万向节(包括球叉式和球笼式等)。目前在轿车上常用的等角速万向节为球笼式万向节。

1. 球笼式等速万向节

等速万向节的工作原理是保证万向节在工作过程中,其传力点永远位于两轴交角的平分面上,如图 12-5-1 所示。

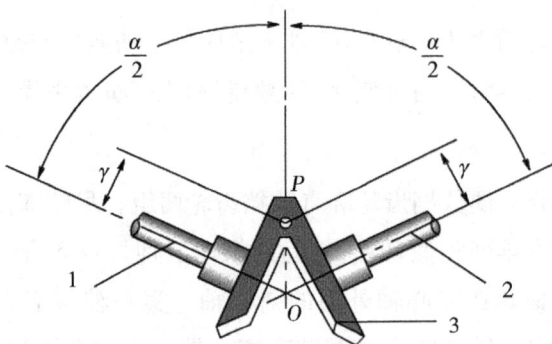

图 12-5-1 等速万向节的工作原理

常见的球笼式万向节有固定型球笼式等速万向节(RF 节)和伸缩型球笼式等速万向节(VL 节)。

固定型球笼式万向节由 6 个钢球、星形套、球形壳和保持架等组成,如图 12-5-2 所示。万向节星形套与主动轴用花键固接在一起,星形套外表面有六条弧形凹槽滚道,球形壳的内表面有相应的 6 条凹槽,6 个钢球分别装在各条凹槽中,由球笼使其保持在同一平面内。动力由主动轴、钢球、球形壳输出。

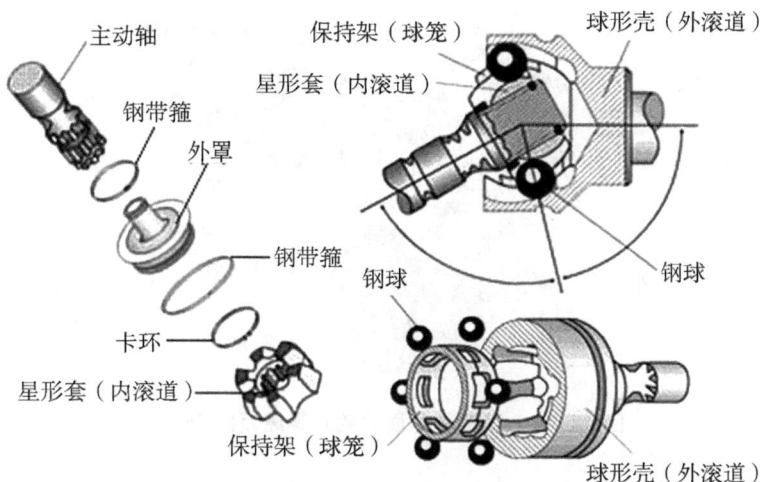

图 12-5-2 固定型球笼式万向节

　　伸缩型球笼式等角速万向节又称直槽滚道型等速万向节。如图 12-5-3 所示,其结构与上述球笼式相近,只是内、外滚道为圆筒形直槽,使万向节本身可轴向伸缩(伸缩量为 40～50mm),省去其他万向节传动中的滑动花键,且滚动阻力小,适用于断开式驱动桥的万向传动装置。这种万向节所连接的两轴夹角不能太大,因此常常和固定型球笼式等速万向节组合在一起使用,以保证在夹角和距离发生变化的条件下传递动力。RF 节和 VL 节广泛应用于采用独立悬架的汽车转向驱动桥,其中 RF 节用于靠近车轮处,VL 节用于靠近驱动桥处。

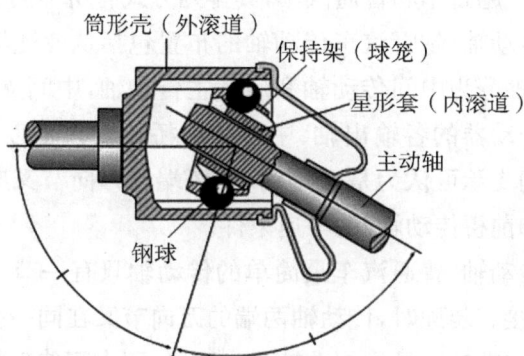

图 12-5-3 伸缩型球笼式等角速万向节

　　2. 三枢轴球面滚轮式等速万向节

　　三枢轴球面滚轮式等速万向节又称为自由三枢轴万向节,其结构如图 12-5-4 所示。由 3 个位于同一平面内互成 120°的枢轴构成,它们的轴线交于输入轴上一点,并且垂直于驱动轴。3 个外表面为球面,滚子轴承分别活套在各枢轴上,一个漏斗形轴,在其筒形部分加工出 3 个槽形轨道。3 个槽形轨道在筒形圆周上是均匀分布的,轨道配合面为部分同柱面,3

个滚子轴承分别装入各槽形轨道，可沿轨道滑动。

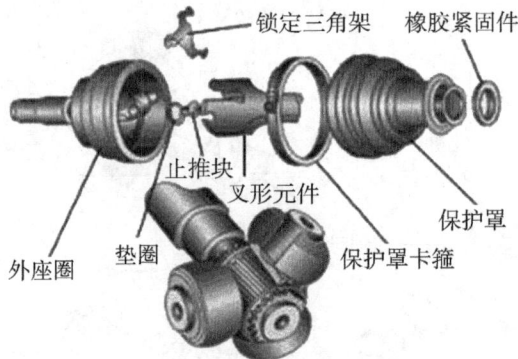

图12-5-4 三枢轴球面滚轮式等速万向节

12.5.2 传动轴

传动轴有实心轴和空心轴之分。为了减轻传动轴的质量，节省材料，提高轴的强度、刚度，传动轴多为空心轴，而普通轿车的传动轴通常制成实心轴，如图12-5-5所示。传动轴两端的连接件装好后，应进行动平衡试验。在质量小的一侧补焊平衡片，使其不平衡量不超过规定值。

汽车行驶过程中，变速器与驱动桥的相对位置会发生变化，随着传动轴角度的改变，其长度也会改变，因此采用滑动叉和花键组成的滑套连接，以实现传动轴长度的变化。

常用的传动轴对于越野车和普通汽车，其排列方式有所不同。

(1)越野汽车的传动轴 越野汽车传动轴的布置包括从变速器到分动器，又从分动器到各驱动桥。后桥传动轴分为中间传动轴和后桥主传动轴，中间支承装在中驱动桥上。满载时，变速器输出轴与分动器的各输出轴、中桥和后桥的输入轴以及中间支承的轴线近似平行。每一传动轴（中间支承可认为是一传动轴）两端的万向节叉应装在同一平面内，满足平行排列或等腰排列（如前桥传动轴）的等速条件。

(2)普通汽车的传动轴 普通汽车最简单的传动轴只有一节，其两端用普通万向节分别与变速器和驱动桥连接。装配时，传动轴两端的万向节叉在同一平面内，就保证了满载时实现等速传动。双节式传动轴则是将传动轴分为两段，即中间传动轴和主传动轴，与三个万向节组成万向传动装置，其装配方法有以下两种。

①某些汽车变速器输出轴与中间传动轴不在一条直线上，当汽车满载时，两节传动轴近似在一条直线上，中间万向节不起改变角速度的作用，前端万向节从动叉与后端万向节主动叉在同一平面内，即满足等速传动的条件。

②有些汽车的中间传动轴与变速器输出轴近似在一条直线上，只要主传动轴满足等速传动条件即可。

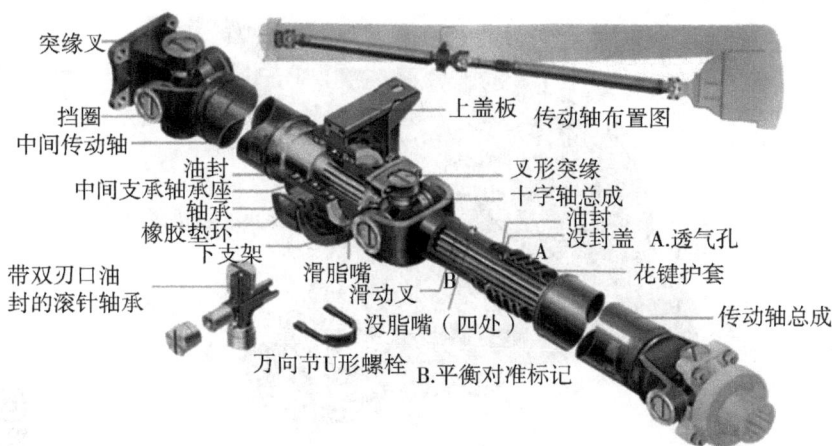

突缘叉
挡圈
中间传动轴
油封
中间支承轴承座
轴承
橡胶垫环
下支架
带双刃口油
封的滚针轴承
万向节U形螺栓
上盖板　传动轴布置图
叉形突缘
十字轴总成
油封
没封盖　A.透气孔
花键护套
传动轴总成
滑脂嘴
滑动叉
没脂嘴（四处）
B.平衡对准标记
A
B

图 12-5-5　传动轴的结构

12.6
驱动桥

12.6.1　概述

1.功用

驱动桥的功用是将万向传动装置传来的发动机动力经降速增矩改变传动方向后,分配给左、右驱动轮,并且允许左、右驱动轮以不同转速旋转。

2.组成

如图 12-6-1 所示,驱动桥通常由主减速器、差速器、半轴和驱动桥壳组成。主减速器可降速增矩,并可改变发动机转矩的传递方向,以适应汽车的行驶方向。差速器可保证左、右驱动轮以不同的转速旋转。半轴把转矩从差速器传到驱动轮。桥壳支承汽车的部分质量,承受驱动轮上的各种力及力矩,并起到保护主减速器、差速器和半轴的作用。

3.分类

按驱动轮与桥壳的连接关系,驱动桥分非断开式驱动桥和断开式驱动桥两种。

(1)非断开式驱动桥　非断开式驱动桥的整个车桥通过弹性悬架与车架相连,桥壳是刚性整体结构,两根半轴和驱动轮在横向平面内无相对运动。载货汽车多采用非断开式驱动桥。

主减速器从动齿轮　主减速器壳体　半轴套管

半轴

主减速器主动齿轮

半轴

差速器

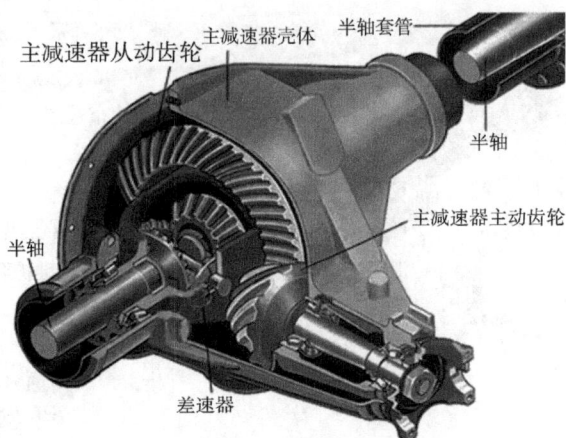

图 12-6-1　驱动桥结构示意图

（2）断开式驱动桥　一些轿车或越野汽车为了提高汽车行驶的平顺性或通过性，在它们的全部或部分驱动轮上采用独立悬架，即两侧驱动轮分别用弹性悬架与车架相连，两驱动轮彼此可独立地相对于车架或车身上下跳动。主减速器固定在车架或车身上，驱动桥壳制成分段并以铰链方式相连，同时半轴也分段且各段之间用万向节连接。

12.6.2　主减速器

主减速器一般位于变速器和差速器之间，可将发动机转矩传给差速器，并能起到减速增扭的作用，对于纵置发动机，还可将动力传递方向改变90°。

1. 主减速器的类型

按参加传动的齿轮副数目，可分为单级式主减速器和双级式主减速器。有些重型汽车又将双级式主减速器的第二级圆柱齿轮传动设置在两侧驱动车轮附近，称为轮边减速器。

按主减速器传动比个数，可分为单速式和双速式主减速器。单速式的传动比是固定的，而双速式则有两个传动比供驾驶人选择。

按齿轮副结构形式，可分为圆柱齿轮式（又可分为定轴轮系和行星轮系）主减速器和圆锥齿轮式（又可分为螺旋锥齿轮式和准双曲面锥齿轮式）主减速器。

2. 单级主减速器

在普通轿车上主要使用单级主减速器，其结构简单、质量小、体积小、传动效率高。对于发动机纵向布置的汽车，由于需要改变动力传递方向，单级主减速器都采用一对圆锥齿轮传动。对于发动机横向布置的汽车，单级主减速器采用一对圆柱齿轮即可，如图 12-6-2 所示。对于发动机前置前轮驱动的汽车，整个传动系都集中布置在汽车前部，因此其主减速器装于变速器壳体内，没有专门的主减速器壳体，变速器输出轴即为主减速器主动轴。

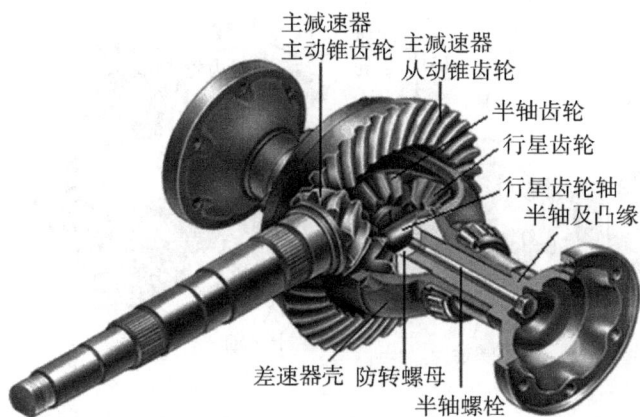

图 12-6-2　单级主减速器

12.6.3　差速器

差速器的功用是将主减速器传来的动力传给左、右两半轴,并在必要时允许左、右半轴以不同转速旋转,使左、右驱动轮相对地面纯滚动而不是滑动。车轮对路面的滑动不仅会加速轮胎磨损,增加汽车的动力消耗,而且可能导致转向和制动性能的恶化。所以,在正常行驶条件下,应使车轮尽可能不发生滑动。

当汽车转弯行驶时,内、外两侧车轮中心在同一时间内移过的曲线距离显然不同,即外侧车轮移过的距离大于内侧车轮,如没有安装差速器就会产生转向制动现象。若两侧车轮都固定在同一刚性转轴上,两轮角速度相等,则此时外轮必然是边滚动边滑移,内轮必然是边滚动边滑转。

同样,汽车在不平路面上直线行驶时,两侧车轮实际移过的曲线距离也不相等。因此在角速度相同的条件下,在波形较显著的路面上运动的一侧车轮是边滚动边滑移,另一侧车轮则是边滚动边滑转。即使路面非常平直,但由于轮胎存在制造尺寸误差,磨损程度不同,承受的载荷不同或充气压力不等,各个轮胎的滚动半径实际上不可能相等。因此,只要各轮角速度相等,车轮对路面的滑动就必然存在。

差速器按其工作特性可分为普通齿轮式差速器和防滑差速器两大类。

1.普通齿轮差速器

(1)普通齿轮差速器的结构　由差速器壳、行星齿轮轴、2 个行星齿轮、2 个半轴齿轮、球面垫片和垫圈等组成。行星齿轮轴装入差速器壳体后用弹簧销定位,图 12-6-3 所示。行星齿轮和半轴齿轮的背面制成球面,与球面垫片和垫圈相配合,以减摩、耐磨。差速器通过一对圆锥滚子轴承支承在变速器壳体中。

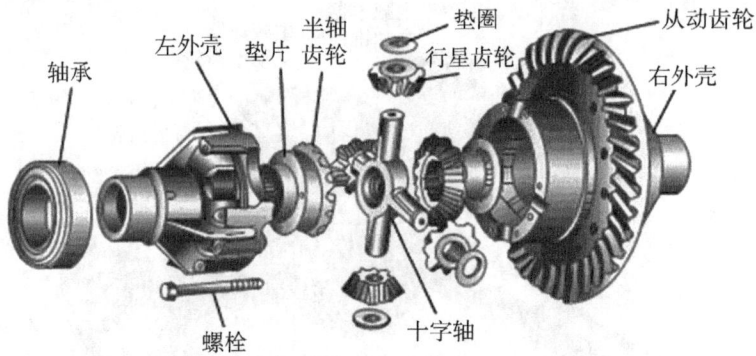

图 12-6-3　普通齿轮差速器的结构

（2）工作原理　来自主减速器的动力传给差速器壳、行星齿轮轴、行星齿轮、半轴齿轮，再经左右两半轴传至驱动轮。根据左右两驱动轮遇到阻力的情况不同，差速器可使其等速转动或不等速转动。

差速器工作情况如图 12-6-4 所示。

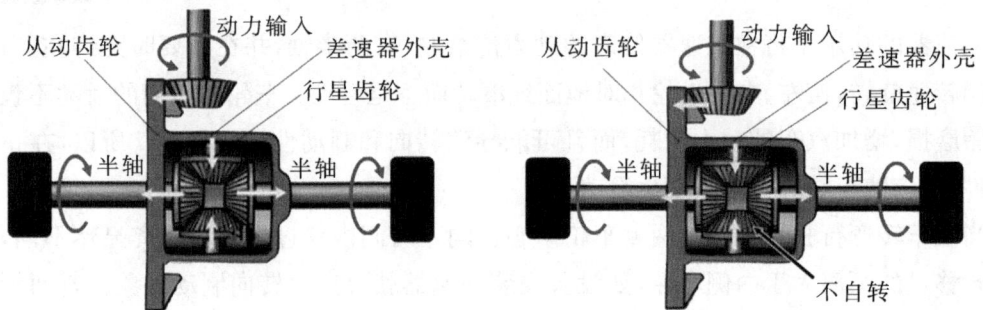

图 12-6-4　差速器工作情况

①汽车沿直线或在平坦道路上行驶时，两驱动轮转速相等，行星齿轮与差速器壳一起旋转，行星齿轮不绕自己的轴旋转。因此，半轴齿轮的转速与从动齿轮的转速相同。

②汽车转弯（例如右转弯）时，右驱动轮（滚动阻力大）行驶路程较短，因而其转速也较左驱动轮慢。此时，行星齿轮除随差速器壳公转外，还在转得较慢的车轮的半轴齿轮上滚动。因此，行星齿轮和按顺时针方向绕小轴自转，其速度增加值等于半轴齿轮的降低值，以达到汽车转弯时，允许两驱动轮以不同速度旋转的目的。

③若一侧半轴齿轮不动，差速器壳旋转时，行星齿轮将绕本身的轴线旋转并沿不动一边的半轴齿轮滚动，而另一边的半轴齿轮则以两倍于差速壳的转速旋转。因此，两驱动轮转速

之和始终等于差速器壳转速的两倍。当差速器壳不动时,若一个车轮旋转,行星齿轮则在原位旋转,并带着另一车轮以相同的转速反方向旋转。

2. 防滑差速器

汽车常用的防滑差速器有多种形式,下面仅介绍用于轴间差速器的托森(Torsen)差速器。

托森差速器是一种轴间自锁差速器,装在变速器后端。转矩由变速器输出轴传给托森差速器,再由差速器直接分配给前驱动桥和后驱动桥。托森差速器由差速器壳、涡轮(6个)、涡轮轴(6根)、直齿圆柱齿轮(12个)及前后轴涡杆组成。如图 12-6-5 所示。

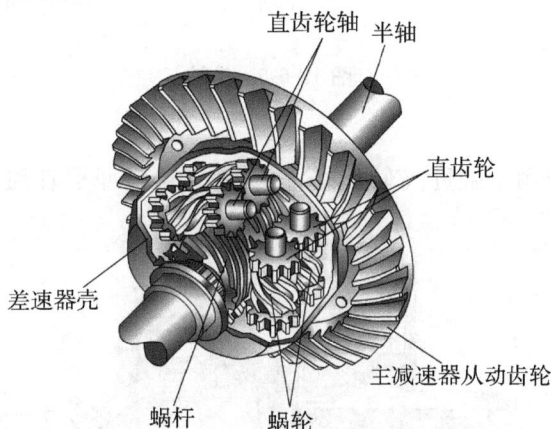

图 12-6-5 托森差速器结构图

当前、后驱动桥无转速差时,涡轮绕自身轴自转。各涡轮、涡杆与差速器壳一起等速转动,差速器不起差速作用。

当前、后驱动桥需要有转速差,例如,汽车转弯时,因前轮转弯半径大,差速器起差速作用。此时,涡轮除公转传递动力外,还要自转。直齿圆柱齿轮的相互啮合,使前后涡轮自转方向相反,从而使前轴涡杆转速增加,后轴涡杆转速减小,实现了差速。托森差速器起差速作用时,由于涡杆、涡轮啮合副之间的摩擦作用,转速较低的后驱动桥比转速较高的前驱动桥所分配到的转矩大。若后桥分配到的转矩大到一定程度而出现滑转时,则后桥转速升高一点,转矩又立刻重新分配给前桥一些,所以驱动力的分配可根据转弯的要求自动调节,使汽车转弯时具有良好的驾驶性。

当前、后驱动桥中某一桥因附着力小而出现滑转时,差速器起作用,将转矩的大部分分配给附着力好的另一驱动桥,从而提高了汽车通过坏路面的能力。

12.6.4 半轴

半轴是差速器与驱动轮之间传递转矩的实心轴,其内端一般通过花键与差速器的半轴齿轮连接,外端以凸缘与驱动轮的轮毂连接,如图 12-6-6 所示。根据其支承型式不同,半轴可分为全浮式半轴和半浮式半轴。

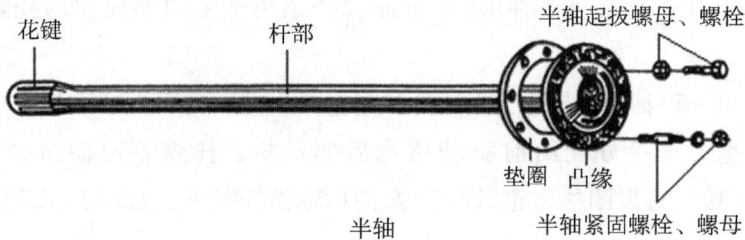

图 12-6-6 半轴

1. 全浮式半轴

全浮式半轴广泛应用于载货汽车上,它只传递转矩,不承受任何外力与弯矩。

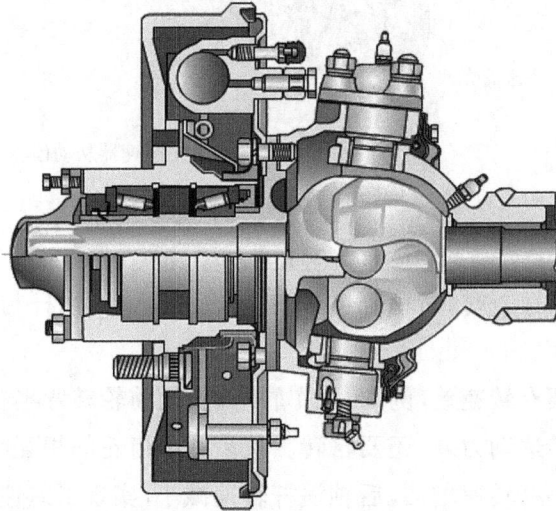

图 12-6-7 全浮式半轴支承示意图

全浮式半轴支承示意图如图 12-6-7 所示。桥壳用轮毂轴承支承在轮毂上,与半轴无直接联系,车轮的中心线通过两个轴承的中间。路面作用于驱动轮上的切向反力 F_y 侧向反力 F_x 和垂直反力 F_z 以及由它们形成的弯矩,由轮毂通过两个轮毂轴承传给桥壳,而不经半轴传递,半轴仅承受差速器输出的转矩。可见这种支承型式的半轴除承受转矩外,两端均不承受任何反力和弯矩,故称为全浮式半轴。所谓"浮"是指卸除半轴的弯曲载荷而言。

全浮式半轴易于拆装,拆装时,只需拧下半轴凸缘上的螺栓即可抽出半轴,而车轮与桥壳照样能支持住汽车,从而给汽车维护带来方便。

2.半浮式半轴

半浮式半轴除要承受转矩外,外端还要承受车轮传来的全部反力及弯矩,如图 12-6-8 所示。车轮与桥壳无直接联系而支承于半轴外端,距支承轴承有一个悬臂。可见车轮的各种反力都要经过半轴传给桥壳,这种内端免受弯矩,而外端却承受全部弯矩的半轴,称为半浮式半轴。

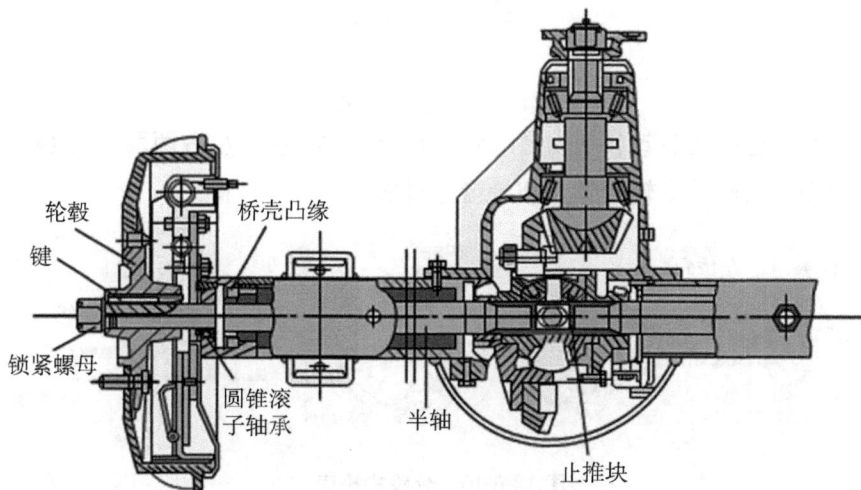

图 12-6-8　半浮式半轴支承示意图

半浮式半轴支承结构简单、成本低廉,被广泛用于反力弯矩较小的各类轿车上,但这种半轴拆装麻烦,且行驶中若折断将发生危险。

在某些轿车(红旗 CA7220 和一汽奥迪 100 等)的转向驱动桥中,半轴制成断开式,并以等速万向节连接。

12.6.5　桥壳

1.功用

驱动桥壳用以支承并保护主减速器、差速器和半轴等;与从动桥一起支承车架及其上的各总成重量;并承受汽车行驶时由车轮传来的各种反力及力矩,经悬架传给车架。

2.分类

驱动桥壳有整体式和分段式两种。

整体式桥壳。整体式桥壳的特点是桥壳与主减速器壳分开制造,二者用螺栓连接在一起,如图 12-6-9 所示。半轴套管压入后桥壳中。桥壳上部装有通气塞,用以保证高温条件下气体畅通。该驱动桥壳为整体铸造桥壳,其刚度大、强度高、易铸造,但其质量大,制造质量不易保证,多用于中、重型汽车。整体式桥壳也可用钢板冲压焊接而成。

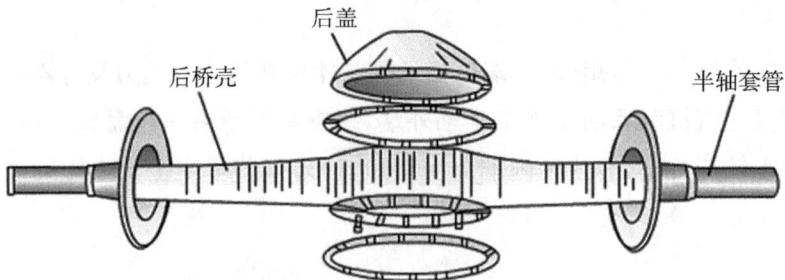

图 12-6-9　**整体式桥壳**

分段式桥壳。分段式驱动桥壳如图 12-6-10 所示,它分为左右两段,由螺栓连成一体。它由主减速器壳、盖、两个半轴套管及凸缘盘等组成。

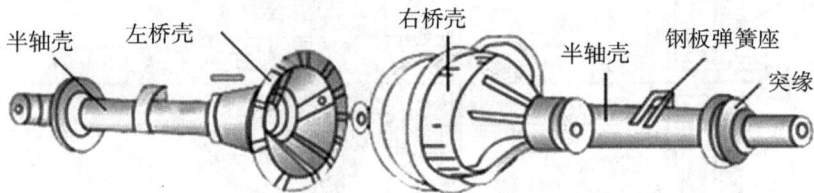

图 12-6-10　**分段式桥壳**

采用独立悬架的轿车,分段式桥壳各段之间可相对运动。

分段式驱动桥壳易于铸造、加工简单,但维修时必须将驱动桥整体从车上拆下来。

思考与练习

1.离合器的功用是什么? 对离合器有什么要求?

2.同步器的作用是什么?

3.主减速器的功用是什么? 其基本形式有哪两种? 它们的基本组成怎样?

4.试叙述 EQ1092 型汽车离合器接合时,发动机的动力传递到变速器的动力传递路线。

5.离合器踏板为什么要有自由行程?

6.差速锁有什么用途?

7.试分析汽车传动系统的各种布置方案的优缺点?

项目 13 汽车行驶系统

13.1 行驶系的组成与功用

汽车行驶系一般由车架、车桥、车轮和悬架等部分组成(图 13-1-1),行驶系的功用主要有:

①接受由发动机经传动系传来的转矩,并通过驱动轮与路面附着作用,转化为汽车行驶的驱动力。

②将全车各部件连成一个整体,支承汽车的总质量。

③传递并承受路面作用于车轮上的各种力及其力矩。

④缓和不平路面对车身造成的冲击和振动,保证汽车平稳行驶。

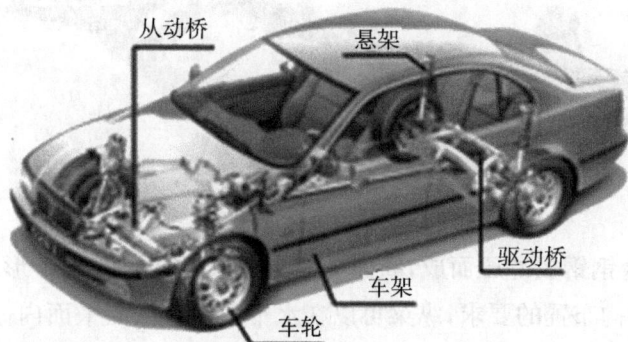

图 13-1-1 汽车行驶系统组成

汽车行驶系的基本类型主要有轮式、履带式、车轮-履带式和水陆两用等几种形式。汽车行驶在比较坚实的道路上,其行驶系中直接与路面接触的部分是车轮,这种行驶系称为轮式行驶系,这样的汽车便是轮式汽车。若行驶系中直接与路面接触的部分是履带,则称为履带式汽车。若行驶系中直接与路面接触的部分既有车轮又有履带则称为半履带式汽车或车轮-履带式汽车。应用较多的是轮式汽车行驶系。

13.2 车架

车架俗称大梁,它是跨接在前后车轮上的桥梁式结构,是构成整个汽车的骨架,是整个汽车的装配基体,汽车绝大多数的零部件、总成(如发动机、变速器、传动机构、操纵机构、车桥、车身等)都要安装在车架上。

汽车上采用的车架主要有边梁式车架、中梁式车架和综合式车架。目前汽车上多采用边梁式车架,也有许多轿车和大客车上没有车架,车架的功能由轿车车身或大客车车身骨架承担,故称其为承载式车身。

13.2.1 边梁式车架

边梁式车架由两根位于两边的纵梁和若干横梁组成,用铆接法或焊接法将纵梁与横梁连接成坚固的刚性构架,如图 13-2-1 所示。边梁式车架结构简单、便于整车的布置,在各种类型的汽车上都广泛应用。

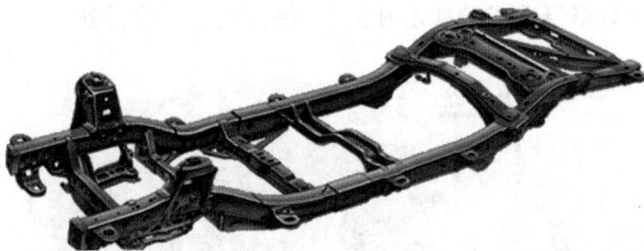

图 13-2-1　边梁式车架

纵梁常用低合金钢钢板冲压而成,断面一般为槽形。有的做成 Z 形或箱形断面。根据汽车型式的不同和结构布置的要求,纵梁可以在水平面内或纵向平面内做成弯曲的,以及等断面或非等断面的。

横梁不仅用来保证车架的扭转刚度和承受纵向载荷,而且还用以支承汽车上的主要部件。通常货车约有 5 根至 6 根横梁。边梁式车架的结构特点是便于安装车身(包括驾驶室、车厢及一些特种装备等)和布置其他总成,有利于改装变型车和发展多品种汽车。因此被广泛采用在货车和大多数的特种汽车上。

为了保证高速轿车的行驶稳定性,汽车的 重心应尽量降低,即需要降低车架的位置。但车架位置的降低不应妨碍转向轮的偏转和悬架变形时车轮的跳动。因此,轿车的车架通常前部做得较窄,可允许转向轮有较大的偏转角度;而后部向上弯曲,悬架变形时,保证车轮有足够的跳动空间。

采用 X 形的高断面的横梁,可以提高车架的扭转刚度,特比对于短而宽的车架,这个效果尤为显著。故 X 形横梁一般用于轿车车架,如图 13-2-2 所示。

图 13-2-2　轿车 X 形车架

大型客车的车架,在前后两车桥上面有较大的弯度,因此保证了汽车重心和底板都较低。这样,既提高了行驶稳定性又方便了乘客上下车。

13.2.2　中梁式车架

中梁式车架又称脊梁式车架,由一根贯穿汽车纵向的中梁和若干根横向悬伸托架所组成,中梁的断面一般是管形或箱形,其前端做成伸出支架,用以固定发动机,如图 13-2-2 所示。传动轴在中梁内穿过。主减速器壳通常固定在中梁的尾端,形成断开式后驱动桥,中梁上的悬伸托架用以支承汽车车身和安装其他机件。

中梁式车架有较好的抗扭转刚度和较大的前轮转向角,在结构上容许车轮有较大的跳动空间,便于安装独立悬架,从而提高汽车的越野性能;与同吨位的载货汽车相比,其车架轻,整车质量小,同时重心也较低,故行驶稳定性较好;车架的刚度和强度较大;脊梁还能起封闭传动轴的防尘罩作用。但是,这种车架的制造工艺复杂,精度要求高,总成安装困难,为保养和修理造成诸多不便。

图 13-2-3　中梁式车架

13.2.3　综合式车架

综合式车架是由边梁式和中梁式车架结合而成的，如 13-2-4 所示。车架前段或后段近似边梁式结构，便于分别安装发动机或驱动桥。传动轴从中梁中间穿过。这种结构制造工艺复杂，目前应用也不多。

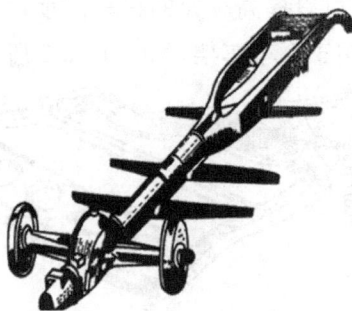

图 13-2-4　综合式车架

13.2.4　承载式车身

采用承载式车身的特点是没有车架（大梁），车身就作为发动机和底盘各总成的安装基础，各种载荷全部由车身承受，如图 13-2-5 所示。汽车承载式车身主要包括车身壳体、车门、车窗、车前后钣金件、车身内外装饰件、车身附件、座椅以及通风装置等。车身壳体是一切车身部件和零件的安装基础，由纵、横梁支柱等主要承力元件，以及与它们相连接的钣金件经焊接而共同组成的刚性空间结构。车前后钣金件，包括散热器框架前后围板、发动机罩、前后翼子板、挡泥板等。这些钣金件形成了容纳发动机、车轮等部件的空间。

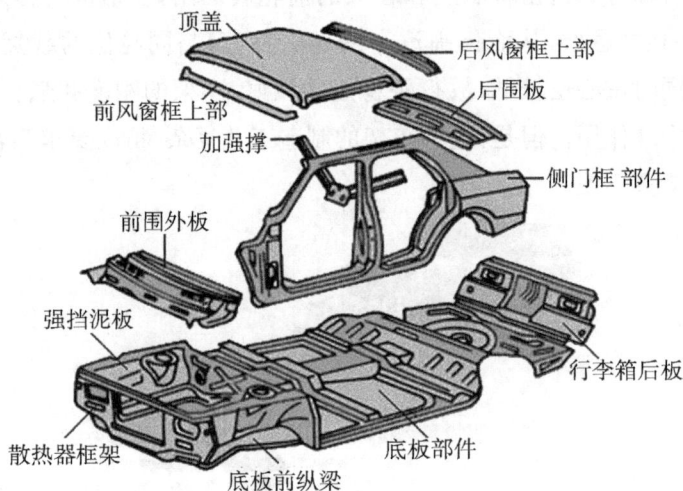

图 13-2-5　承载式车身分解图

13.3 车桥

车桥位于悬架与车轮之间,其两端安装车轮,通过悬架与车架(或车身)相连,其功用是传递车架(或车身)与车轮之间各种载荷。

按悬架结构不同,车桥分为整体式和断开式。整体式车桥与非独立悬架配用;断开式车桥与独立悬架配用。

按车桥上车轮的作用不同,车桥分为转向桥、驱动桥、转向驱动桥和支持桥。其中转向桥和支持桥都属于从动桥。在后轮驱动的汽车中,前桥不仅用于承载,而且兼起转向作用,称为转向桥。后桥不仅用于承载,而且兼起驱动的作用,称为驱动桥。在越野汽车和前轮驱动汽车中,前桥除了承载和转向的作用外,还兼起驱动作用,所以称为转向驱动桥。只起支承作用的车桥称为支持桥。

13.3.1 转向桥

转向桥是利用转向节使车轮偏转一定角度以实现汽车的转向。它除承受垂直载荷外,还承受纵向力和侧向力及这些力造成的力矩。转向桥通常位于汽车前部,因此也常称为前桥。

1. 整体式转向桥

各类载货汽车的整体式转向桥结构基本相同,主要由前轴、转向节、主销等组成,如图13-3-1 所示。

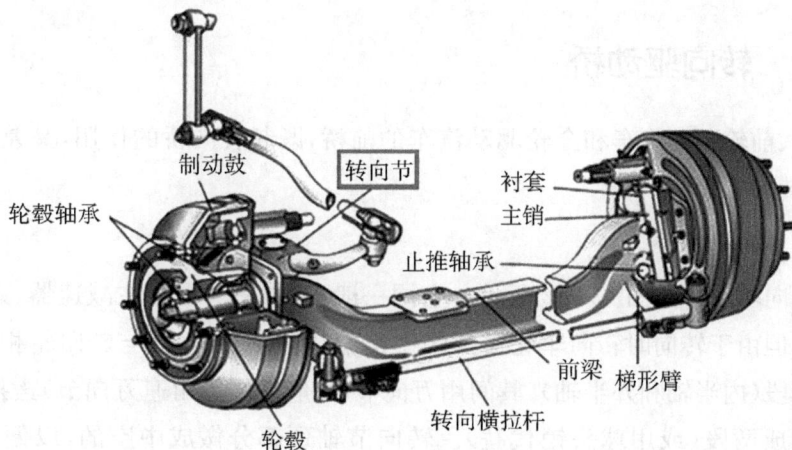

图 13-3-1 整体式转向桥

转向桥通常位于汽车前部,能使装在其两端的车轮偏转一定的角度,以实现汽车转向。同时还要承受车架与车轮之间的作用力及其产生的弯矩和转矩。

前轴是转向桥的主体,一般由中碳钢经模锻而成。其端面采用工字形断面以提高抗弯强度;接近两端逐渐过渡为方形,以提高抗扭刚度。中部加工出两处用以支承钢板弹簧的弹簧座,其上钻有 4 个安装 U 形螺栓(俗称骑马螺栓)的通孔和一个位于中心的钢板弹簧定位凹坑。中部向下弯曲,使发动机位置得以降低,从而降低汽车质心,扩展驾驶员视野,并减小传动轴与变速器输出轴之间的夹角。前轴两端各有一个加粗部分,呈拳形,称为拳部。其中有通孔,主销即装入此孔内,用带有螺纹的楔形锁销将主销固定在拳部孔内,使之不能转动。

转向节是一个叉形部件。上下两叉制有同轴销孔,通过主销与前轴的拳部相连,使前轮可以绕主销偏转一定角度而使汽车转向。为了减小磨损,转向节销孔内压入青铜衬套,衬套上的润滑油槽在上面端部是切通的,用装在转向节上的油嘴注入润滑脂润滑。为使转向灵活轻便,在转向节下耳与前轴拳部之间装有滚子推力轴承。在转向节上耳与拳部之间装有调整垫片,以调整其间的间隙。在左转向节的上耳上装有与转向节臂制成一体的凸缘,在下耳上则装有与转向梯形臂制成一体的凸缘,此两凸缘上均制有一矩形键,因此在左转向节的上、下耳上都有与之配合的键槽。转向节即通过短形键及带有锥形套的双头螺栓与转向节臂及梯形臂相连。

车轮轮载通过两个圆锥滚子轴承支承在转向节轴颈上。轴承的松紧度可用调整螺母加以调整。轮载外端用冲压的金属罩盖住。转向节上还装有限位螺栓,限位螺栓与前轴上的限位凸台相配合,可以限制并调整转向轮的最大偏转角。

2. 断开式转向桥

在轿车和微型客车上通常采用断开式转向桥,它与独立悬架相配置组成了性能优良的转向桥。由于它有效地减少了非簧载质量,降低了发动机的高度,从而提高了汽车的行驶平顺性和操纵稳定性。

13.3.2 转向驱动桥

越野汽车、前轮驱动汽车和全轮驱动汽车的前桥,既起转向桥的作用,又兼起驱动桥的作用,故称为转向驱动桥。

1. 整体式转向驱动桥

整体式转向驱动桥如图 13-3-2 所示。它同一般驱动桥一样,由主减速器、差速器、半轴和桥壳组成。但由于转向时转向车轮需要绕主销偏转一个角度,故与转向轮相连的半轴必须分成内外两段(内半轴和外半轴),其间用万向节(一般多用等角速万向节)连接,同时主销也因此而分制成两段(或用球头销代替)。转向节轴颈部分做成中空的,以便外半轴穿过其中。

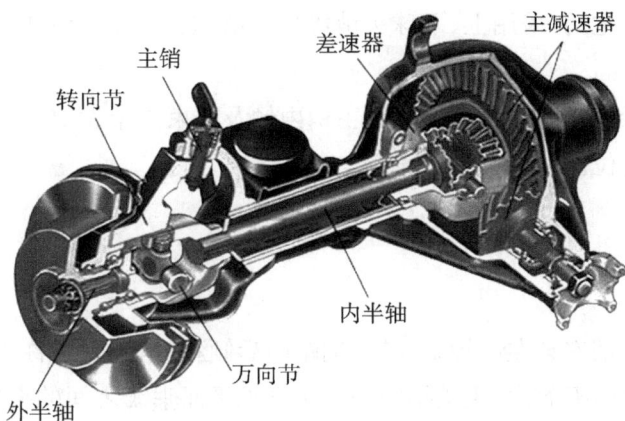

图 13-3-2   整体式转向驱动桥

2. 断开式转向驱动桥

图 13-3-3 所示为桑塔纳 2000 轿车的前桥总成,采用的是断开式、独立悬架转向驱动桥。

车桥上端通过左、右悬架与承载式车身相连接,下端通过左、右下摆臂与固定在车身上的副车架相连接。悬架车轮轴承壳与下摆臂之间通过可移动球形接头连接,从而使前轮固定,并通过下摆臂上的长孔可调整车轮外倾角,为了减小车辆转向时的车身倾斜,在副车架与下摆臂之间还装有横向稳定器。

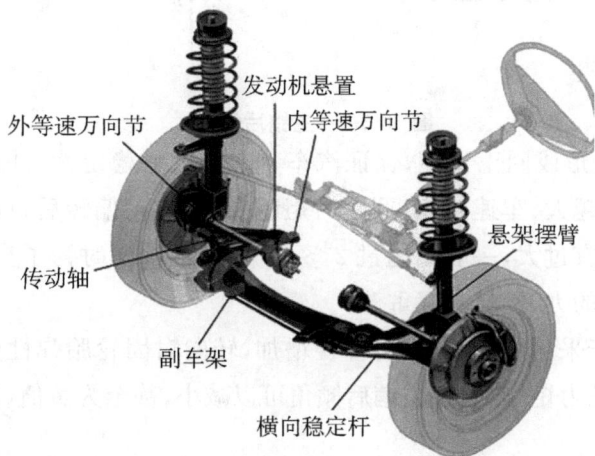

图 13-3-3   桑塔纳 2000 轿车的转向驱动桥

13.3.3   转向轮定位

为了保证汽车直线行驶的稳定性和操纵的轻便性,减少轮胎和其他机件的磨损,转向轮、转向节和前轴三者与车架的安装应保持一定的相对位置关系,这种安装位置关系称为转向车轮定位,也称前轮定位。

对于两端装有主销的转向桥,汽车转向时,转向车轮会围绕主销轴线偏转。但在大多数断开式转向桥中没有主销,采用上、下球头销代替主销,上、下球头销球头中心的连心线相当于主销轴线。

转向轮定位包括主销后倾、前轮外倾、主销内倾及前束 4 个参数。现以有主销的转向桥为例说明转向车轮定位。

(1)主销后倾 主销安装在前轴上,其上端略向后倾斜,这种现象称为主销后倾。在垂直于汽车支承平面的纵向平面内,主销轴线与汽车支承平面垂线之间的夹角称为主销后倾角,如图 13-3-4 所示。

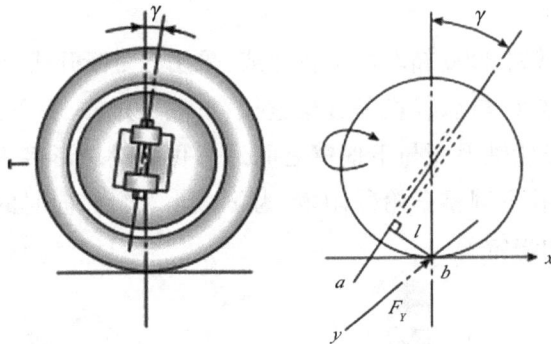

图 13-3-4 主销后倾

主销后倾的功用是形成回正力矩,保证汽车直线行驶的稳定性,并使汽车转向后回正操纵轻便。主销后倾角越大、车速越高,回正力矩越大,转向轮偏转后自动回正的能力也愈强。但主销后倾角也不宜过大,一般不超过 2°~3°,否则在转向时为了克服此力矩,驾驶人需在转向盘上施加较大的力,使转向沉重。

此外,有些汽车由于采用超低压轮胎,弹性增加,转向时因轮胎弹性变形而使轮胎与路面的接触点后移,使回正力矩增加,故主销后倾角可以减小,甚至为负值(即主销前倾)。

(2)主销内倾 主销安装在前轴上,其上端略向内侧倾斜,这种现象称为主销内倾。在垂直于汽车支承平面的横向平面内,主销轴线与汽车支承平面垂线之间的夹角 β 称为主销内倾角。主销内倾的功用是使转向轮自动回正,并使转向操纵轻便。当转向轮在外力作用下绕主销旋转而偏离中间位置时,由于主销内倾,车轮连同整个汽车前部被向上抬起。一旦外力消失,转向轮就会在汽车前部重力作用下力图自动回正到旋转前的中间位置。主销内倾角越大、转向轮偏转角越大,汽车前部就抬起得越高,转向轮自动回正的作用就越大,如图13-3-5 所示。

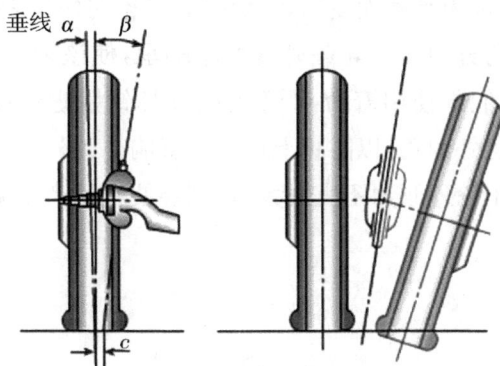

图 13-3-5　主销内倾

　　主销内倾角既不宜过大,也不宜太小。主销内倾角过大,转向时,车轮在滚动的同时将与路面产生较大的滑动,增加轮胎与路面的摩擦阻力,这不仅使转向沉重,而且加速了轮胎的磨损。主销内倾角过小,汽车行驶的稳定性和制动稳定性将变差。在一些发动机前置前轮驱动的汽车上,为了使汽车具有良好的行驶稳定性,特别是制动稳定性,其主销内倾角均较大。

　　主销后倾和主销内倾都具有使车轮自动回正及保证汽车直线行驶稳定性的作用,但区别在于:主销后倾角的回正作用随着车速的增高而增大,而主销内倾的回正作用几乎与车速无关。

　　(3)车轮外倾　转向轮安装在转向节上时,其旋转平面上端向外倾斜,这种现象称为转向轮外倾。车轮旋转平面与垂直于车辆支承面的纵向平面之间的夹角 α 称为车轮外倾角,如图13-3-6 所示。

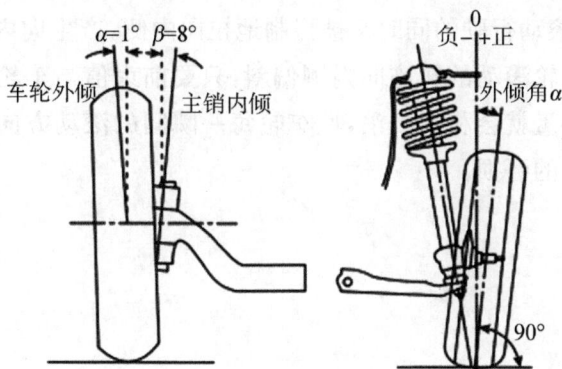

图 13-3-6　车轮外倾

车轮外倾角的功用是提高车轮工作的安全性和转向操纵的轻便性。由于主销与衬套之间、轮毂与轴承等处都存在着装配间隙,若空车时车轮的安装正好垂直于路面,则满载时上述间隙将发生变化,车桥也因承载而变形,从而引起车轮向内倾斜。车轮内倾将使路面对车轮的垂直反作用力的轴向分力压向轮毂外端的小轴承,使该轴承及其锁紧螺母等零部件承受的载荷增大,降低了它们的使用寿命,严重时会损坏锁紧螺母而使车轮脱落。为此,安装车轮时要预先留有一定的外倾角,以防止上述不良影响。此外,车轮有一定的外倾角也可以与拱形路面相适应。但车轮外倾角不宜过大,否则会使轮胎产生偏磨损。

(4)前轮前束 车轮安装在车桥上,两前车轮的中心平面不平行,其前端略向内侧收束,这种现象称为前轮前束。两前轮后端距离 A 大于前端距离 B,其差值 A-B 称为前轮前束值,如图 13-3-7 所示。前轮前束的功用是消除因车轮外倾所造成的不良后果,保证车轮不向外滚动,防止车轮侧滑并减轻轮胎的磨损。

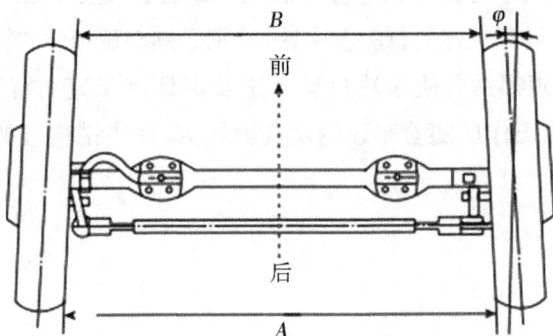

图 13-3-7　前轮前束

由于车轮外倾,汽车行驶时,两个车轮的滚动类似于两个锥体的滚动,其轨迹不再是直线而是逐渐向各自的外侧滚开。但因受车桥和转向横拉杆的约束,两侧车轮不可能向外滚开,这样,车轮在路面上滚动行驶的同时又被强制地拉向内侧,产生向内的侧滑,从而加剧轮胎的磨损。有了前束,车轮滚动的轨迹向内侧偏斜,只要前束值与车轮外倾角配合适当,车轮向内、外侧滚动的偏斜量就会相互抵消,使车轮每一瞬间的滚动方向都朝着正前方,从而消除了侧滑,减轻了轮胎的磨损。

13.4 车轮与轮胎

现代的车轮由车轮和轮胎两大部分组成,是汽车行驶系中极其重要的部件之一,具有以下基本功用:

①支撑整车质量,包括在汽车质量上下运动时产生的惯性动载荷。

②缓和由路面传递来的冲击载荷,提高乘坐舒适性。

③通过轮胎和路面之间的附着作用,产生驱动和阻止汽车运动的外力,即为汽车提供驱动力和制动力。

④产生平衡汽车转向离心力的侧向力,以便顺利转向,并通过轮胎产生的自动回正力矩,使车轮具有保持直线行驶的能力。

13.4.1 车轮

车轮一般由轮毂、轮辋及连接它们的辐板组成,是介于轮胎和车轴之间承受负荷的旋转组件。轮辋是在车轮上安装和支承轮胎的部件,轮辐是在车轮上将轮辋和轮毂连接起来的。

1.车轮的类型

按轮辐的构造不同,车轮可分为辐板式和辐条式。目前,普通轿车和轻、中型货车上广泛采用辐板式车轮。而高级轿车、竞赛汽车多采用辐条式车轮。此外,还有对开式车轮、可反装式车轮、组装轮辋式车轮和可调式车轮等。

(1)辐板式车轮　它由挡圈、辐板、轮辋和气门嘴伸出孔等组成。如图 13-4-1 所示,用以连接轮毂和轮辋的钢质圆盘称为辐板。辐板大多是冲压制成的,少数是和轮辋铸成一体的,后者主要用于重型汽车。轿车的车轮辐板所用板料较薄,常冲压成起伏多变的形状,以提高刚度。

(2)辐条式车轮　对于装载质量较大的重型汽车来说,多采用铸造辐条式车轮,如图 13-4-2 所示。轮辋是用螺栓和特殊形状的衬块固定在辐条上的,为了使轮辋与辐条很好地对中,在轮辋和辐条上都加工出配合锥面。

也有采用像自行车用的钢丝作为辐条的车轮,由于这种车轮质量小,价格昂贵,维修安装不便,故仅用于赛车和某些高级轿车上(如美国别克轿车)。

2.轮辋的类型

轮辋的常见形式主要有两种:深槽轮辋和平底轮辋,如图 13-4-3 所示。此外还有对开式轮辋、平底宽轮辋、半深槽轮辋、深槽宽轮辋、全斜底轮辋等。

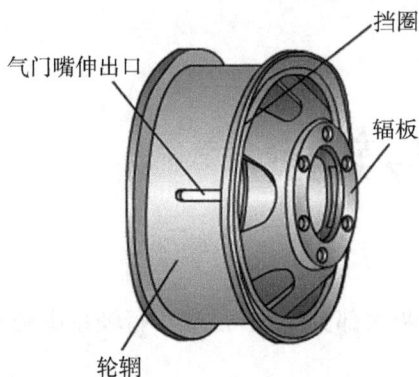

图 13-4-1　辐板式车轮

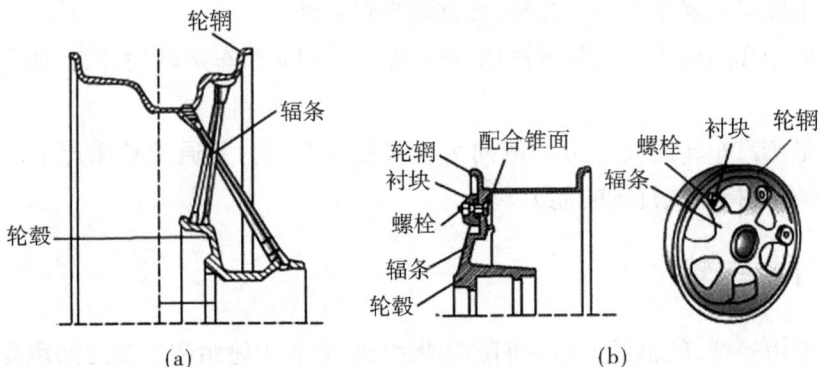

(a)　　　　　　　　　　　　(b)

图 13-4-2　辐条式车轮

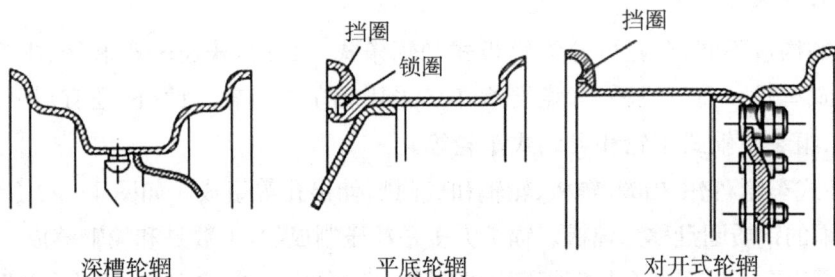

深槽轮辋　　　　　　平底轮辋　　　　　对开式轮辋

图 13-4-3　轮辋的类型

(1)深槽轮辋　这种轮辋是整体的,主要用于轿车及轻型越野汽车。它有带肩的凸缘,用以安放外胎的胎圈,为便于外胎的拆装,将轮辋的断面中部制成深凹槽。其肩部常略向中间倾斜,其倾斜角一般是 50±1°倾斜部分的最大直径即称为轮胎胎圈与轮辋的着合直径,如图 13-4-3(a)所示。深槽轮辋的结构简单,刚度大,质量较小,对于小尺寸弹性较大的轮胎最适宜,但是尺寸较大、较硬的轮胎则很难装进这样的整体轮辋内。

(2)平底轮辋　这种轮辋的结构型式很多,如图 13-4-3(b)所示是我国货车常用的一种形式。其中部是平直的,一侧有凸缘,另一侧以可拆的挡圈作凸缘,而且用一个开口锁圈来防止挡圈脱出。在安装轮胎时,先将轮胎套在轮辋上,而后套上挡圈,并将它向内推,直至越过轮辋上的环形槽,再将开口的弹性锁圈嵌入环形槽中。东风 EQ1090E 型和解放 CA1091 型汽车车轮均采用这种型式的轮辋。

(3)对开式轮辋　这种轮辋由内外两部分组成,用螺栓连成一体,如图 13-4-3(c)所示。其内、外轮辋的宽度可以相等,也可以不相等,拆装轮胎时,拆卸螺母即可,挡圈是可拆的。有的无挡圈,而由与内轮辋制成一体的轮缘代替挡圈的作用,内轮辋与辐板焊接在一起。延安 SX2150 型汽车车轮即采用这种型式的轮辋。

轮辋是轮胎的装配基础。当轮胎装入不同轮辋时,其变形位置与大小也发生变化。因此,每一种规格的轮胎,最好配用规定的标准轮辋,必要时也可配用规格与标准轮胎相近的轮辋(容许轮辋)。如果轮辋使用不当,则会造成轮胎早期损坏,特别是使用在过窄的轮辋上时。

13.4.2　轮胎

1.轮胎的功能

现今的汽车都采用充气式轮胎,轮胎安装在轮辋上,直接与路面接触,其功用如下:

①支撑汽车的质量,承受路面传来的各种载荷的作用。

②和汽车悬架共同来缓和汽车行驶中所受到的冲击,并衰减由此而产生的振动,以保证汽车有良好的乘坐舒适性和行驶平顺性。

③保证车轮和路面有良好的附着性,以提高汽车的动力性、制动性和通过性。

2.轮胎的类型

①按轮胎内空气压力的大小,轮胎分为高压胎(0.5～0.7 MPa)、低压胎(0.2～0.5MPa)和超低压胎(0.2 MPa 以下)三种。低压胎弹性好、减振性能强、壁薄散热性好、与地面接触面积大附着性好。超低压胎在松软路面上具有良好的通过能力,多用于越野汽车及部分高档汽车。

②按轮胎有无内胎,轮胎分为有内胎轮胎和无内胎轮胎(俗称真空胎)。

③按胎体帘布层结构的不同,轮胎分为斜交轮胎和子午线轮胎。

目前汽车上应用的轮胎主要是低压(超低压)、无内胎的子午线轮胎。

3.轮胎的结构

充气轮胎按结构不同,可分为有内胎轮胎和无内胎轮胎,有内胎轮胎由外胎、内胎和垫带等组成,使用时安装在汽车车轮的轮辋上。外胎主要由胎面、胎圈和胎体等组成。如图 13-4-4 所示。

(1)胎面　胎面是轮胎的外表面,可分为胎冠、胎肩和胎侧三部分。

①胎冠也称行驶面,它与路面直接接触,直接承受冲击与摩擦,并保护胎体免受机械损

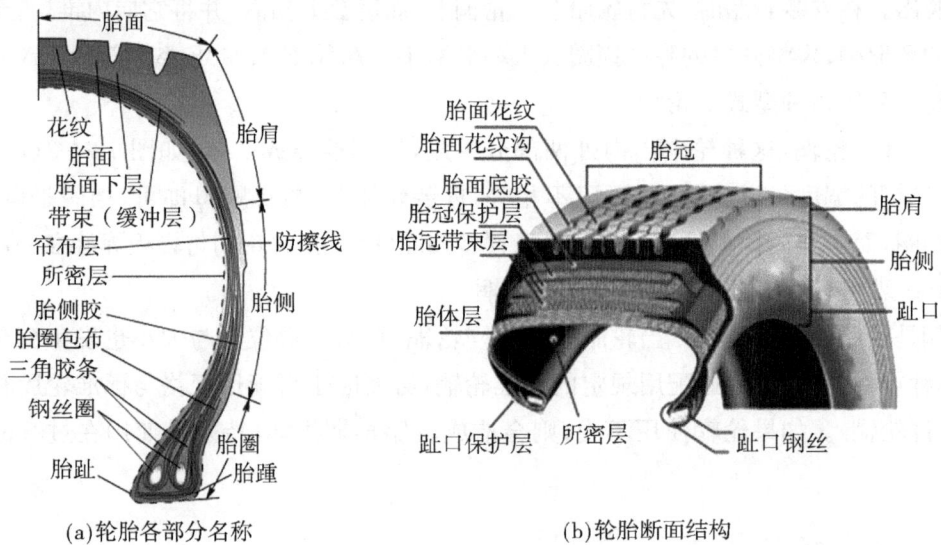

(a)轮胎各部分名称　　　　(b)轮胎断面结构

图 13-4-4　轮胎结构

伤。为使轮胎与地面有良好的附着性能，防止纵、横向滑移，在胎面上制有各种形状的花纹。

②胎肩是较掉的胎冠和较薄的胎侧间的过渡部分，一般也制有各种花纹，以提高该部位的散热性能。

③胎侧又称胎壁，它由数层橡胶构成，覆盖轮胎两侧，保护内胎免受外部损坏。胎侧可承受较大的挠曲变形，在行驶过程中，不断地在载荷作用下挠曲变形。胎侧上标有厂家名称、轮胎尺寸及其他资料。

④胎冠部分磨损到磨损标记以下后将非常危险。胎面磨损标志位于胎面花纹沟底部，当胎面磨损到此处时，花纹沟断开，表明轮胎必须停止使用并送去翻新或报废。为便于用户找到磨损标志，通常在磨损标志对应的胎肩处标出"△"符号。这种磨损标志按国家标准的规定，每只轮胎应沿网周等距离设置，不少于 4 个。

(2)胎圈　胎圈是帘布层的根基，由钢丝圈、帘布层包边和胎圈包布组成，具有很大的刚度和强度，可以使外胎牢固地安装在轮辋上。

(3)胎体　胎体由帘布层和缓冲层组成。

①帘布层。帘布层是外胎的骨架，主要用于承受载荷，保持外胎的形状和尺寸，并使其具有足够的强度。为使载荷均匀分布，帘布层通常由成偶数的多层帘布用橡胶贴合而成，相邻层的帘线交叉排列。帘布层数越多，轮胎的强度越大，但弹性下降。

斜交轮胎帘布层的帘线按一定角度交叉排列，帘线与轮胎横断面的交角通常为 50°，子午线轮胎帘布层帘线排列的方向与轮胎横断面一致，即垂直于轮胎胎面中心线，类似于地球仪上的子午线，如图 13-4-5 所示。

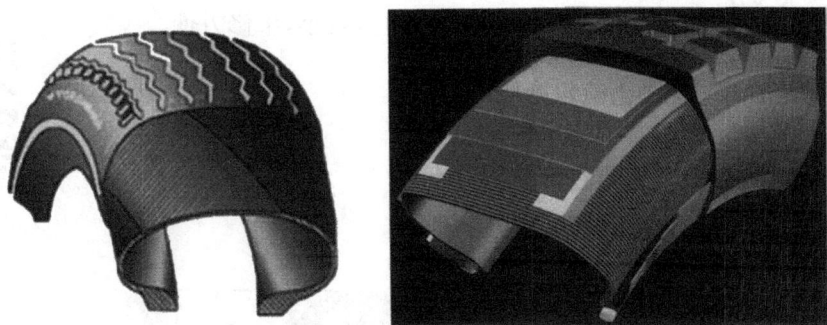

图 13-4-5 斜交轮胎和子午线轮胎结构

子午线轮胎胎侧比斜交轮胎软,在径向上容易变形,可以增加轮胎的接地面积,即使在充足气后,两侧壁上也有一个特殊的凸起部。子午线胎与斜交轮胎相比较具有行驶里程长、滚动阻力小、节约燃料、承载能力大、减振性能好、附着性能好、不易爆胎等优势,目前在汽车上应用广泛。

②缓冲层。缓冲层夹在胎面和帘布层之间,质软而弹性大,一般由两层或数层较稀疏的帘布和橡胶制成,其相邻两层的帘线也是交叉排列的。其作用是加强胎面与帘布层之间的结合,防止汽车紧急制动时胎面与帘布层脱离,并缓和汽车行驶时所受到的路面冲击。

4. 无内胎轮胎

无内胎轮胎俗称真空胎,它在外观上与普通轮胎相似,但是没有内胎及垫带。它的气门嘴用橡胶垫圈和螺母直接固定在轮辋上,空气直接充入外胎中,其密封性由外胎和轮辋来保证,如图 13-4-6 所示。

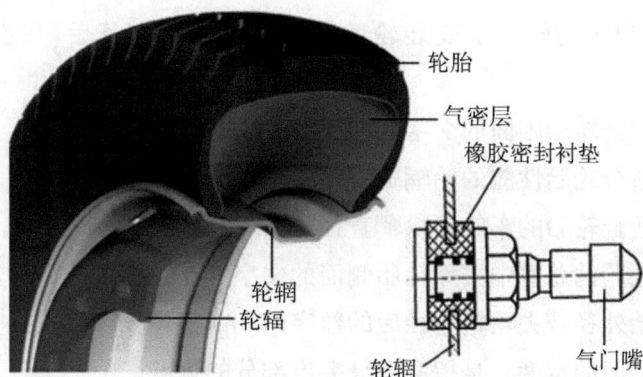

图 13-4-6 无内胎轮胎

无内胎轮胎的内壁有一层橡胶密封层,有的轮胎在该层下面还有一层自黏层,能自行将刺穿的孔黏合,这些措施是为了提高胎壁的气密性。在胎圈外侧也有一层橡胶密封层,用以加强胎圈与轮辋之间的气密性。轮辋底部是倾斜的,并涂有均匀的漆层。气门嘴固定在轮辋一侧,用橡胶垫圈和螺母拧紧密封。无内胎轮胎一旦被刺破,穿孔不会扩大,故漏气缓慢,胎压不会急剧下降,仍能继续行驶一定距离,可消除爆胎的危险。因无内胎,摩擦生热少、散热快,适用于高速行驶。此外,结构简单,质量较小,维修方便。

5.轮胎规格的表示方法

轮胎的尺寸标注如图 13-4-7 所示。

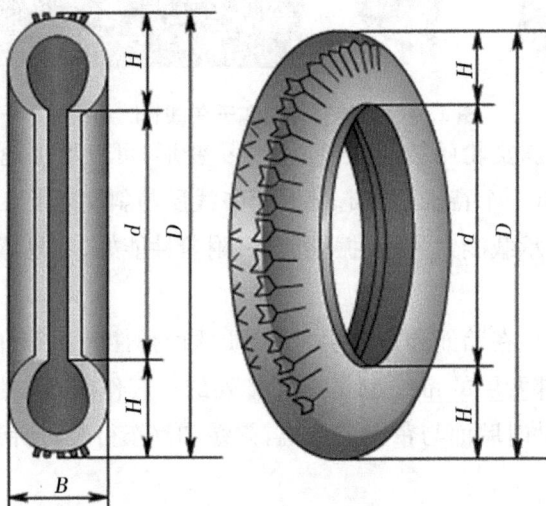

D—轮胎外径；d—轮胎内径；H—轮胎断面高度；
B—轮胎断面宽度

图 13-4-7　轮胎尺寸

轮胎外径是在相应的轮辋上安装轮胎并按规定气压充气后,在没有承重时的轮胎直径。

轮胎总宽是指包括轮胎则面的文字及花纹的轮胎最大宽度。

适用轮辋宽是适合轮胎性能的轮辋宽度。

轮辋直径是指适合轮胎的车轮的轮辋直径,同轮胎内径相同。

轮胎断面宽从轮胎的总宽中去除轮胎侧面的文字及花纹厚度的宽度。

轮胎高是用轮胎外径减去轮辋直径后的数字的 1/2。

胎面宽是轮胎踏面的宽度。是指两面最突出部分的宽度。

胎面半径是指胎面部分的曲率半径。

(1)子午线轮胎的规格　子午线轮胎的规格如图 13-4-8 所示。

①225—轮胎名义断面宽度代号,表示轮胎宽度 225mm。

②60—轮胎名义扁平率代号,表示扁平比为 60%。扁平率为:常见的有 60、65、70、75、80 五个级别。

③R—子午线轮胎结构代号,即"Radial"的第一个字母。

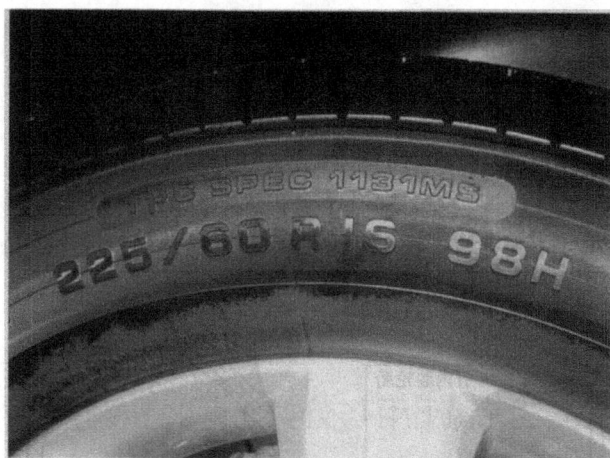

图 13-4-8 子午线轮胎规格

④16—轮胎名义直径代号,表示轮胎内径 16 英寸(inch)。

⑤98—荷重等级,即最大载荷质量。荷重等级为 98 的轮胎的最大载荷质量为 710kg。

⑥H—速度等级代号,表明轮胎能行驶的最高车速。常见的速度等级常用速度等级:
Q:160km/h;R:170km/h;S:180km/h;T:190km/h; H:210km/h; V:240km/h;W:270km/h;
Y:300km/h;Z:ZR 速度高于 240km/h。

(2)轮胎侧面标记 轮胎侧面标记如图 13-4-9 所示。包含了"RADIAL 表示子午线胎,
TUBELESS(或 TL)表示无内胎(真空胎),标明了轮胎旋向,不可装反"等信息。

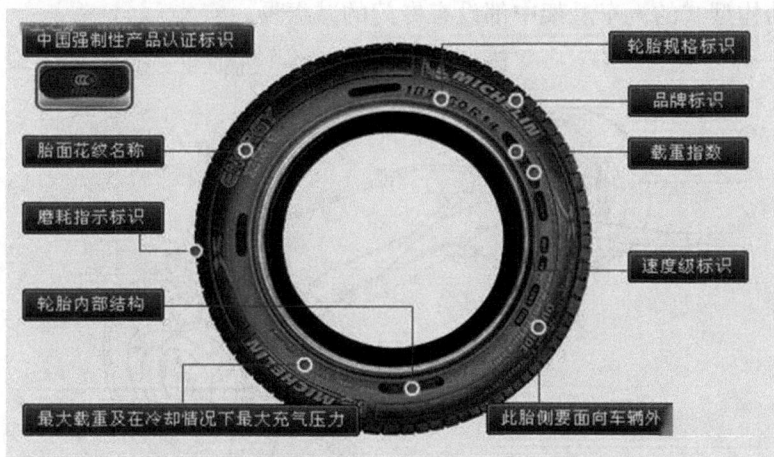

图 13-4-9 轮胎侧面标记

13.5 悬架

13.5.1 悬架的组成、作用与分类

1.悬架的组成

现代汽车的悬架一般是由弹性元件、减振器和导向机构三部分组成,如图 13-5-1 所示。由于汽车行驶的路面不可能绝对平坦,路面作用于车轮上的法向反力往往是冲击性的,特别是在坏路面上高速行驶时,这种冲击力将达到很大的数值。冲击力传到车架和车身时,可能引起汽车机件的早期损坏。传给乘员和货物时,将使乘员感到极不舒适,货物也可能受到损伤。为了缓和冲击,在汽车行驶系统中,除了采用弹性的充气轮胎之外,在悬架中还必须装有弹性元件,以使车架(或车身)与车桥(或车轮)之间作弹性连接。但弹性系统在受到冲击后,将产生振动。持续的振动也会使乘员感到不舒适和疲劳。故悬架还应具有减振作用。为此,在许多结构型式的汽车悬架中都设有专门的减振器。

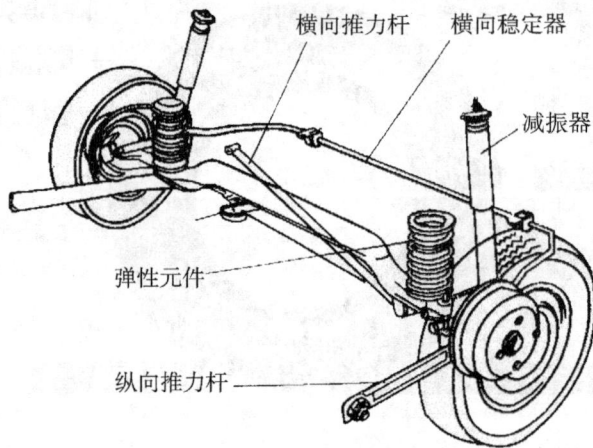

图 13-5-1　悬架的结构

车轮相对于车架和车身跳动时,车轮(特别是转向轮)的运动轨迹应符合一定的要求。因此,悬架中某些传力构件同时还承担着使车轮按一定轨迹相对于车架和车身跳动的任务,因而这些传力构件还起导向作用,故称导向机构。在多数的轿车和客车上,为防止车身在转向行驶等情况下发生过大的横向倾斜,在悬架中还设有辅助弹性元件—横向稳定器。

当然,只要具备上述功能,在结构上不一定要单独设置上述这些装置。如一般中型货车的后悬架和重型货车悬架中都不装减振器,只装钢板弹簧,既起缓冲作用,又起导向作用。而且,一般钢板弹簧是多片叠成的,它本身即具有一定的减振能力,所以,在采用钢板弹簧作为弹性元件的悬架中,可以不装减振器。

2. 悬架的作用

悬架的作用是把路面作用于车轮上的法向反力(支持力)、切向反力(牵引力和制动力)和侧向反力以及这些反力所造成的力矩都要传递到车架(或承载式车身)上,缓和并衰减汽车在行驶中产生的冲击及振动,以保证汽车的正常行驶。

3. 悬架的分类

汽车悬架可分为非独立悬架和独立悬架两大类,如图 13-5-2 所示。非独立悬架的结构特点是两侧的车轮由一根整体式车桥相连。当一侧车轮因道路不平而发生跳动时,必然引起另一侧车轮在汽车横向平面内摆动,故称为非独立悬架。而独立悬架的结构特点是车桥做成断开的,两侧车轮可以单独地通过弹性悬架与车架(或车身)连接,单独跳动,互不影响,故称为独立悬架。

图 13-5-2　非独立悬架和独立悬架示意图

13.5.2　弹性元件

1. 钢板弹簧

如图 13-5-3 所示,它是汽车悬架中应用最广泛的一种弹性元件,是由若干片等宽但不等长的合金弹簧片组合而成的近似等强度的弹性梁。

图 13-5-3　钢板弹簧

钢板弹簧的第一片(最长的一片)称为主片,其两端弯成卷耳,内装衬套,以便用弹簧销与固定在车架上的支架或吊耳作铰链连接。钢板弹簧的中部一般用 U 形螺栓固定在车桥上。

中心螺栓用以连接各弹簧片,并保证装配时各片的相对位置。中心螺栓距两端卷耳中心的距离可以相等——称为对称式钢板弹簧,也可以不相等——称为非对称式钢板弹簧。连接各片的构件,除中心螺栓以外,还有若干个弹簧夹(亦称回弹夹),其主要作用是当钢板弹簧反向变形(即反跳)时,使各片不致互相分开,以免主片单独承载。此外,还可防止各片横向错动。钢板弹簧在载荷作用下变形时,各片之间有相对滑动而产生摩擦,可以促进车架振动的衰减。为减少弹簧片的磨损,在装合钢板弹簧时,各片间须涂上较稠的润滑剂(石墨润滑脂),并应定期进行保养。

另外,如果某些高级轿车后悬架的弹性元件采用钢板弹簧,那么为了保证在弹簧片间产生定值摩擦力以及消除噪声,可在弹簧片之间夹入塑料垫片。

2.螺旋弹簧

螺旋弹簧如图 13-5-4 所示,它广泛地应用于独立悬架,特别是前轮独立悬架中。其优点是:无需润滑,不忌泥污;安置它所需的纵向空间不大;弹簧本身质量小。

螺旋弹簧本身没有减振作用,因此在螺旋弹簧悬架中必须另装减振器。此外,螺旋弹簧只能承受垂直载荷,故必须装设导向机构以传递垂直力以外的各种力和力矩。

螺旋弹簧

螺旋弹簧用弹簧钢棒料卷制而成,可做成等螺距或变螺距。前者刚度不变,后者刚度是可变的。

3.扭杆弹簧

扭杆弹簧本身是一根由弹簧钢制成的杆,如图 13-5-5 所示。扭杆断面通常为圆形,少数为矩形或管形。其两端形状可以做成花键、方形、六角形或带平面的圆柱形等,以便一端固定在车架上,另一端固定在悬架的摆臂上。摆臂则与车轮相连。当车轮跳动时,摆臂便绕着扭杆轴线而摆动,使扭杆产生扭转弹性变形,借以保证车轮与车架的弹性联系。

图 13-5-4　螺旋弹簧

扭杆弹簧

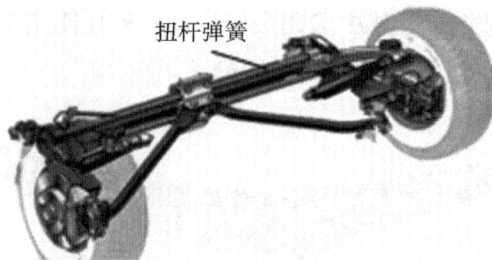

图 13-5-5　扭杆弹簧

　　扭杆弹簧是用铬钒合金弹簧钢制成的,在制造时,经热处理后预先施加一定的扭转力矩载荷,使之产生一个永久的扭转变形,从而使其具有一定的预应力。左、右扭杆预加扭转的方向都与扭杆安装在车上后承受工作载荷时扭转的方向相同。其目的是减小工作时的实际应力,以延长扭杆弹簧的使用寿命。如果左、右扭杆换位安装,则将使扭杆弹簧的预先扭转方向与工作时扭转方向相反,导致扭杆弹簧的实际工作应力加大,而使用寿命缩短,因此左、右扭杆弹簧不能互换。为此,左、右扭杆刻有不同的标记。

　　扭杆弹簧本身的扭转刚度虽然是常数,但由于有导向机构的缘故,其悬架刚度却是可变的。

　　扭杆弹簧单位质量的贮能量是钢板弹簧的 3 倍,比螺旋弹簧高。因此,采用扭杆弹簧的悬架质量较小,结构比较简单,也不需润滑,并且通过调整扭杆弹簧固定端的安装角度,易实现车身高度的自动调节。既可以横向布置,也可以纵向布置,可以方便地安装满足设计要求长度的扭杆,以保证悬架具有良好的性能。

　　4. 气体弹簧

　　气体弹簧是在一个密封的容器中充人压缩气体(气压为 0.5~1.0 MPa),利用气体的可压缩性实现其弹簧作用。这种弹簧的刚度是可变的,因为当作用在弹簧上的载荷增加时,容器内的定量气体受压缩,气压升高,则弹簧的刚度增大。反之,当载荷减小时,弹簧内的气压下降,刚度减小,故它具有较理想的弹性特性。

　　气体弹簧有空气弹簧和油气弹簧两种。

　　(1)空气弹簧　空气弹簧又有囊式和膜式之分。如图 13-5-6 所示为囊式空气弹簧,它由夹有帘线的橡胶气囊和密闭在其中的压缩空气组成。气囊的内层用气密性的橡胶制成,而外层则用耐油橡胶制成。气囊一般做成两节,但也有单节或三四节的。节数愈多,弹性愈好。节与节之间围有钢质的腰环,使中间部分不致有径向扩张,并防止两节之间相互摩擦。气囊的上下盖板将气囊密闭。

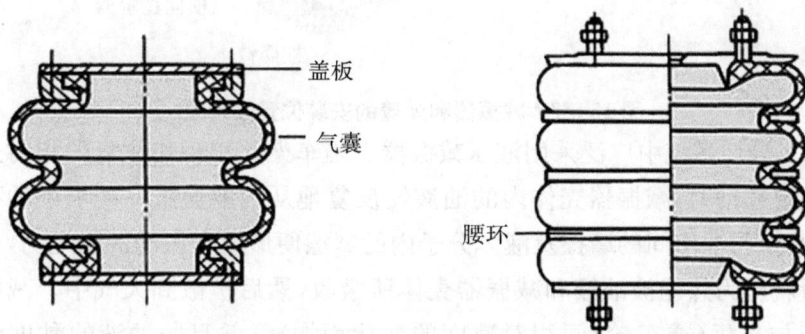

图 13-5-6　囊式空气弹簧

　　膜式空气弹簧的密闭气囊由橡胶膜片和金属压制件组成。与囊式的相比,其弹性特性曲线比较理想,因其刚度较囊式小,车身自然振动频率较低;且尺寸较小,在车上便于布置,故多用在轿车上。

(2)油气弹簧 它一般是由气体弹簧和相当于液力减振器的液压缸组成。气体作为弹性介质,油液作为传力介质。油气弹簧的形式有单气室、双气室(带反压气室)以及两级压力式等。

单气室油气弹簧又分为油气分隔式和油气不分隔式两种。前者可防止油液乳化,且便于充气。

5. 橡胶弹簧

橡胶弹簧是利用橡胶本身的弹性来缓冲和减振的。它可以承受压缩载荷与扭转载荷,其优点是单位质量的贮能量较金属弹簧多,隔声性能好,工作无噪声,不需要润滑。因此,它多用作悬架的副簧和缓冲块。

13.5.3 减振器

减振器在汽车中的作用是迅速衰减由车轮通过悬架弹簧传给车身的冲击和振动,提高汽车行驶的平顺性。减振器在汽车悬架中与弹性元件并联安装,如图 13-5-7 所示。

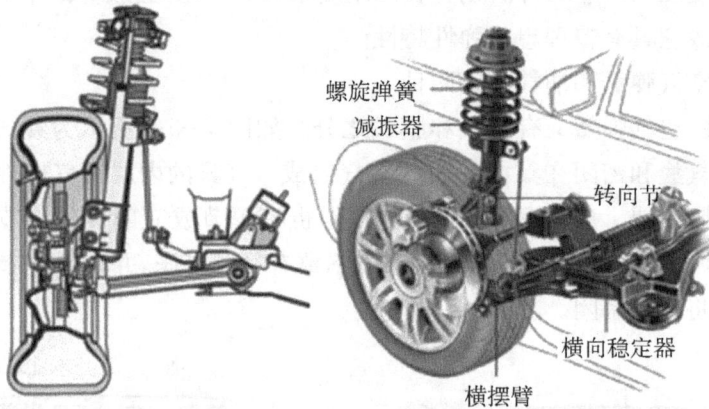

图 13-5-7 减振器和弹簧的安装位置关系图

目前,汽车悬架系统中广泛采用液压减振器。当车架与车桥作往复的相对运动而使活塞在缸筒内往复移动时,减振器壳体内的油液便反复地从内腔通过一些窄小的孔隙流入另一内腔,此时孔壁与油液间的摩擦及液体分子内的摩擦便形成对振动的阻尼力,使车身和车架的振动能量转化为热能被油液和减振器壳体所吸收,然后扩散到大气中。减振器阻尼力的大小随车架与车桥(或车轮)间相对速度的变化而增减,并且与油液的黏度有关。如图 13-5-8所示。

阀门越大,阻尼力越小,反之亦然。相对运动速度越大,阻尼力越大,反之亦然。阻尼力越大,振动的衰减越快,但悬架弹性元件的缓冲效果不能发挥,乘坐也不舒适,因此弹性元件的刚度与减振器的阻尼力要合理搭配,才能保证乘坐舒适性和操纵稳定性的要求。

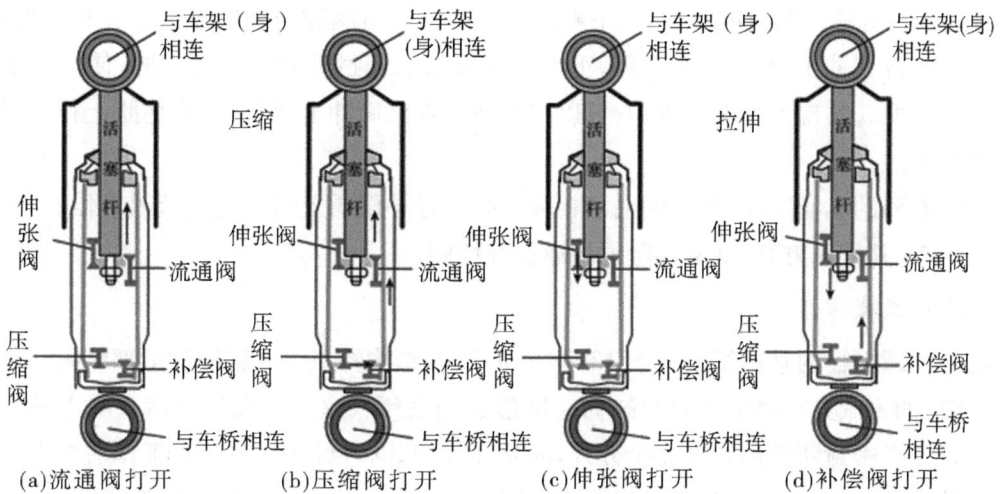

图 13-5-8　减振器的基本原理

汽车上应用最广泛的是双向作用筒式减振器,近年来,在高级轿车上有的采用了充气式减振器。

1. 双向作用筒式减振器

双向作用筒式减振器结构如图 13-5-9 所示。双向作用筒式减振器在内筒和外筒之间设计了补偿孔,它可以调整油液量以适应活塞杆的移动体积。

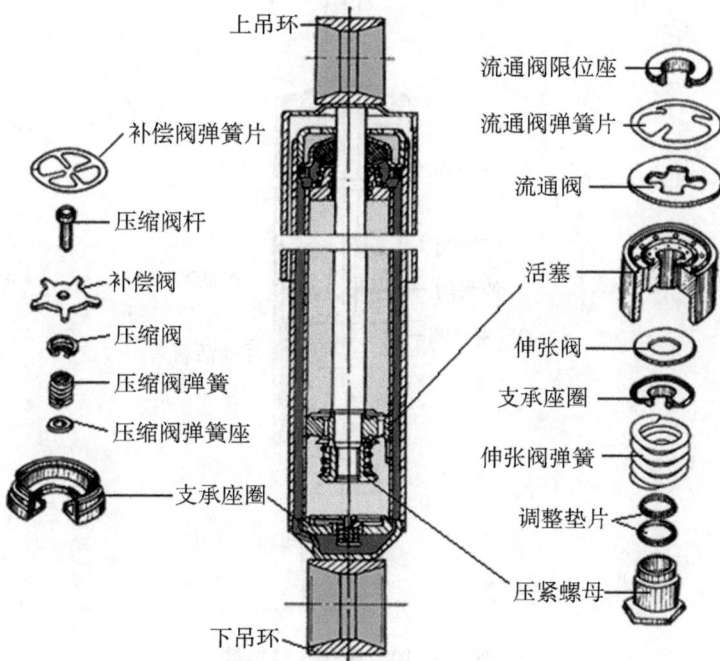

图 13-5-9　筒式减振器结构

压缩时,流通阀和压缩阀打开,下腔的油液通过流通阀和压缩阀流到上腔和储油缸,使活塞容易下行。伸张时,流通阀关闭,上腔的油液只能通过伸张阀流回下腔,使活塞上行阻尼增大。这样就实现了减振效果,它可以很快地吸收路面冲击,但汽车在坏路上行驶时的行驶平顺性较差。

对于激烈的车身振动,下腔的油液在伸张时通过补偿阀上的节流孔流入补偿腔,产生阻尼力;压缩时补偿阀打开,油液无阻尼地通过补偿阀。

2. 充气式减振器

充气式减振器的基本组成如图 13-5-10 所示,其结构特点是在缸筒的下部装有一个浮动活塞,高压的氮气充在浮动活塞与缸筒一端形成的密闭气室里。在浮动活塞的上面是减振器油液。O形密封圈把油和气完全分开,因此,此活塞也叫封气活塞。在工作活塞上装有压缩阀和伸张阀,这两个阀都是由一组厚度相同、直径不等、由大到小排列的弹簧钢片组成的。

当车轮上下跳动时,工作活塞在油液中做往复运动,使工作活塞的上、下腔室之间产生油压差,压力油便推开压缩阀或伸张阀而来回流动。由于阀孔对压力油产生较大的阻尼力,因而使振动衰减。

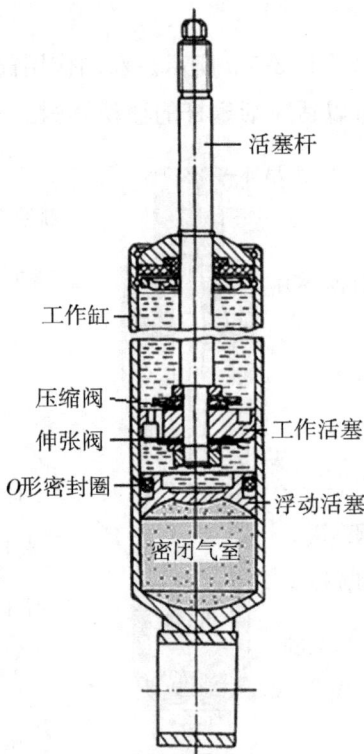

图 13-5-10　充气式减振器

13.5.4　非独立悬架

非独立悬架结构简单,工作可靠,一些汽车的后悬架中采用这一结构类型。按照采用弹性元件的不同,非独立悬架可以分为钢板弹簧式非独立悬架和螺旋弹簧式非独立悬架。普通轿车通常采用螺旋弹簧式非独立悬架,它一般由螺旋弹簧、减振器、纵向推力杆和横向推力杆组成。

螺旋弹簧套在减振器的外面,减振器下连接环用螺栓、自锁螺母和后轴。弹簧下座紧套在减振器缸筒外面,并由减振器外筒上沿圆周分布的 3 个凸台限位。弹簧上座用螺栓紧固在车身底板上。弹簧和弹簧上座之间装有弹簧软垫,以防止车轮的高频振动传给车身。在弹簧上座和车身之间还装有橡胶隔振块,它除起隔振作用外还可保证减振器的上铰链点不发生运动干涉。左右车轮用一根整体轴相连,纵摆臂的后端与车轴焊在一起,其前端头部有孔,孔中装有橡胶衬套,连接螺栓穿过橡胶衬套与车身相连,并形成橡胶铰链点。车轮跳动时,整个后轴在汽车纵向平面内绕左右橡胶铰链的中心连线摆动。与此同时,左右车轮还绕横向推力杆与车身的铰链点在汽车的横向平面内摆动。由于这些铰接点都采用橡胶衬套,故可消除两个方向摆动的干涉。

螺旋弹簧非独立悬架一般只用做轿车的后悬架。其纵、横向推力杆是悬架的导向机构,是用来承受和传递车轮和车身之间的纵向和横向作用力及其力矩。加强杆的作用是加强横向推力杆的安装强度,并可使车身受力均匀。

13.5.5　独立悬架

现代汽车广泛采用独立悬架。由于独立悬架能使两侧车轮各自独立地与车架或车身弹性连接,因此具有以下优点:

①左、右车轮的运动相对独立、互不影响,减少了行驶时车架或车身的振动,减弱了转向轮的偏摆。

②独立悬架的非簧载质量小(簧载质量是指汽车上由弹性元件支承的质量;而非簧载质量是指弹性元件下吊挂的质量),可以减小来自路面的冲击和振动,提高行驶的平顺性。对于非独立悬架,整个车桥和车轮都属于非簧载质量,而对于独立悬架,只有部分车桥是非簧载质量,而主减速器、差速器、壳体等都装在车架或车身上,成了簧载质量,所以独立悬架的非簧载质量要比非独立悬架的小。

③独立悬架与断开式车桥配用,可以降低汽车的重心,提高汽车行驶的平顺性。

独立悬架的结构类型很多,一般可按车轮的运动方式分为 3 类。

①横臂式独立悬架。车轮在汽车横向平面内摆动的悬架。

②纵臂式独立悬架。车轮在汽车纵向平面内摆动的悬架。

③车轮沿主销移动的独立悬架，包括烛式悬架和麦弗逊式悬架。

1.横臂式独立悬架

横臂式独立悬架分为单横臂式和双横臂式，目前单横臂式独立悬架应用较少。双横臂式独立悬架的两个横摆臂有等长的和不等长的，如图13-5-11所示。

摆臂等长的独立悬架当车轮上下跳动时，虽然车轮平面不倾斜、主销轴线的方向也不发生变化，但轮距发生较大的变化，这将引起车轮的侧滑和轮胎的磨损。而摆臂不等长的独立悬架当车轮上下跳动时，虽然车轮平面、主销轴线、轮距都发生变化，但如果选择长度比例合适，可使车轮和主销的角度及轮距变化不大，这种独立悬架被广泛用在汽车前轮上。

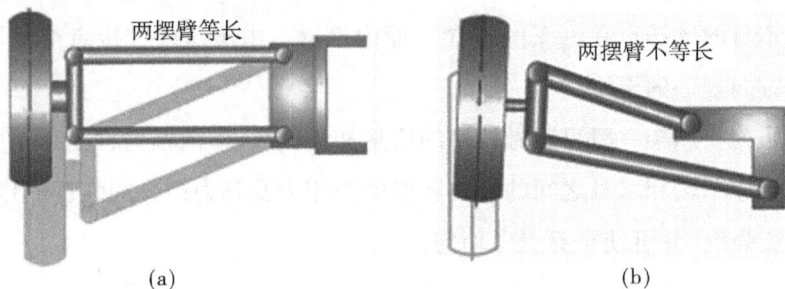

（a）　　　　　　　　　　　　　　（b）

图 13-5-11　双横臂式独立悬架示意图

2.纵臂式独立悬架

纵臂式独立悬架也分为单纵臂式和双纵臂式。

单纵臂式独立悬架如果用于前轮，车轮上下跳动时会使主销后倾角变化很大，所以单纵臂式独立悬架都用于后轮，如图13-5-12所示。

双纵臂式独立悬架的两纵摆臂一般长度相等，形成平行四连杆机构，如图13-5-13所示。这种悬架当车轮上下跳动时，车轮外倾角、轮距和主销后倾角都不发生变化，所以适用于前轮。

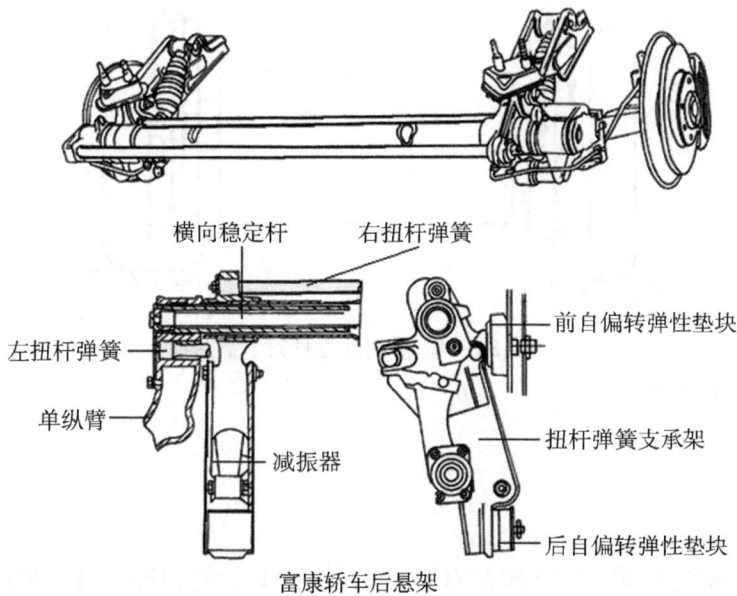

图 13-5-12　**单纵臂式独立悬架**

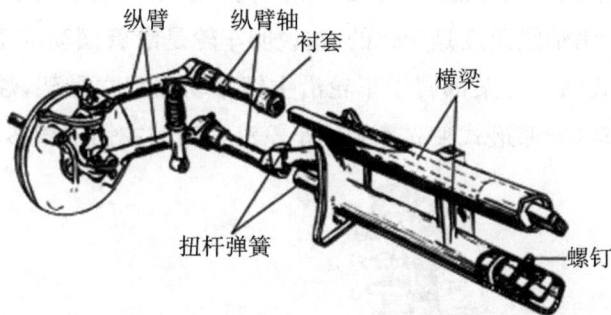

图 13-5-13　**双纵臂式独立悬架**

3.烛式独立悬架

烛式独立悬架(图 13-5-14)主销的上下两端刚性地固定在车架上。套在主销上的套管固定在转向节上。套管的中部固定装着螺旋弹簧的下支座。筒式减振器的下端与转向节相连,上端与车架相连。悬架的摩擦部分套着防尘罩。通气管与防尘罩内腔相通,以免罩中空气被密封而影响悬架的弹性。其优点是当悬架变形时,主销的定位角不会发生变化,仅轮距、轴距稍有改变,有利于汽车的转向操纵性和行驶稳定性。缺点是侧向力全部由套筒和主销承受,二者间的摩擦阻力大,磨损严重。因此,这种结构形式目前很少采用。

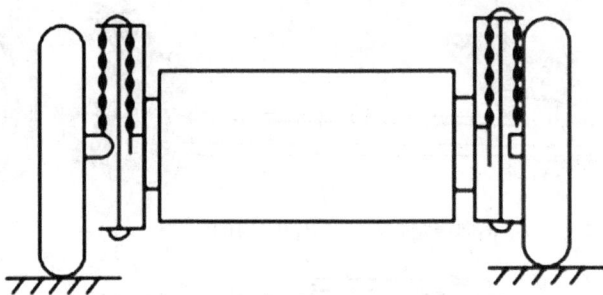

图 13-5-14　烛式独立悬架示意图

4.麦弗逊式独立悬架

　　麦弗逊式悬架是目前应用比较普遍的悬架结构形式。麦弗逊式悬架中筒式减振器为滑动立柱,横摆臂的内端通过铰链与车身相连,外端通过球铰链与转向节相连,如图 13-5-15 所示。减振器的上端与车身相连,减震器的下端与转向节相连,车轮所受的侧向力大部分由横摆臂承受,其余部分由减振器活塞和活塞杆承受。筒式减振器上铰链的中心与横摆臂外端球铰链中心的连线为主销轴线,此结构为无主销结构。当车轮上下跳动时,减振器下支点随前悬架摇臂摆动,故主销轴线角度是变化的,这说明车轮是沿着摆动的主销轴线而运动。烛式独立悬架和麦弗逊式独立悬架都属于车轮沿主销移动的独立悬架,烛式独立悬架的车轮沿固定不动的主销移动,麦弗逊式独立悬架的车轮沿摆动的主销轴线移动。

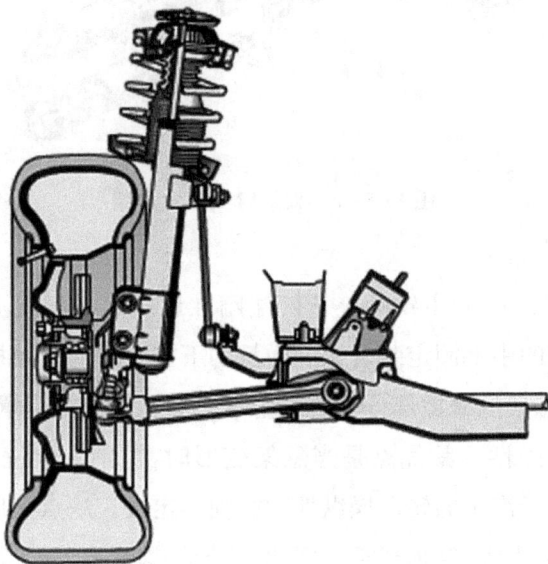

图 13-5-15　麦弗逊式悬架的结构

5.多连杆式独立悬架

独立悬架中多采用螺旋弹簧,因而对于侧向力、垂直力以及纵向力需增设导向装置,即采用杆件来承受和传递这些力,因而一些汽车上为减轻车重和简化结构采用多连杆式悬架。

以常见的五连杆式后悬架为例,五根连杆:主控制臂、前置定位臂、后置定位臂、上臂和下臂分别对各个方向的作用力进行抵消,如图 13-5-16 所示。比如,当车辆进行左转弯时,后车轮的位移方向正好与前转向轮相反,如果位移过大则会使车身失去稳定性,摇摆不定。此时,前后置定位臂的作用就开始显现,它们主要对后轮的前束角进行约束,使其在可控范围内;相反,由于后轮的前束角被约束在可控范围内,如果后轮外倾角过大则会使车辆的横向稳定性减低,所以在多连杆悬架中增加了对车轮上下进行约束的控制臂,一方面是更好地使车轮定位,另一方面则使悬架的可靠性和刚度进一步提高。

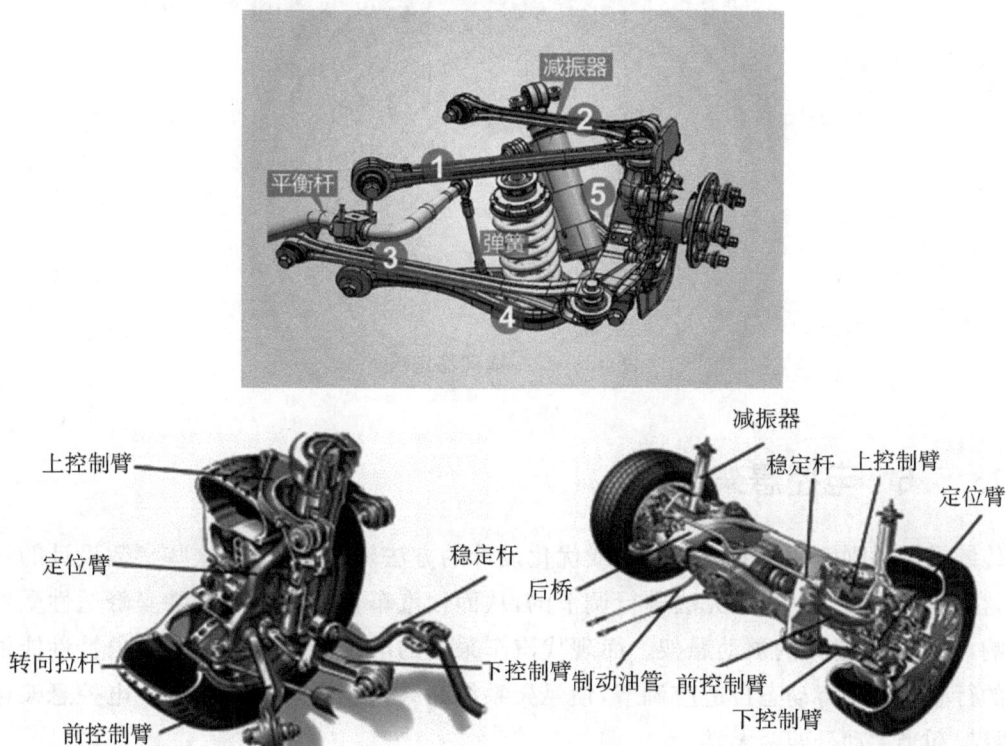

图 13-5-16　五连杆独立悬架

6.横向稳定器

近代轿车的悬架一般都很软,在高速行驶中转向时,车身会产生很大的横向倾斜和横向角震动为减少这种横向倾斜,往往在悬架中增设横向稳定器。用得最多的是杆式横向稳定器。

杆式横向稳定器在汽车上的安装见图 13-5-17。弹簧钢制成的横向稳定杆呈偏平的 U 行,横向地安装在汽车的前端或后端(也有的轿车前后均有)。杆的中部的两端自由地支撑在两个橡胶套筒内,而套筒则固定在车架上。横向稳定杆的两个侧纵像部分的末端通过支杆与悬架下摆臂上的弹簧支座相连。弹性的稳定杆产生的扭转力矩会阻碍悬架弹簧的变形,减少了车身的横向倾斜和震向角震动。

当车身只作垂直移动而两侧悬架变形相等时,横向杆在套筒内自由转动,横向稳定杆不起作用。当两侧悬架变形不等而车身相对于路面横向倾斜时,车架的一侧移近弹簧支座,稳定杆的该侧末端就相对于车加向上移,而车架的另一侧远离弹簧支座,相应地,稳定杆的末端侧相对于车架向下移,然而在车身和车架倾斜时,横向稳定杆的中部对于车架并无相对运动。这样车身倾斜时,稳定杆两边的纵向部分向不同方向偏转,于是稳定杆便被扭转。弹性的稳定杆产生的扭转的内力矩就妨碍了悬架弹簧的变形,因而减小了车身的横向倾斜和偏向角震动。

横向稳定杆

图 13-5-17　**横向稳定器**

13.5.6　电控悬架

传统悬架的刚度和阻尼是按经验或优化设计的方法确定的,根据这些参数设计的悬架结构,在汽车行驶过程中,是无法进行调节的,从而使汽车行驶平顺性和乘坐舒适性受到一定影响,故称传统悬架为被动悬架。而现代汽车采用的电控悬架的刚度和阻尼特性能根据汽车的行驶条件进行动态自适应调节,使悬架系统始终处于最佳减振状态。电控悬架包括主动悬架和半主动悬架两大类。

1. 主动悬架

主动悬架就是根据汽车的运动状态和路面状况,适时地调节悬架的刚度和阻尼力,使其处于最佳减振状态。它是在被动悬架系统(弹性元件、减振器、导向装置)中附加一个可控制作用力的装置。它通常是由执行机构、测量系统、反馈控制系统和能源系统四部分组成的。执行机构的作用是执行控制系统的指令,一般为力发生器或转矩发生器(液压缸、气缸、伺服电动机、电磁铁等）。测量系统的作用是测量系统各种状态，为控制系统提供依据，包括各种传感器。控制系统的作用是处理数据和发出各种控制指令，其核心部件是电子计算机。能源系统的作用是为以上各部分提供能量。

2. 半主动悬架

半主动悬架不考虑改变悬架的刚度，而只考虑改变悬架的阻尼力，因此它无动力源，只是由可控的阻尼元件组成。由于半主动悬架结构简单，工作时几乎不消耗车辆动力，而且还能获得与主动悬架相近的性能，故有较好的应用前景。

半主动悬架可以根据路面条件（好路或坏路）和汽车的行驶状态（转弯或制动）等，来调节悬架的阻尼级，从而使悬架适应外界环境的变化，从而可较大幅度地提高汽车的行驶平顺性和操纵稳定性。

思考与练习

1. 汽车行驶系的作用是什么？

2. 前轮外倾的作用是什么？

3. 主销后倾的作用是什么？

4. 变速器操纵机构有哪些功用及要求？

5. 已知一个变速器，当挂上一档时，中间轴上的齿轮 $Z_3 = 17$，与第二轴上的齿轮 $Z_4 = 43$ 常啮合，求一档传动比.

6. 有一后桥驱动的 4×2 型汽车，在转向时一后轮被阻停止旋转，已知此汽车后桥中差速器壳体转速为 5 r/s，转矩为 1966.3N·m，车轮半径为 48 cm，求另一侧后轮的转速及其产生的牵引力分别是多少？

7. 车架的作用是什么？对车架有什么要求？

8. 转向桥的作用是什么？

9. 悬架的作用是什么？

10. 钢板弹簧的作用是什么？为什么钢板弹簧各片不等长？

11. 简述液力减振器的工作原理。

项目 14 汽车转向系统

任务一 / 转向系的种类与功用

14.1.1 转向系的功用

汽车在行驶中,经常需要改变行驶方向,并且当汽车直线行驶时,往往转向轮也会受到路面侧向干扰力的作用,自动偏转而改变行驶方向。此时,驾驶员需利用一套机构使转向轮向相反方向偏转,从而使汽车恢复原来的行驶方向。这一套用来改变或恢复汽车行驶方向的专设机构即称为汽车转向系。

转向系的功用是保证汽车按照驾驶员的需要改变行驶方向,而且还可以克服路面侧向干扰力使车轮自行产生的转向,恢复汽车原来的行驶方向。

14.1.2 转向系的类型

转向系按转向能源的不同可分为机械转向系和动力转向系两大类。

1. 机械转向系

机械转向系以驾驶员的体力作为转向能源,又称为人力转向系。机械转向系由转向操纵机构、转向器和转向传动机构三大部分组成。其结构示意图如图 14-1-1 所示。

2. 动力转向系

动力转向系是兼用驾驶员体力和发动机动力为转向能源的转向系。在正常情况下,汽车转向所需能量,只有一小部分由驾驶员提供,而大部分是由发动机通过转向加力装置提供

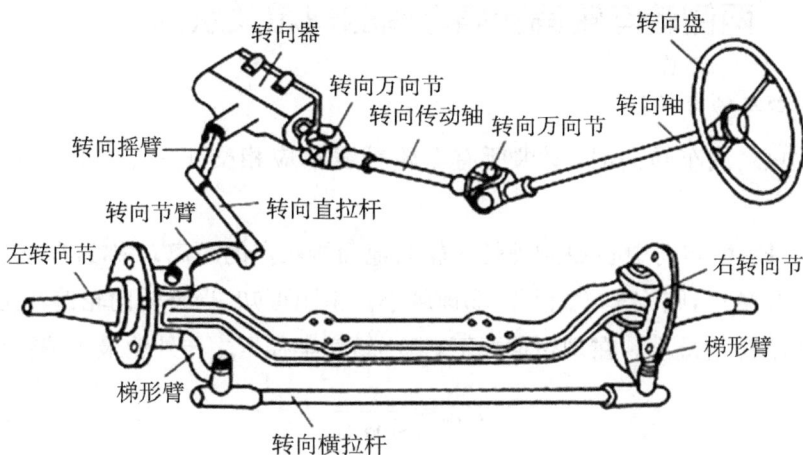

图 14-1-1 机械转向系示意图

的。但在转向加力装置失效时,一般还应当能由驾驶员独力承担汽车转向任务。因此,动力转向系是在机械转向系的基础上加设一套转向加力装置而形成的,如图 14-1-2 所示。

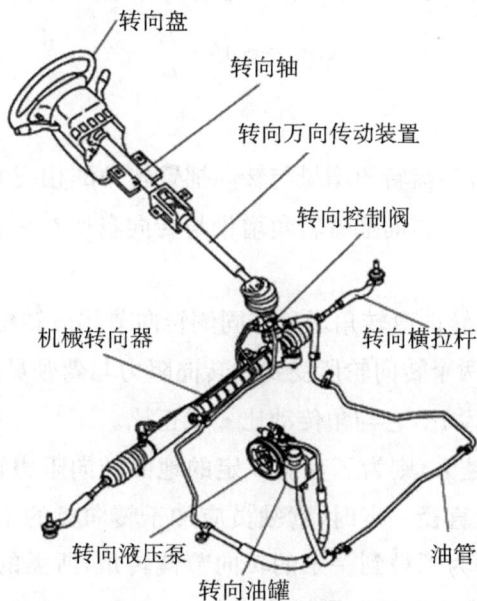

图 14-1-2 动力转向系示意图

14.1.3　两侧转向轮偏转角之间的理想关系式

1.转向中心与转弯半径

(1)转向中心　汽车转向时,要求所有车轮轴线都应相交于一点,此交点 O 称为转向中心。

(2)转弯半径　由转向中心 O 到外转向轮与地面接触点的距离 R 称为汽车的转弯半径。

转弯半径 R 越小,则汽车转向所需场地越小。由图可知,当外转向轮偏转角达到最大值 α_{max} 时,转弯半径 R 为最小。在理想情况下,最小转弯半径 R_{min} 与外轮最大偏转角的关系为

$$R_{min}=\frac{L}{\sin\alpha_{max}}$$

2.转向梯形与前展

汽车转向时,两转向轮内转角 β 与外转角 α 之差 $\beta-\alpha$ 称为前展。为了产生前展,将转向机构设计成梯形。

汽车转向行驶时,为了避免车轮相对地面滑动而产生附加阻力,减轻轮胎磨损,要求转向系统能保证所有车轮均作纯滚动,即所有车轮轴线的延长线都要相交于一点。

$$\cot\alpha=\cot\beta+\frac{B}{L}$$

3.转向系角传动比

转向器角传动比 $i_{\omega1}$:转向盘转角增量与转向摇臂转角的相应增量之比。

转向传动机构传动比 $i_{\omega2}$:转向摇臂转角增量与转向盘所在一侧的转向节的转角相应增量之比。

转向系统角传动比 i_{ω}:转向盘转角增量与同侧转向节相应转角增量之比。

显然 $i_{\omega}=i_{\omega1}i_{\omega2}$,另外,两个转向轮所受到的转向阻力与驾驶员作用在转向盘上的手力之比 i_p 称为转向系统的力传动比,它与角传动比 i_{ω} 成正比。

转向系统角传动比 i_{ω} 越大,则为了克服一定的地面转向阻力矩所需的转向盘上的转向力矩便越小,从而在转向盘直径一定时,驾驶员应加于转向盘的手力也越小。但 i_{ω} 过大,将导致转向操纵不够灵敏,即为了得到一定的转向节偏转角,所需的转向盘转角过大。因此,选取之时应适当兼顾转向省力和转向灵敏的要求。

对于一般汽车而言,转向传动机构角传动比 $i_{\omega2}$ 大约为 1。在转向过程中,$i_{\omega2}$ 虽然会随转向节转角不同而有所变化,但一般变化幅度不大。货车的转向器角传动比 $i_{\omega1}$ 约为 16～32,轿车约为 12～20。由此可知,转向系统角传动比 i_{ω} 主要取决于转向器角传动比 $i_{\omega1}$。有些转向器的 $i_{\omega1}$ 是常数,有些则是可变的。转向盘转角较小时,转向阻力较小,$i_{\omega1}$ 小一些可以使转向灵敏;转向盘转角较大时(如低速急转弯工况),$i_{\omega1}$ 应大一些,以保证转向轻便。

4.转向盘自由行程

转向盘在空转阶段中的角行程叫转向盘自由行程。

自由行程过大则转向不灵敏;自由行程过小则路面冲击的感觉大,使驾驶员工作疲劳和紧张。

汽车转向系根据其传动结构不同,可以分为与非独立悬架和独立悬架配用的两大类型。

14.2 机械转向系

14.2.1　转向操纵机构

汽车转向操纵机构主要由转向盘、转向轴及转向轴套管等组成。一些货车,如 CA1091 和 EQ1090E 型货车,由于总布置的要求,转向盘和转向器的轴线相交成一定的角度,在结构中采用了万向节和传动轴。

1.转向盘

转向盘一般用花键和螺母安装在转向轴的上端,其上装有喇叭的按钮。装有安全气囊的车型,还安装有安全气囊的一些部件。转向盘由轮缘、轮辐和轮毂组成,如图 14-2-1 所示。轮辐有两根辐条(奥迪 100)、3 根辐条(宝来及新型捷达)和 4 根辐条(捷达前卫)的。当汽车发生碰撞时,转向盘应能有一定的变形,吸收一部分能量以减轻驾驶员的受伤程度。

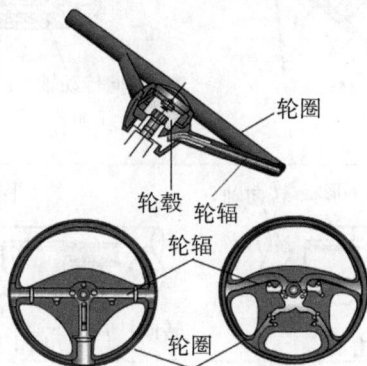

图 14-2-1　转向盘的构造

2.转向轴

转向轴从转向柱套管中穿过,为转向盘和转向器的传动件。转向轴套管安装在车身上,支撑着转向盘。轿车转向轴要求为安全型,通常分为上、下两段,如图 14-2-2 所示,中间由过渡法兰连接。上转向柱的下端法兰上有两个销,而下转向柱的上端法兰上有两个孔,两法兰扣合在一起,销装入孔中,上下转向柱构成一体。当发生撞车事故时,人体胸部由于惯性撞向方向盘,安全转向柱的法兰在冲击力的作用下脱开,起到了缓冲作用。其他车辆采用的非安全转向柱,当发生撞车事故时,转向柱套管和仪表的支架会让转向柱移动,以缓解驾驶员受伤程度。

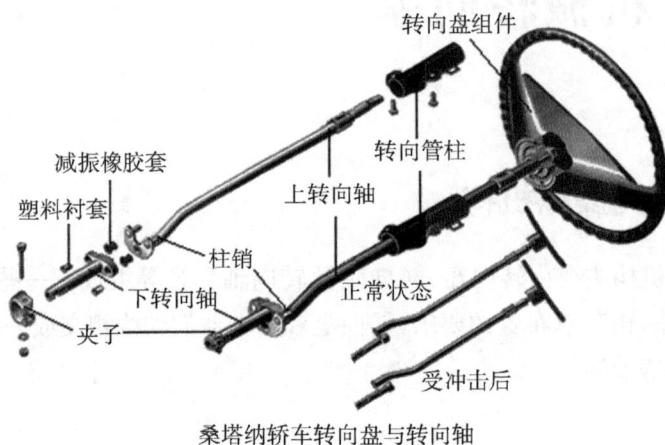

桑塔纳轿车转向盘与转向轴

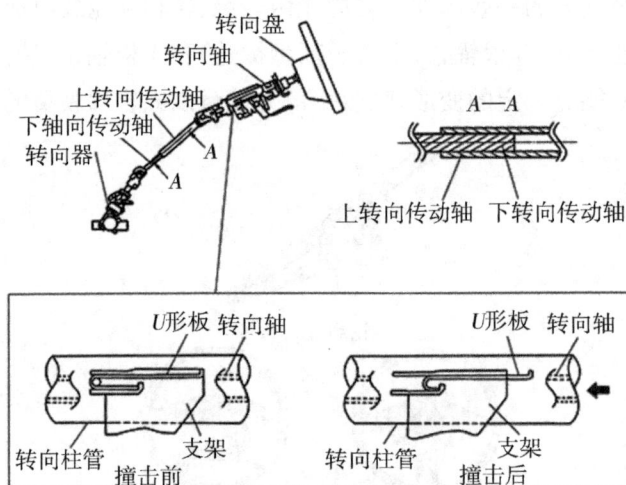

Mazda6轿车转向柱管吸能装置示意图

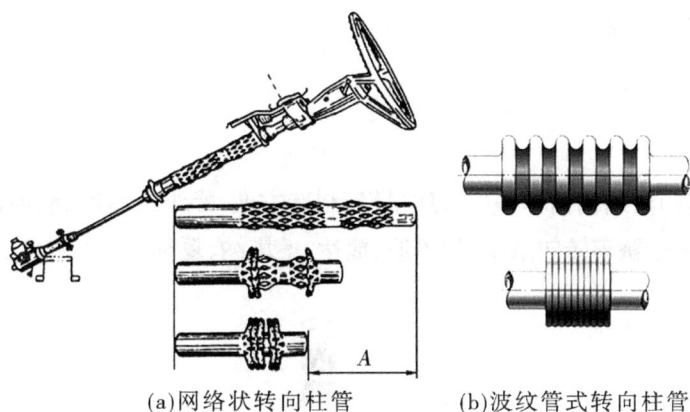

(a)网络状转向柱管　　　　(b)波纹管式转向柱管

图 14-2-2　安全转向轴

转向柱有不可调节角度的、可调节角度的和可调节角度/可伸缩的几种。可调节的转向柱,可以让驾驶员调节转向盘位置,满足舒适性要求。

大多数轿车的转向柱上还安装有点火开关、转向信号开关、刮水器开关和减光器开关,有的车型的变速杆也安装在转向柱上。

14.2.2　转向器

1.转向器的传动效率

转向器的输出功率与输入功率之比称为转向器传动效率。

(1)正效率　功率由转向输入,由传动机构(如转向横拉杆或摇臂)输出情况下求得传动效率称为正效率。显然,正效率越高越好。

(2)逆效率　功率由转向轴输入,由转向输出的情况下求得传动效率称为逆效率。

(3)可逆式转向器　逆效率很高的转向器称为可逆式转向器。其特点是路面传到转向机构的反力很容易传到转向轴和转向盘上,利于汽车转向结束后转向轮和转向盘的自动回正,但也将坏路面对于车轮的冲击力传到转向盘,发生"打手"情况。长用于轿车和货车。

(4)不可逆式转向器　逆效率很低的转向器称为不可逆式转向器。不可逆式转向器使转向轮不能自动回正,没有路感。由于上述特性,在汽车上很少采用。

(5)极限可逆式转向器　逆效率略高于不可逆式转向器称为极限可逆式转向器。其反向传力性能介于式之间,接近于不可逆式。采用这种转向器时,驾驶员有一定路感,可以实现转向轮自动回正,只有路面冲击力很大时,才能部分地传到转向盘。常用于越野车和矿用自卸汽车。

转向器是转向系中的减速传动装置。其功用是将驾驶员加在方向盘上的力矩放大,并减低转速,传给转向传动机构。常见的转向器有齿轮齿条式和循环球式。

2.齿轮齿条式转向器

齿轮齿条式转向器结构简单、紧凑,质量轻,制造方便,操纵灵敏度高,但传动比较小,属于可逆式转向器,适用于轿车转向系中,如奥迪、捷达、桑塔纳、夏利等。其结构如图 14-2-3 所示。

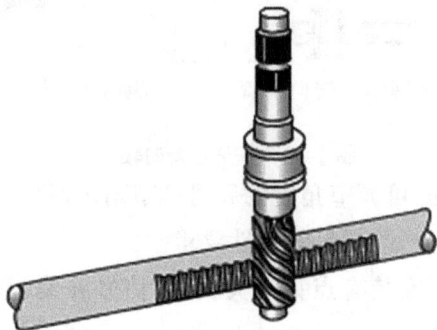

图 14-2-3 齿轮齿条式转向器

齿轮是一根切有齿的轴,齿条是加工有齿的金属条,两者的齿相啮合。齿轮和齿条上的齿可以是直齿也可以是斜齿。齿轮轴上端与转向轴相连。为保证齿轮齿条无间隙啮合,补偿弹簧产生的压紧力通过压板将转向齿轮和转向齿条压靠在一起。弹簧的预紧力可以通过调整螺钉和螺母进行调节。

3.循环球式转向器

循环球式转向器分为循环球—齿条齿扇式和循环球—滑块曲柄销式两种。其中循环球—齿条齿扇式应用较广。它有两级传动副,第一级是螺杆螺母传动副,第二级是齿条齿扇传动副。

图 14-2-4 所示为循环球—齿条齿扇式转向器的整体结构。转向螺杆的轴颈支承在两个推力球轴承上。轴承紧度可用调整垫片调整。转向螺母的下平面上加工成齿条,与齿扇部分啮合。可见转向螺母既是第一级传动副的从动件,也是第二级传动副(齿条齿扇传动副)的主动件。通过转向盘和转向轴转动转向螺杆时,转向螺母不能转动,只能轴向移动,并驱使齿扇及摇臂轴转动。

为了减少转向螺杆和转向螺母之间的摩擦,二者的螺纹并不直接接触,其间装有许多钢球,以实现滚动摩擦。转向螺母的内径大于转向螺杆的外径,故能松套在螺杆上。转向螺母外有两根钢球导管,每根导管的两端分别插入螺母侧面的一对通孔中,导管内装满了钢

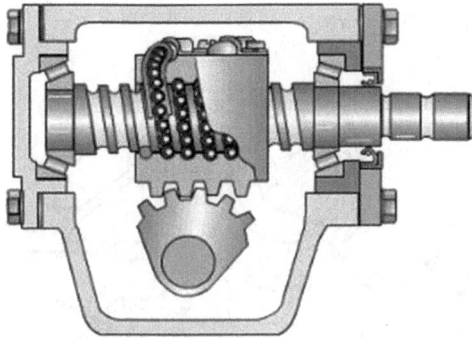

图 14-2-4　循环球—齿条齿扇式转向器的整体结构

球。这样,两根导管和螺母内的螺旋管状通道组合成两条各自独立的封闭的钢球"流道"。

4.蜗杆曲柄指销式转向器

具有梯形截面螺纹的转向蜗杆支承在转向器壳体两端的球轴承上,蜗杆与锥形指销相啮合,指销用双列圆锥滚子轴承支于摇臂轴内端的曲柄孔中。当转向蜗杆随转向盘转动时,指销沿蜗杆螺旋槽上下移动,并带动曲柄及摇臂轴转动。

目前汽车使用的蜗杆曲柄指销式转向器多数是双指销式,即有两个指销,其结构如图14-2-5 所示。

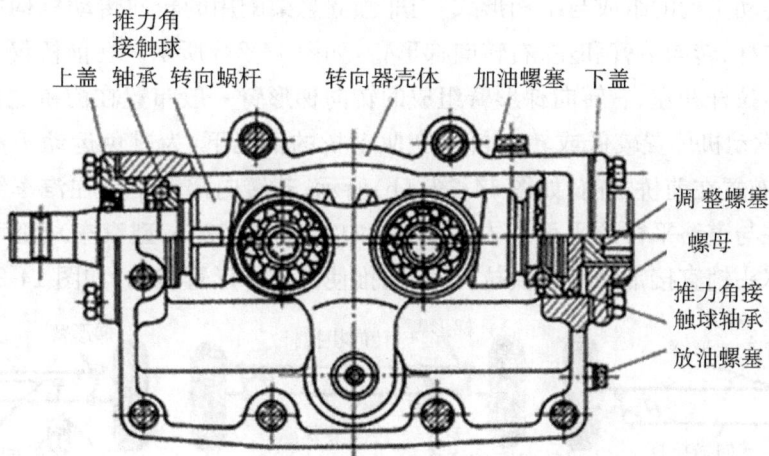

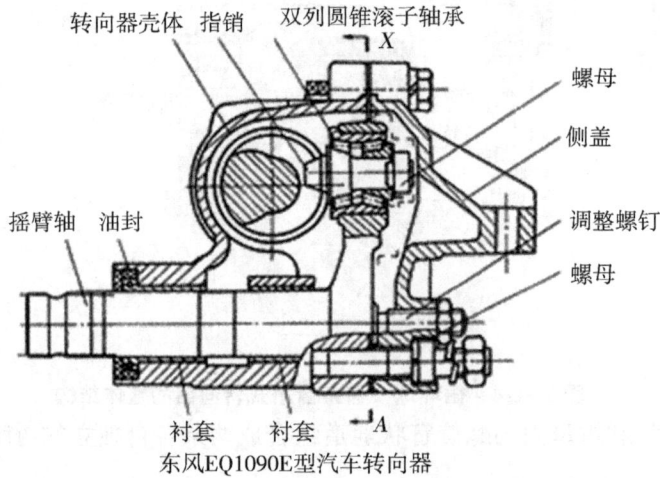

东风EQ1090E型汽车转向器

图 14-2-5 **蜗杆曲柄指销式转向器**

14.2.3 转向传动机构

转向传动机构的功用是将转向器输出的力和运动传到转向桥两侧的转向节,使两侧转向轮偏转,且使二转向轮偏转角按一定关系变化,以保证汽车转向时车轮与地面的相对滑动尽可能小。

转向传动机构的组成和结构因转向器位置和转向轮悬架类型而异。

1. 与非独立悬架配用的转向传动机构

(1)转向传动机构的组成与结构形式 与非独立悬架配用的转向传动机构主要包括转向摇臂、转向直拉杆、转向节臂和左、右转向梯形臂,如图 14-2-6 所示。在前桥仅为转向桥的情况下,由转向横拉杆和左、右转向梯形臂组成的转向梯形臂一般布置在前桥之后,如图 14-2-6(a)所示;在发动机位置较低或转向桥兼充驱动桥的情况下,为避免运动干涉,往往将左、右转向梯形臂布置在前桥之前,如图 14-2-6(b)所示;若转向摇臂不是在汽车纵向平面内前后摆动,而是在与道路平行的平面向左右摆动(如北京 BJ2020N 型汽车),则可将转向直拉杆横置,并借球头销直接带动转向横拉杆,从而推使两侧梯形臂转动,如图 14-2-6(c)所示。

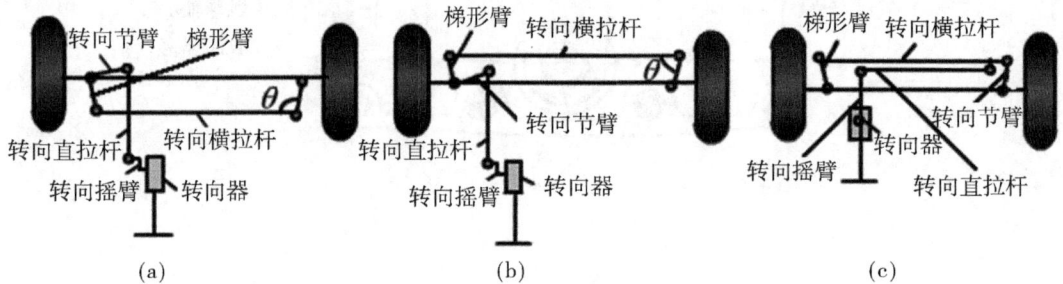

(a)　　　　　　　　(b)　　　　　　　　(c)

图 14-2-6 **与非独立悬架配用的转向传动机构**

（2）转向摇臂 转向摇臂一般由中碳合金钢锻造而成。转向摇臂连着转向器和转向直拉杆，使转向直拉杆处在正确的高度以保证转向横拉杆和梯形臂之间有平行关系。转向摇臂小端锥形孔中装有与直拉杆相连接的球头销，大端为锥形带三角形细花键的槽孔，与转向摇臂轴外花键相连接，如图 14-2-7 所示。

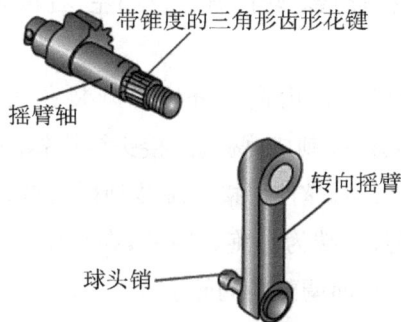

图 14-2-7 转向摇臂

（3）转向直拉杆 在转向轮偏转而且因悬架弹性变形而相对于车架跳动时，转向直拉杆与转向摇臂及转向节臂的相对运动都是空间运动。因此，为了不发生运动干涉，三者之间的连接件都是球形铰链。

直拉杆是一段两端扩大的钢管，如图 14-2-8 所示。其前端（图中左端）带有球头销，球头销的尾端可用螺母固定于转向节臂的端部。两个球头座在压缩弹簧的作用下将球头销的球头夹持住。为保证球头与座的润滑，可从油嘴注入润滑脂，使其充满直拉杆体端部管腔。拆装时供球头出入的孔口用橡胶防尘片封盖。压缩弹簧随时补偿球头与座的磨损，保证二者间无间隙，并可缓和经车轮和转向节传来的路面冲击。弹簧预紧力可用端部螺塞调节，调好后须用开口销固定螺塞位置。当球头销作用在内球头座上的冲击力超过压缩弹簧预紧力时，弹簧便进一步变形而吸收冲击能量。弹簧变形量受到弹簧座自由端的限制，这就可以防止弹簧超载，并保证在弹簧折断的情况下球头销不致从管腔中脱出。

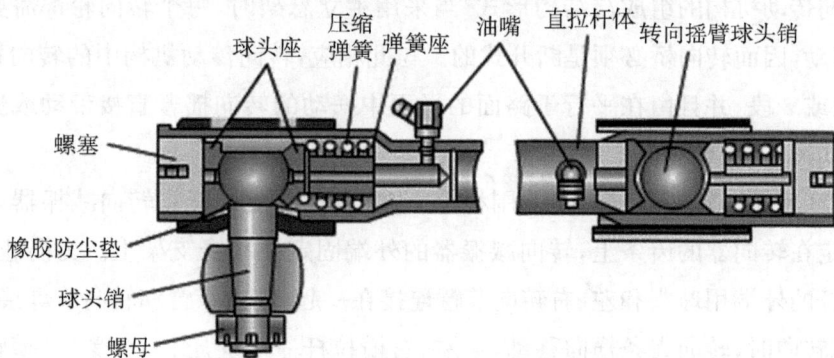

图 14-2-8 转向直拉杆

直拉杆体后端(图中右端)可以嵌装转向摇臂的球头销。这一端的压缩弹簧也装在球头座后方(图中为右方)。这样两个压缩弹簧可分别在沿轴线的不同方向上起缓冲作用。自球头销传来的向后的冲击力由前压缩弹簧承受。当球头销受到向前的冲击力时,冲击力即依次经前球头座、前端部螺塞、直拉杆体和后端部螺塞传给后压缩弹簧。

(4)转向横拉杆 转向横拉杆连接着转向直拉杆和左、右转向梯形臂。左、右转向梯形臂用螺栓与转向节相连。

解放 CA1092 型汽车转向横拉杆由横拉杆体和旋装在两端的横柱杆接头组成,如图14-2-9所示。横拉杆体用钢管或钢杆制成,两端的接头结构相同。两接头借螺纹与横拉杆体连接。接头螺纹部分有切口,故具有弹性。接头旋装到横拉杆体上后,用夹紧螺栓夹紧。横拉杆体两端的螺纹,一端为右旋,一端为左旋。因此,在旋松夹紧螺栓以后,转动横拉杆体,即可改变转向横拉杆的总长度,从而调整转向轮前束。

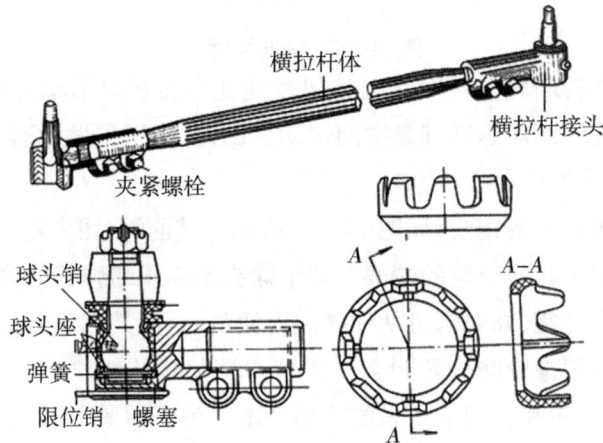

图 14-2-9 解放 CA1092 型汽车转向横拉杆

2.与独立悬架配用的转向传动机构

(1)转向传动机构的组成与结构形式 当采用独立悬架时,每个转向轮都需要相对于车架做独立运动,因而转向桥必须是断开式的。与此相应,转向传动机构中的转向梯形臂也必须分成两段或3段,并且由在平行于路面的平面中摆动的转向摇臂直接带动或通过转向横拉杆带动,如图14-2-10所示。

奥迪 100 型轿车转向器安装在前围板上。左、右转向横拉杆和转向减振器内端通过支架、螺栓固定在转向器的齿条上,转向减振器的外端固定在车身支架上。为防止运动干涉,左、右横拉杆的外端用球头和左、右转向节臂连接在一起,转向节臂和转向节焊接在一起。

当汽车转向时,转向齿条横向移动,使左、右横拉杆一个受压、一个受拉,随转向齿条移动,则横拉杆通过球头铰接带动左、右转向节臂及转向节绕主销转动,从而使转向轮偏转一定的角度。

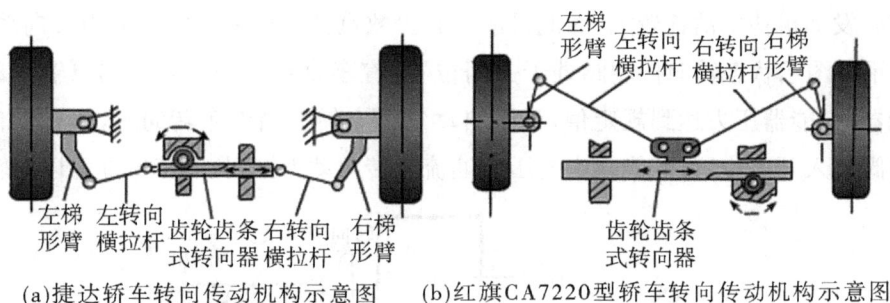

(a)捷达轿车转向传动机构示意图　　　(b)红旗CA7220型轿车转向传动机构示意图

图 14-2-10　与独立悬架配用的转向传动机构

（2）转向减振器　转向减振器其作用与悬架中减振器相似,其两端分别和转向齿条及车架相连。当车轮撞到路面不平处时,冲击从转向轮传到转向盘,转向减振器吸收一部分冲击,并阻止其传到转向盘。在一些四轮驱动的汽车上一般安装重载减振器。

14.3
动力转向系

机械转向系很难满足高速轿车转向时既要灵敏又要操纵省力的要求,并且重型载货车及越野车,由于前桥负荷较大,行驶条件较差,机械转向系也满足不了操纵轻便和行车安全的要求。因此,为了减轻驾驶员的疲劳程度,增加驾驶舒适性,保证行车安全,在一些车型中加装了转向加力装置。转向加力装置以发动机输出的动力为能源,在转向时,只有一小部分是驾驶员的体能,大部分是发动机提供的液压能或气压能及电机提供的电能。

由于液压系统工作压力高,固其部件尺寸小,并且工作时无噪音,工作滞后时间短,还能吸收来自不平路面的冲击,因此在各类车上液压转向加力装置广泛应用。

14.3.1　动力转向类型

液压转向加力装置根据油液的工作情况分为常压式与常流式两种;根据转向加力装置的结构分为整体式和半整体式两种。

1.常压式与常流式液压动力转向系

常压式液压动力转向系的优点是系统中有贮能器积蓄液压能,可以使用流量较小的转向油泵,而且在转向油泵不运转的情况下有保持一定的动力转向的能力。但系统工作压力高,易泄漏,发动机功率消耗较大,因此目前只有少数重型汽车采用此种动力转向系统,如图14-3-1所示。图示状态转向控制阀处于关闭位置,汽车直线行驶。转向油泵输出的压力油充入贮能器,贮能器压力达到规定值,油泵自动卸荷空转。当汽车转向时,机械转向器带动转向控制阀转入开启位置,贮能器中的压力油流入转向动力缸,从而产生推力以助转向。

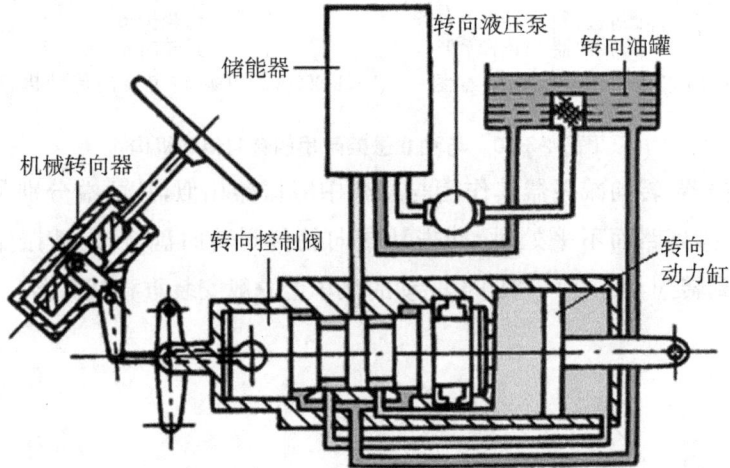

图 14-3-1　常压式液压动力转向系

常流式液压动力转向系结构简单,油泵寿命长,泄漏较少,消耗功率也较少,因此广泛应用于各种汽车,如图14-3-2所示。

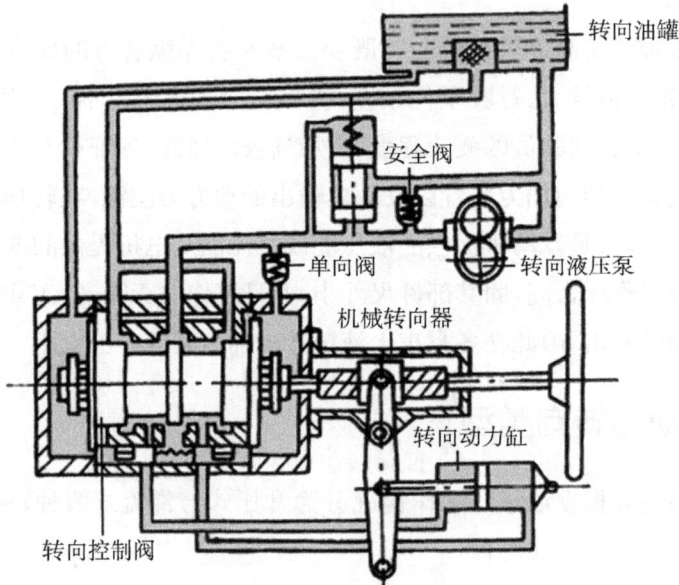

图 14-3-2　常流式液压动力转向系

当汽车直线行驶时,转向控制阀处于图示位置,使得转向动力缸的活塞两侧都和低压油路及转向油罐相通,压力相等,转向动力缸不动,油泵空转,油液处于低压流动状态。当驾驶员转动方向盘,通过机械转向器使流量控制阀处于某一工作位置时,转向动力缸的活塞一侧与回油管隔绝,与油泵相通,压力升高(由于地面转向阻力通过转向传动机构传到动力缸的推杆和活塞上形成较大的油泵输出阻力);另一侧仍然与回油管路相通,压力较低,转向动力缸活塞移动,产生推力。转向盘停止转动后,转向控制阀回到图示中立位置,动力缸停止工作。由于无论汽车是否处于转向状态,液压系统管路中的油液总是在流动,压力较低,只有在转向时才产生瞬时高压,因此称为常流式。

2.常流式液压动力转向系的结构方案

常流式液压动力转向系统按机械转向器、转向控制阀、转向动力缸三者的组合及相对位置,分为整体式、半整体式和转向加力器 3 种。

(1)整体式动力转向系　整体式动力转向系是目前大多数车型都采用的动力转向系统。它是将动力缸、控制阀和机械转向器三者组装在一个壳体内。这种三合一的部件称为整体式动力转向器。图 14-3-3 所示为轿车常用的齿轮齿条式整体动力转向器。活塞安装在转向齿条上,转向齿条的壳体相当于动力缸,动力缸活塞是齿条的一部分,齿条活塞两边的齿条套管被密封形成两个油液腔,连接左、右转向回路。控制阀安装在转向齿轮壳体内。转动转向盘时,旋转阀改变油液流量,在转向齿条两端形成压力差,使得齿条向压力低的方向移动。齿条相当于动力缸的推杆,从而减轻驾驶员加在方向盘上的力。

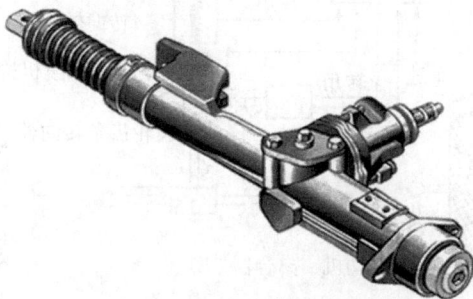

图 14-3-3　整体动力转向器

(2)半整体式动力转向器　将转向控制阀和机械转向器组合成一个部件,该部件称为半整体式动力转向器。动力缸单独布置。此种动力转向系统在重型车上有所应用。

(3)转向加力器　将机械转向器单独布置,转向控制阀和动力缸组合成一个部件,该部件称为转向加力器。转向加力器由转向动力缸和转向控制阀组成。转向控制阀一端与带球铰链的接头连接,另一端与动力缸体连接。转向动力缸的活塞杆后端通过球铰链与车架相连。当转动方向盘时,机械转向器带动转向摇臂摆动,一方面由球铰链带动转向直拉杆,另一方面也带动动力转向控制阀中的滑阀,使转向动力缸在液压作用下与转向摇臂共同对转向直拉杆施力。

3.电子控制动力转向系

电子控制动力转向系是一种直接依靠电动机提供辅助转矩的电动助力式转向系统。由于此系统是利用微机控制电动机电流的方向和幅值,不需要复杂的控制机构,降低了成本和质量。电动机、减速机构、转向轴和转向齿轮制成一个整体,系统小型轻量化,易于布置,零件数量少,无泄漏,故障率低。电动机只有在转向时才工作,所以节约能量。因此,电子控制动力转向系,将是发展趋势。

图 14-3-4 所示为电子控制动力转向系组成简图。系统通过安装在齿轮齿条式转向器输入轴上的传感器来检测转向盘的转动。当电控单元接收到传感器转动方向和载荷大小时,通过控制供给电动机的电流方向和电流大小,来完成助力作用。该系统提供给电动机的电流可达 75 A。电流越强,施加于齿条上的力也越大。通过改变供电极性可以控制电动机的旋转方向。

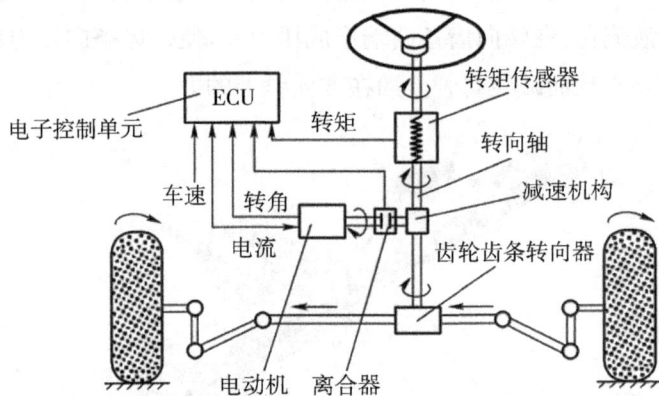

图 14-3-4　电子控制动力转向系

14.3.2　动力转向系部件

1.转向油罐及转向液压泵

转向油罐的作用是贮存、滤清和冷却助力油。一般转向油罐单独安装,也有和转向油泵安装在一起的。

转向液压泵是液压动力转向系统的动力源。其功用是将发动机的机械能转变为驱动转向动力缸工作的液压能传给转向动力缸。转向液压泵通常安装在发动机的前端。

转向液压泵的形式有 4 种:滚柱式、叶片式、转子式和齿轮式。它们的工作原理都是利用容积的变化,把贮液罐中的油吸出,压入油管中,从而形成流动的油流。油泵内部通常设有流量控制阀和安全阀。叶片泵的结构简图及工作原理如图 14-3-5 所示。

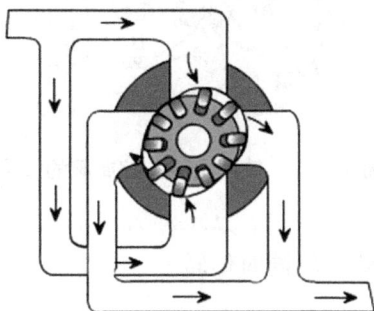

图 14-3-5 叶片泵的结构简图及工作原理

2.转向控制阀

转向控制阀是在驾驶员的操纵下控制转向动力缸输出动力的大小、方向和增力快慢的控制阀。按阀体的运动方向,转向控制阀分为滑阀式和转阀式两种。

(1)滑阀式转向控制阀 滑阀式转向控制阀的结构如图 14-3-6 所示。它是靠阀体轴向移动来控制油液流量和方向的控制阀。

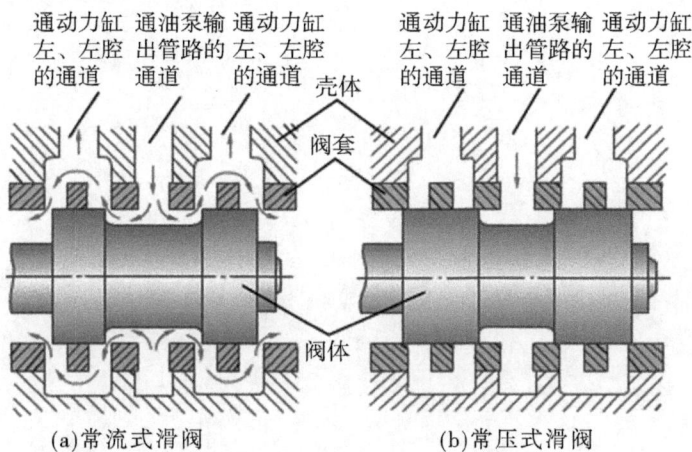

(a)常流式滑阀   (b)常压式滑阀

图 14-3-6 滑阀式转向控制阀的结构

(2)转阀式转向控制阀 转阀式转向控制阀的结构如图 14-3-7 所示。它是通过改变阀体和阀杆的相对位置,以改变控制阀阀体上转向油道的通、断关系和工作油的流动方向,实现转向助力作用。

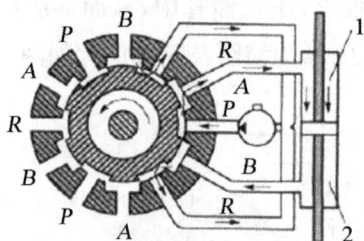

图 14-3-7　转阀式转向控制阀的结构

思考与练习

1. 为什么转动转向盘能使两前轮同时偏转？

2. 对转向系有什么要求。

3. 蜗杆曲柄指销式转向器是怎样工作的？

4. 循环球式转向器如何调整传动副啮合间隙。

5. 与独立悬架配用的转向传动机构应注意什么？

6. 转向器与转向传动机构是怎样连接的？

项目 15 汽车制动系统

15.1 制动系的组成与工作原理

15.1.1 制动系的功用

汽车作为交通运输工具,应在保证安全行驶的前提下,提高平均行驶车速,以提高运输生产率。同时在需要时,应能实现车辆的减速或停车,以及能够使停驶的车辆可靠地驻留原地不动。因此,制动系的功用是根据需要使行驶中的汽车减速甚至停车,使下坡行驶的汽车速度保持稳定,以及使已停驶的汽车保持不动。

15.1.2 制动系的组成及类型

一般汽车应包括两套独立的制动系:行车制动系和驻车制动系。行车制动系是由驾驶员用脚来操纵的,故又称脚制动系。它的功用是使正在行驶中的汽车减速或在最短的距离内停车。驻车制动系是由驾驶员用手来操纵的,故又称手制动系。它的功用是使已经停在各种路面上的汽车驻留原地不动。但是,在紧急情况下,两套制动系统可同时使用,以增加汽车的制动效果。

汽车制动系主要由以下四部分组成。

(1)制动器 产生制动力矩,阻止车轮转动的装置。

(2)制动操纵机构 控制制动器工作的机构,如操纵手柄和制动踏板等。

(3)制动传动机构 将操纵力传到制动器。

(4)制动力的调节机构 用来调节前后车轮制动力的分配。

此外,经常在山区行驶的汽车以及某些特殊用途的汽车,为了提高行车的安全性和减轻行车制动系性能的衰退及制动器的磨损,还应装备辅助制动系,用以在下坡时稳定车速。

按照制动能源不同,制动系还可分为人力制动系、动力制动系和伺服制动系三种。以驾驶员的肌体作为唯一制动能源的制动系称为人力制动系。完全靠以发动机的动力转化而成的气压或液压作为制动能源的制动系则是动力制动系。兼用人力和发动机动力作为制动能源的制动系称为伺服制动系。

制动系的传动机构采用单一的气压或液压回路的制动系为单回路制动系。这种制动系中,只要有一处损坏而渗漏,整个制动系统即行失效。故我国自 1988 年 1 月 1 日开始规定,所有汽车均使用双回路制动系或多回路制动系,即所有行车制动系的气压或液压管路分属于两个或多个彼此独立的回路。这样,即使其中一个回路失效,还能利用其他回路获得部分制动力。

目前在汽车上普遍采用的是双回路液压制动系和双回路气压制动系。

15.1.3 制动系的工作原理

图 15-1-1 所示是一种简单的液压制动系的工作原理示意图。它由制动器、操纵机构和液压传动机构组成。

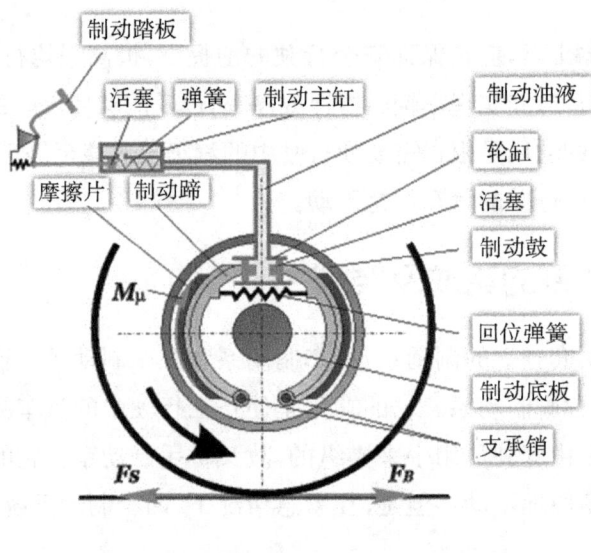

图 15-1-1 液压制动系的工作原理示意图

①车轮制动器主要由旋转部分、固定部分和张开机构组成。旋转部分是制动鼓,它固定在车轮轮毂上,随车轮一起旋转,它的工作面是内圆柱面。固定部分包括制动蹄和制动底板等。制动底板用螺栓与转向节凸缘(前轮)或桥壳凸缘(后轮)固定在一起。在固定不动的制动底板上,有两个支承销,支承着两个弧形制动蹄的下端。制动蹄的外圆面上装有摩擦片,上端用制动蹄回位弹簧拉紧压靠在轮缸活塞上。制动蹄可用液压轮缸(或凸轮)等张开机构使其张开。液压轮缸也安装在制动底板上。

②操纵机构主要是制动踏板。

③传动机构主要由推杆、制动主缸、制动轮缸和油管等组成。装在车架上的制动主缸用油管与制动轮缸相连通。主缸活塞可由驾驶员通过制动踏板来操纵。

制动系不工作时，制动鼓的内圆面与制动蹄摩擦片的外圆面之间保留有一定的间隙，使制动鼓可以随车轮自由旋转。

制动时，踩下制动踏板，推杆便推动主缸活塞，使主缸中的油液以一定压力流入制动轮缸，通过轮缸活塞使两制动蹄的上端向外张开，从而使摩擦片压紧在制动鼓的内圆面上。这样，不旋转的制动蹄就对旋转着的制动鼓产生一个摩擦力矩 M_μ，其作用方向与车轮旋转方向相反，摩擦力矩大小取决于轮缸的张力、摩擦因数和制动鼓及制动蹄的尺寸等。制动鼓将该力矩 M_μ 传到车轮后，由于车轮与路面间的附着作用，车轮即对路面作用一个向前的周缘力 F_μ，与此同时，路面给车轮作用一个向后的反作用力 F_B，即制动力。制动力 F_B 由车轮经车桥和悬架传递给车架和车身，迫使整个汽车产生一定的减速度。制动力越大，减速度也越大。当松开制动踏板时，制动蹄回位弹簧即将制动蹄拉回原位，摩擦力矩 M_μ 和制动力 F_B 消失，制动作用即行解除。

制动时车轮上的制动力 F_B 不仅取决于制动力矩 M_μ，还取决于轮胎与路面间的附着条件。如果完全丧失附着，就不会产生制动效果，即车轮停止了转动而被抱死，汽车仍然向前滑移。不过，在讨论制动系的结构问题时，一般都假设具备良好的附着条件。

15.1.4　对制动系的要求

为保证汽车能在安全的条件下发挥出高速行驶的能力，制动系必须满足下列要求。

①应具有足够的制动力，工作可靠。一般，在水平干燥的混凝土路面上以 30 km/h 的初速度从完全制动到停车时，制动距离应保证：轻型货车及轿车不大于 7 m；中型货车不大于 8 m；重型货车不大于 12 m。停车制动的坡度：轻型汽车不小于 25%；中型汽车不小于 20%。

②操纵轻便。一般要求施于踏板上的力不大于 200～300 N；紧急制动时，不超过 700 N。施于手制动杆上的力不大于 250～350 N。

③前后桥上的制动力分配应合理，左右车轮上的制动力应相等。

④制动应平稳。制动时，制动力应逐渐迅速增加；解除制动时，制动作用应迅速消失。

⑤避免自行制动。在车轮跳动或汽车转向时，不应引起自行制动。

⑥散热性好。摩擦片的抗热衰退能力要好，磨损后的间隙应能调整，并且能防水、防油、防尘。

⑦对挂车的制动系，要求挂车的制动作用略早于主车，挂车自行脱挂时能自动进行应急制动。

15.2 液压制动系

液压式制动系的传力介质是制动油液,利用制动油液将驾驶员作用于制动踏板上的力转换为油液压力,通过管路传至车轮制动器,再将油液压力转换为使制动蹄张开的机械推力。

15.2.1 液压制动回路

液压制动系在轿车、轻型货车的行车制动系上得到了广泛的应用。

液压制动回路组成主要由制动主缸、液压管路、后轮鼓式制动器中的制动轮缸、前轮钳盘式制动器中的液压缸等组成。通常制动踏板机构和制动主缸安装在车架上,而车轮是通过弹性悬架与车架联系的,主缸与轮缸之间的位置经常变化,所以主缸与轮缸间的连接油管除用金属管(钢管)外,还采用了特制的橡胶制动软管。各液压元件之间及各段油管之间还有各种管接头。制动前,整个液压系统中应充满专门配制的制动液。

液压制动系的工作原理如下:驾驶员所施加的控制力,通过制动踏板 4 传到制动主缸,制动主缸将制动液经油管分别输入到前、后轮制动器和中的液压缸(或制动轮缸),将制动钳(或制动蹄)推向制动盘(或制动鼓),消除制动间隙,产生制动力矩。随着踏板力的增大,制动力矩也应成比侧地增加,直到完全制动。放松制动踏板,制动钳(或制动蹄)和液压缸(或制动轮缸)的活塞在各自回位弹簧的作用下回位,制动液被压回制动主缸,制动作用随之解除。

在双回路液压制动系统中,制动主缸的液压分别经两个相互独立的系统传递给车轮,通常用前后独立方式或交叉方式设置管路,即前后分开式和对角线分开式布置型式。前后独立方式的双回路液压制动传动装置主要应用于对后轮制动依赖性较大的发动机后置后轮驱动汽车,交叉式的双回路液压制动传动装置主要应用于对前轮制动依赖性较大的发动机前置前轮驱动汽车。

制动时,驾驶员踩下制动踏板,踏板力经真空助力器放大后,作用在制动主缸上,制动主缸将制动液加压后,分别输送到两个制动回路,使制动器产生制动作用。

这种液压传动对角线双回路制动系统能保证在任一个回路出现故障时,仍能得到总制动效能的 50%左右。此外,这种制动系结构简单,并且直行时紧急制动的稳定性好。

要施行手制动时,只要用手向后拉手制动操纵杆到位为止,并通过自锁机构锁住。在此过程中,由手制动操纵杆带动手制动操纵缆绳,缆绳牵引制动软轴,再由软轴带动制动器里的拉杆,使两个后轮制动器中的两个制动蹄向外张开,使制动鼓产生制动作用。解除制动时,先用手指压下制动操纵杆头部的按钮来解除锁止作用,然后向前推动手制动操纵杆直到不能移动为止。

制动踏板机构和手制动操纵杆在施行制动时和电气开关相接触,指示灯亮,进行制动显示。

15.2.2　制动主缸

1. 结构

制动主缸的作用是将踏板力转变成液压力。现代汽车的行车制动系都必须采用双回路制动系,因此液压制动系都采用串联双腔式制动主缸。它主要由贮液罐、制动主缸壳体、前活塞、后活塞及前后活塞弹簧、推杆、皮碗等组成。主缸的壳体内装有前活塞、后活塞及回位弹簧,前后活塞分别用皮碗密封,前活塞用限位螺钉保证其正确位置。贮油罐分别与主缸的前、后腔相通,前、后出油口分别与轮缸相通,前活塞靠后活塞的液力推动,而后活塞直接由推杆推动。

2. 制动主缸的工作情况

①不制动时,两活塞前部皮碗均遮盖不住其旁通孔,制动液由贮油罐进入主缸的内孔。

②正常状态下制动时,操纵制动踏板,经推杆推动后活塞左移,在其皮碗遮盖住旁通孔之后,后工作腔油液压力升高,油液一方面经出油阀流入制动管路,一方面推动前活塞左移。在后腔液压和弹簧弹力的作用下,前活塞向左移动,前腔油液压力也随之升高,油液推开出油阀流入管路,于是两制动管路在等压下对汽车制动。

解除制动时,抬起制动踏板,活塞在弹簧作用下复位,高压油液自制动管路流回制动主缸。如果活塞复位过快,则工作腔容积迅速增大,而制动管路中的油液由于管路阻力的影响,来不及充分流回工作腔,使工作腔内油压快速下降,便形成一定的真空度,于是贮油罐中的油液便经补偿孔和活塞上的轴向小孔推开垫片及皮碗进入工作腔。当活塞完全复位时,旁通孔开放,制动管路中流回工作腔的多余油液经补偿孔流回贮油罐。

③管路出现漏油时,若与前腔连接的制动管路损坏漏油,则在踩下制动踏板时只有后腔中能建立液压,前腔中无压力。此时,在压力差的作用下,前活塞迅速移到其前端顶到主缸缸体上。此后,后工作腔中液压方能升高到制动所需的值。

若与后腔连接的制动管路损坏漏油,则在踩下制动踏板时,起先只是后活塞前移,而不能推动前活塞,因而后腔工作油液不能建立。但在后活塞直接顶触前活塞时,前活塞便前移,使前腔建立必要的工作油压而制动。

15.2.3　制动轮缸

制动轮缸的作用是将制动主缸传来的液压力转变为使制动蹄张开的机械推力。

1. 制动轮缸的组成和结构

制动轮缸主要由缸体、活塞、皮碗、弹簧和放气螺钉组成。

制动轮缸的缸体通常用螺钉固装在制动底板上,位于两制动蹄之间,内装铝合金活塞,密封皮碗的刃口方向朝内,并由弹簧压靠在活塞上与其同步运动。活塞外端压有顶块并与制动蹄的上端相抵紧。在缸体的另一端装有防护罩,可防止尘土及泥土的侵入。缸体上方装有放气螺塞,以便放出液压系统中的空气。

2. 制动轮缸的工作情况

制动轮缸受到液压作用后,顶出活塞,使制动蹄扩张。松开制动踏板,液压力消失,靠制动蹄回位弹簧的力,使活塞回位。

15.2.4 真空助力器

真空助力器的作用是减轻驾驶人的制动操纵力。如图 15-2-1 所示,其内部有薄而宽的活塞,通过固定在活塞上的膜片将空气室和负压室隔离。负压室和发动机进气管相通。复位弹簧安装在负压室的推杆上和推杆一起运动。橡胶阀门与在膜片座上加工出来的阀座组成真空阀,与控制阀柱塞的大气阀座组成大气阀。真空阀将负压室与空气室相连,空气阀将空气室和外界空气相连。发动机不工作则真空助力器不工作。

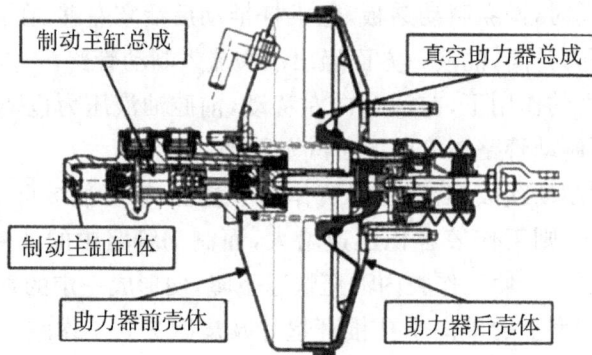

制动主缸总成　真空助力器总成
制动主缸缸体
助力器前壳体　助力器后壳体

图 15-2-1　真空助力器

当踩下制动踏板,真空阀关闭,空气阀打开。空气进入空气室,使空气室压力大于负压室压力(负压室内的空气被吸进发动机进气管,产生负压),活塞向前运动。于是带动制动主缸内的活塞运动,产生制动油压。

松开制动踏板,助力器活塞在复位弹簧的作用下恢复到原来的位置,制动踏板推杆也往回运动,空气阀关闭,真空阀打开,使真空室和空气室相通。其他制动机构也恢复到原来的位置,制动油压下降,制动解除。

当真空助力器或真空源失效时,作用于主缸推杆上的力取决于驾驶人对制动踏板施加的踏板力,但这时踏板力要比真空助力器或真空源未失效时的力大得多。

15.2.5 车轮制动器

车轮制动器由旋转元件和固定元件组成,旋转元件与车轮相连接,固定元件与车桥相连接。利用旋转元件和固定元件之间的摩擦,产生制动器制动力。常见的车轮制动器主要有鼓式制动器和盘式制动器。

1. 鼓式制动器

(1)鼓式制动器结构和工作原理 简单的鼓式车轮制动器由旋转部分、固定部分、促动装置和间隙调整装置组成,如图 15-2-2 所示。旋转部分为制动鼓;固定部分是制动底板和制动蹄,制动底板固装在车桥的凸缘盘上,通过支承销与制动蹄相连;促动装置的作用是对制动蹄施加力使其向外张开,常用的促动装置有凸轮或车轮分泵(制动轮缸);间隙调整装置的作用是保持和调整制动蹄和制动鼓间正确的相对位置。

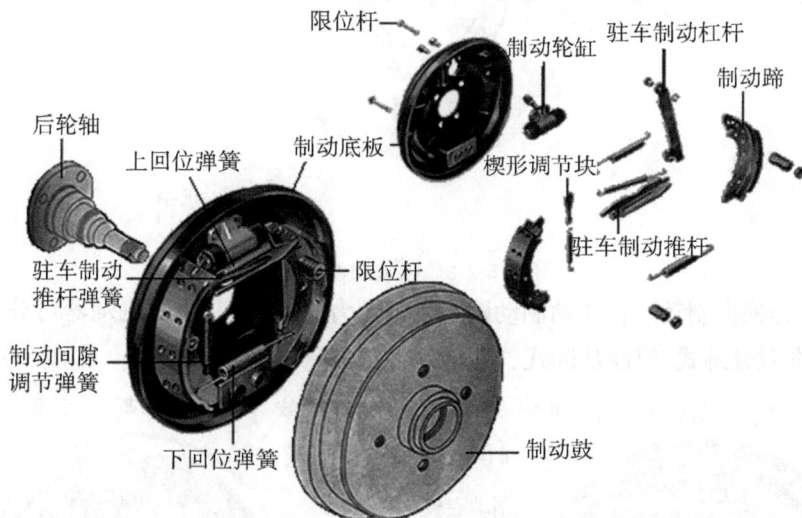

图 15-2-2   鼓式制动器的结构

制动时制动蹄在促动装置作用下向外旋转,外表面的摩擦片压靠到制动鼓的内圆柱面上,对鼓产生制动摩擦力矩;解除制动时,制动液压力消失,在复位弹簧的作用下制动蹄复位。

制动器在使用过程中,随着摩擦片的磨损,制动器间隙会变大,制动器反应时间过长,直接威胁到行车安全,要求制动器必须有检查和调整间隙的可能,调整的方法分为人工调整法和自动调整法。

现在很多汽车的制动器都装有制动器间隙自动调整装置,它可以保证制动器间隙始终处于最佳状态,不必经常人工检查和调整。

(2)鼓式制动器的分类 鼓式制动器按促动装置不同分类,鼓式车轮制动器多为内张双蹄式。按促动装置的形式可分为轮缸式、凸缸式和楔块式。

鼓式制动器按产生制动力矩的不同分类如图 15-2-3 所示,汽车前进时制动鼓的旋转方向如箭头所示。在制动过程中,两制动蹄在相等的促动力 F_s 作用下,分别绕各自的支撑点向外偏转,紧压在制动鼓上。同时旋转的制动鼓对两蹄分别作用着法向反力 N_1 和 N_2,以及相应的切向反力 T_1 和 T_2,T_1 作用的结果使得制动蹄在制动鼓上压得更紧,则 N_1 变得更大,这种情况称为助势作用,相应的制动蹄被称为领蹄。与此相反,T_2作用的结果则使得制动蹄有放松制动鼓的趋势,即N_2和T_2均有减小的趋势。这种情况称为减势作用,相应的制动蹄被称为从蹄。

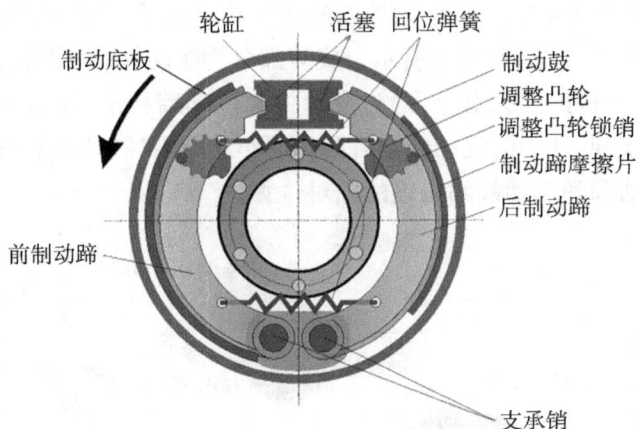

图 15-2-3　领从蹄制动器

鼓式制动器根据制动过程中两制动蹄产生制动力矩的不同,鼓式制动器可分为领从蹄式、双领蹄式、双向双领蹄式、双向从蹄式、单向自增力式和双向自增力式等。如图 15-2-4 所示。

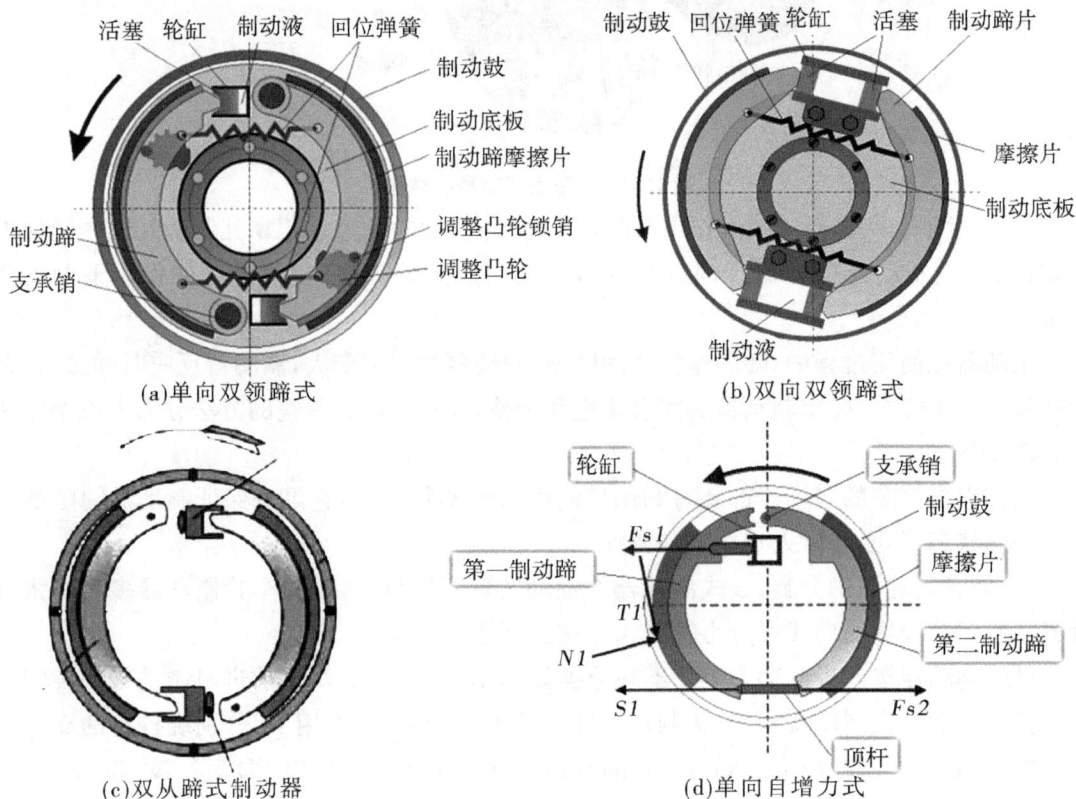

(a)单向双领蹄式

(b)双向双领蹄式

(c)双从蹄式制动器

(d)单向自增力式

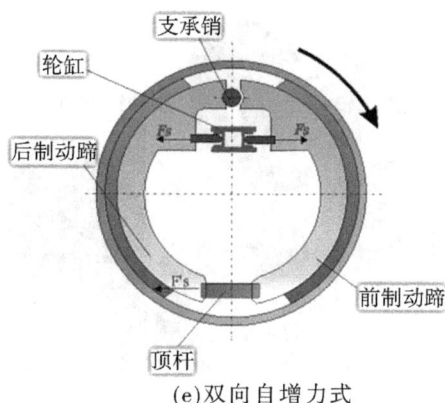

(e)双向自增力式

图 15-2-4 鼓式制动器的类型

2.盘式制动器

盘式制动器根据其固定元件的结构形式可分为钳盘式制动器和全盘式制动器。现代汽车前后轮都采用钳盘式制动器的结构日渐增多。钳盘式制动器按制动钳固定在支架上的结构形式可分为定钳盘式和浮钳盘式。

(1)定钳盘式制动器 定钳盘式制动器的结构和原理如图 15-2-5 所示,其旋转元件是制动盘,它和车轮固装在一起并可旋转,其端面为摩擦工作表面。跨置在制动盘上的制动钳体固定安装在车桥上,它不能旋转也不能沿制动盘轴线方向移动,其内部的两个活塞分别位于制动盘的两侧。制动时,制动油液由制动主缸(制动总泵)经进油管进入钳体中两个相通的液压腔中,将两侧的摩擦块压向与车轮同定连接的制动盘,从而产生制动。

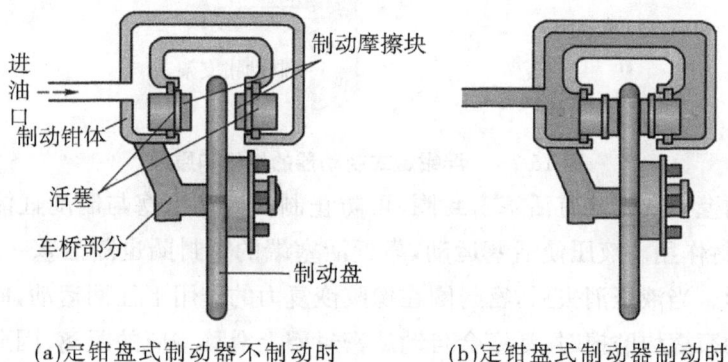

(a)定钳盘式制动器不制动时   (b)定钳盘式制动器制动时

图 15-2-5 定钳盘式制动器的结构和原理

(2)浮钳盘式制动器 图 15-2-6 所示为汽车的前轮浮钳盘式制动器。它由制动盘、内外摩擦块、制动钳壳体、制动钳支架、前制动轮缸等组成。

制动钳通过导向销与车桥相连,可以相对于制动盘轴向移动。制动钳体只在制动盘的内侧设置油缸,而外侧的制动块则附装在钳体上。制动时,液压油通过进油管进入制动轮缸,推动活塞及其上的摩擦块向右移动,并压到制动盘上,并使得油缸连同制动钳整体沿导

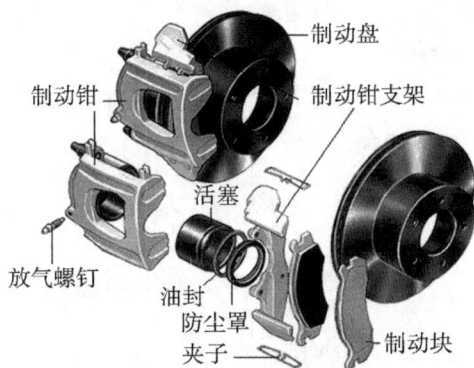

图 15-2-6　浮钳盘式制动器

向销向左移动,直到制动盘右侧的摩擦块也压到制动盘上,夹住制动盘并使其制动。如图 15-2-7 所示。

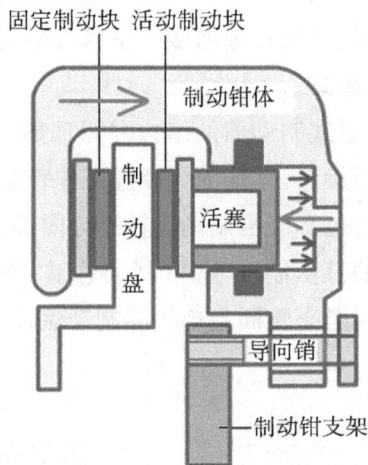

图 15-2-7　浮钳盘式制动器的结构和原理

制动缸体内壁槽内安装有活塞密封圈,可防止制动液从活塞与制动缸体间的间隙中流出,对活塞起密封作用。液压使活塞运动,靠近活塞端的密封圈也随活塞一起变形,但槽内的密封圈不变形。当液压消失后,密封圈在橡胶恢复力的作用下往回运动,同时带动活塞往回运动。当制动摩擦块磨损时,活塞会自动从密封圈上滑移相应的距离,因此制动摩擦块和制动盘之间的间隙一般为定值。

盘式制动器与鼓式制动器相比,其优点是:鼓式制动器单面传热,内外两面温差较大,导致制动鼓变形。同时,长时间制动后,制动鼓因高温而膨胀,减弱制动效能,而盘式制动器两面传热,圆盘旋转易冷却,不易变形,制动效果好;长时间使用后,制动盘因高温膨胀结果使制动作用增强;结构简单,维修方便,易实现间隙自动调整。

不足之处在于盘式制动器摩擦片直接压在圆盘上,无自动摩擦增力作用,所以在此系统中须另行装设动力辅助装置;兼用驻车制动时,加装的驻车制动传动装置较鼓式制动器复杂,因而用在后轮上受到限制。

15.3 驻车制动系统的定义与分类

　　驻车制动系统的功用是车辆停驶后防止滑溜、使车辆在坡道上能顺利起步和在行车制动系失效后临时使用或配合行车制动器进行紧急制动。

　　按驻车制动器在汽车上安装位置的不同,驻车制动装置分中央制动式和车轮制动式。前者的制动器通常安装在变速器后面,其制动力矩作用在传动轴上;后者和行车制动装置共用制动器(一般为后轮制动器),只是传动装置互相独立。

15.3.1　传统驻车制动系统

　　传统驻车制动系统主要由驻车制动杆、制动拉索及后轮制动器中的驻车制动器等组成,如图 15-3-1 所示。

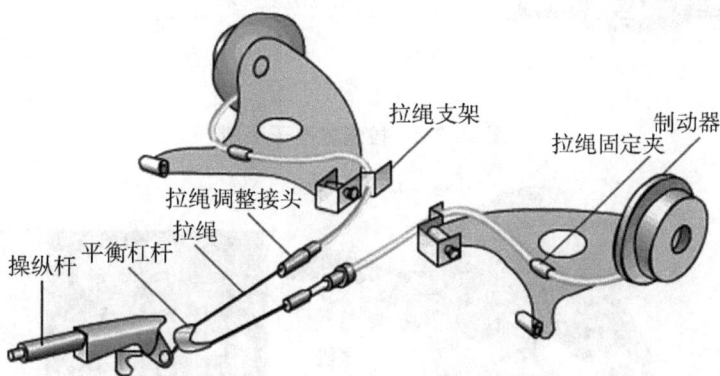

图 15-3-1　传统驻车制动装置

　　驻车制动时,拉起操纵杆,操纵杆力通过操纵机构使驻车制动拉索收紧,拉索则拉动驻车制动杠杆的下端,使之绕上端支点顺时针转动,制动杠杆转动过程中,其中间支点推动驻车制动推杆左移,使前制动蹄压向制动鼓。前制动蹄压向制动鼓后,制动推杆停止运动,则驻车制动杠杆的中间支点变成其继续移动的新支点,于是驻车制动杠杆的上端右移,使后制动蹄压靠在制动鼓上,产生制动作用。此时,驻车制动操纵杆上的棘爪嵌入齿扇上的棘齿内,起锁止作用。解除驻车制动时,按下驻车制动操纵杆上的按钮,使棘爪脱离棘齿,将操纵杆回到释放制动位置,松开驻车制动拉索,则制动蹄在复位弹簧的作用下复位。

对于 4 个车轮采用盘式制动器的汽车来说,驻车制动器可采用盘鼓式驻车制动器内置于后轮盘式制动器中和盘式制动器,并通过拉索和连杆等机构固定在盘式制动器上,也可采用盘式集成制动器,有些高档跑车上也采用双制动卡钳,其中一个卡钳为式驻车制动卡钳。

15.3.2 电子驻车制动系统

常见的电子手刹有拉索式与卡钳式两种。拉索式电子手刹与传统拉索式手刹差别不大,同为制动蹄式,只是把手动的拉索改为电动形式,如图 15-3-2 所示。整合卡钳式电子手刹是通过整合在刹车壳体上的电机驱动卡钳压紧制动盘来实现制动,如图 15-3-3 所示。

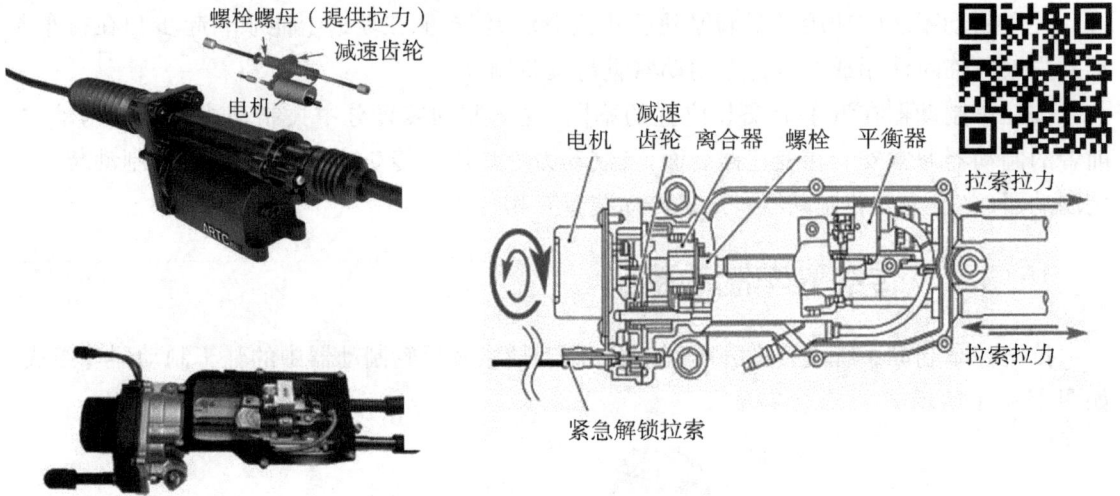

图 15-3-2 拉索式电子手刹

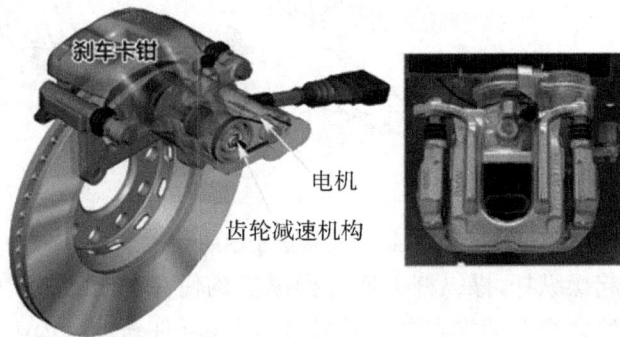

图 15-3-3 整合卡钳式电子手刹

电子手刹在每次起步车轮扭矩达到一定扭矩时会自动释放。在行车过程中遇到紧急情况需要制动,可以按下电子手刹按钮,但是此时车辆的制动并非机械的驻车制动。例如大众迈腾的电子手刹在 7km/h 以上的速度时,就是先通过 ESP 控制单元以略小于全力刹车的力道对全部四个车轮进行液压制动。当速度在 7km/h 以下时,才是直接施以驻车制动。

15.4
制动防滑转系统

汽车防滑控制系统是防止汽车在制动过程中车轮被抱死滑移和汽车在驱动过程中（特别是起步、加速、转弯等）驱动轮发生滑转现象的控制系统。

15.4.1　附着系数与车轮滑移率的关系

1.滑动率对附着系数的影响

汽车在制动过程中，车轮的运动可以划分为三个阶段：纯滚动、边滚边滑、完全拖滑。一般用滑动率 S 表征滑动成分在车轮纵向运动中所占的比例。

$$S = \frac{rw - v}{v} \times 100\%$$

式中：v——车轮中心的纵向速度；

w——车轮的角速度；

r——车轮的自由滚动半径。

车轮与路面之间的附着系数是随滑动率而变化的，二者之间的关系如图 15-4-1 所示。

2.防滑控制系统的作用和控制方式

汽车在驱动过程中，驱动轮可能发生滑转，滑转成分在车轮纵向运动中所占的比例用正滑动率来表示，即：完全滑转时，$\varphi = 0$，$S = 100\%$，汽车在驱动和制动时的 $\varphi - S$ 关系及最佳控制范围如图 15-4-2 所示。

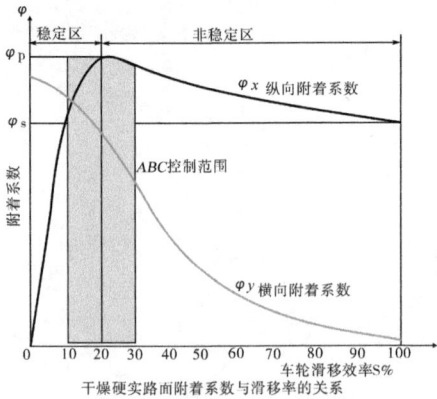

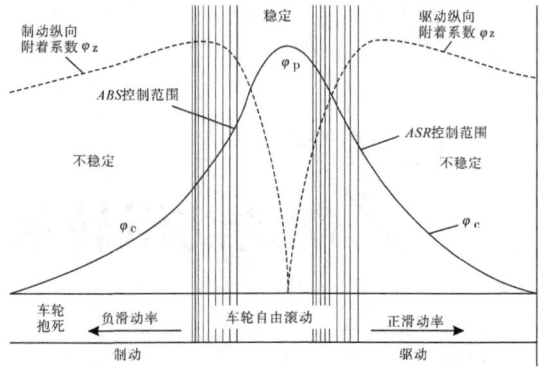

图 15-4-1   图 15-4-2　汽车驱动和制动时的曲线

防滑控制系统就是在汽车驱动状态下,将驱动轮滑转率控制在 5%～15% 的最佳范围内。制动防抱死系统是在汽车制动状态下,将车轮滑动率控制在 8%～35% 的最佳范围内。在上述最佳范围内,不仅车轮和地面之间的纵向附着系数较大,而且侧向附着系数的值也较大,保证了汽车的方向稳定性。

15.4.2　防滑控制系统简介

①ABS—Antilock Braking System(汽车制动防抱死系统)。ABS 防止制动时车轮出现抱死,使车辆具有方向性和稳定性,并缩短制动距离。

②EBD—Electronic Brake Pressure Distri－bution(电子制动力分配)。EBD 系统是防止 ABS 起作用以前,或者由于特定的故障导致 ABS 失效后,后轮出现过度制动。

③EDL—Electronic Differential Lock(电子差速器)。两驱动轮在附着系数不同的路面上,出现单侧车轮打滑时,制动打滑车轮。

④TCS—Traction Control System(牵引力控制系统,也称 Anti Slip Regulation 系统,简称 ASR,驱动防滑系统)。通过发动机管理系统干预及制动车轮,防止汽车起步或急加速时驱动轮打滑。例如在沙石及冰面上。

⑤ESP 是 Electronic Stability Programe 的缩写,意为电子稳定程序,在大众、奥迪、奔驰车型上使用此简称。ESP 是一个主动安全系统。它是建立在其他防滑控制系统之上的一个非独立的系统。ESP 工作的基本原理是利用汽车上的制动系统使汽车能"转向"。在允许的物理极限范围内,ESP 系统通过控制车轮制动器的工作,使汽车在各种行驶状况下在车道内保持稳定行驶。

通常情况下装备 TCS 的车型,将同时具有 EDL、ABS 功能;装备 ESP 的车型,将同时具有 TCS（ASR）、EDL、ABS 功能。

15.4.3　汽车制动防抱死系统

汽车防抱死制动系统(ABS)是一种安全控制制动系,目前已经成为汽车的标准配置。ABS 既有普通制动系统的制动功能,又能防止车轮制动抱死。ABS 通常由轮速传感器、制动压力调节器、电子控制单元(ECU)和 ABS 警示装置等组成,如图 15-4-3 所示。

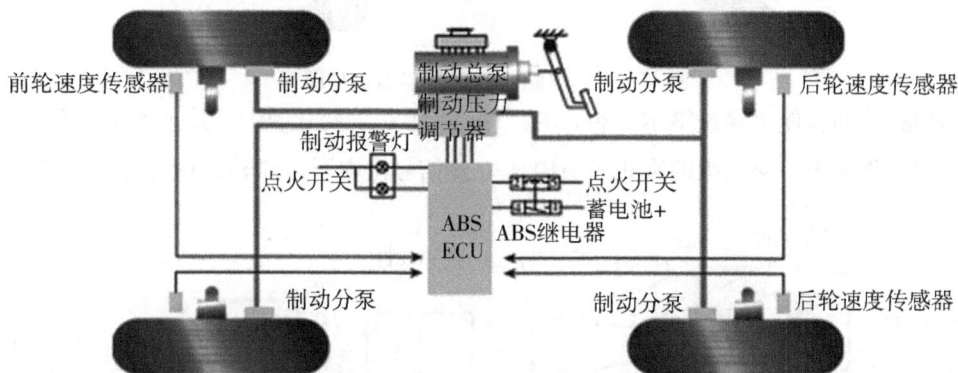

图 15-4-3　**ABS 的基本组成**

汽车制动时,首先由轮速传感器测出与制动车轮转速成正比的交流电压信号,并将该电压信号送入电子控制器(ECU)。由 ECU 中的运算单元计算出车轮速度、滑动率及车轮的加、减速度,然后再由 ECU 中的控制单元对这些信号加以分析比较后,向压力调节器发出制动压力控制指令。使压力调节器中的电磁阀等直接或间接地控制制动压力的增减,以调节制动力矩,使之与地面附着状况相适应,防止制动车轮被抱死。

1.传感器

轮速传感器的功用是检测车轮的旋转速度,并将速度信号输入 ECU。目前,常用的轮速传感器主要有电磁式和霍尔式。

(1)电磁式轮速传感器　电磁式轮速传感器主要由传感器头和齿圈两部分组成,它可以安装在车轮上,也可以安装在主减速器或变速器中。如图 15-4-4 所示,齿圈随车轮或传动轴一起转动,齿圈在磁场中旋转时,齿圈齿顶和电极之间的间隙以一定的速度变化,使磁路中的磁阻发生变化,磁通量周期地增减,在线圈的两端产生正比于磁通量增减速度的感应电压,该交流电压信号输送给 ECU。

(2)霍尔式轮速传感器　霍尔式轮速传感器也是由传感头和齿圈组成。其齿圈的结构及安装方式与电磁式轮速传感器的齿圈相同,传感头由永磁体、霍尔元件和电子电路等组成。传感器的工作原理如图 15-4-5 所示,永磁体的磁力线穿过霍尔元件通向齿圈,齿圈相当于一个集

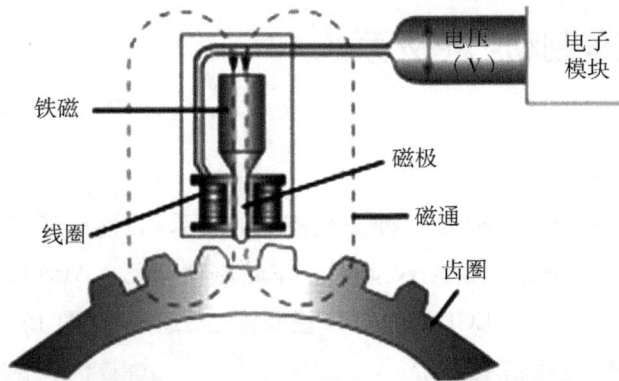

图 15-4-4 电磁式轮速传感器工作原理

磁器。齿圈转动时,使得穿过霍尔元件的磁力线密度发生变化,因而引起霍尔元件电压的变化,霍尔元件将输出一毫伏级的准正弦波电压。此信号由电子电路转化成标准的脉冲电压。

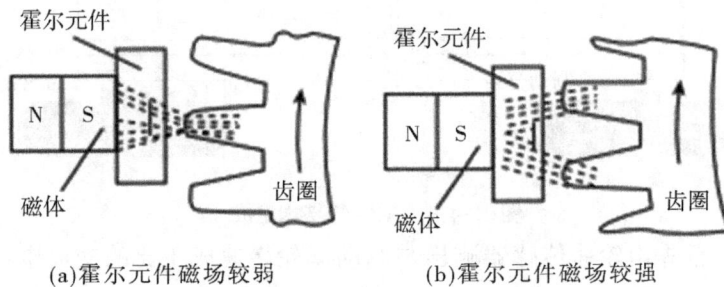

(a)霍尔元件磁场较弱   (b)霍尔元件磁场较强

图 15-4-5 霍尔式轮速传感器工作原理

霍尔式车轮转速传感器克服了电磁式传感器的缺点,其输出信号电压幅值不受转速的影响,频率响应高,抗电磁波干扰能力强。因而,霍尔传感器在 ABS 中应用越来越广泛。

2. ABS 的控制中枢—ECU

ECU 是 ABS 的控制中枢,其功用是接收轮速传感器及其他传感器输入的信号,对这些输入信号进行测量、比较、分析、放大和判别处理,通过精确计算,得出制动时车轮的滑移率、车轮的加速度和减速度,以判断车轮是否有抱死趋势。再由其输出级发出控制指令,控制制动压力调节器去执行压力调节任务。电子控制单元还具有监控和保护功能,当系统出现故障时,能及时转换成常规制动,并以故障灯点亮的形式警告驾驶人。

3. 制动压力调节器

根据压力调节器的调压方式可分为循环式和可变容积式。循环式制动压力调节器是通过电磁阀直接控制轮缸的制动压力;而可变容积式制动压力调节器是通过电磁阀间接改变轮缸的制动压力。

(1)循环式制动压力调节器 循环式制动压力调节器由电磁阀、液压泵和电动机等部件组成。调节器直接装在汽车原有的制动管路中,通过串联在制动主缸和制动轮缸之间的三位三通电磁阀直接控制轮缸的压力,可以使轮缸的工作处于常规工作状态、增压状态、减压状态或保压状态,如图 15-4-6 所示。三位是指电磁阀有 3 个不同位置,分别控制轮缸制动压力的增、减或保压,三通是指电磁阀上有 3 个通道,分别通制动主缸、制动轮缸和储液器。

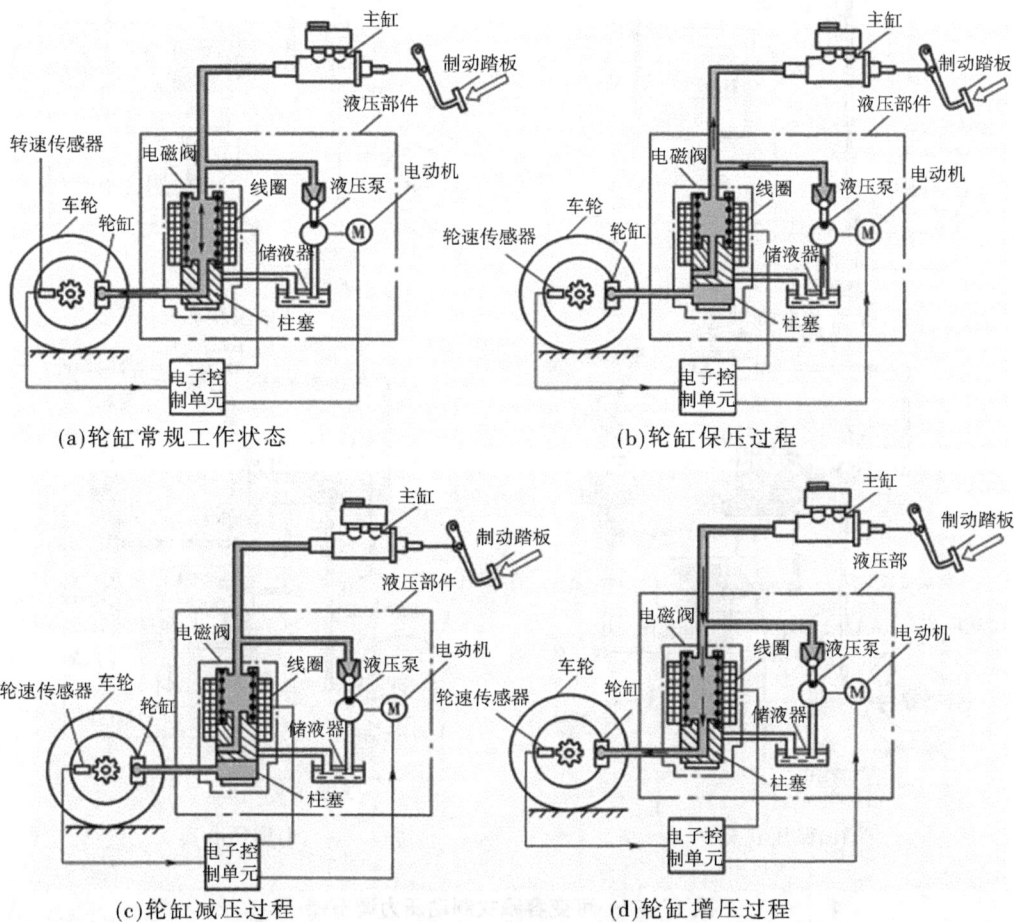

图 15-4-6　循环式制动压力调节器工作过程

(2)可变容积式制动压力调节器　可变容积式制动压力调节器主要由电磁阀、控制活塞、液压泵和储能器等组成,是在原液压制动系统中增设一套液压控制装置,控制制动管路中容积的增减,以控制制动压力的变化。可变容积式制动压力调节器有 4 个不同工作状态:常规制动状态、轮缸减压状态、轮缸保压状态和轮缸增压状态,如图 15-4-7 所示。

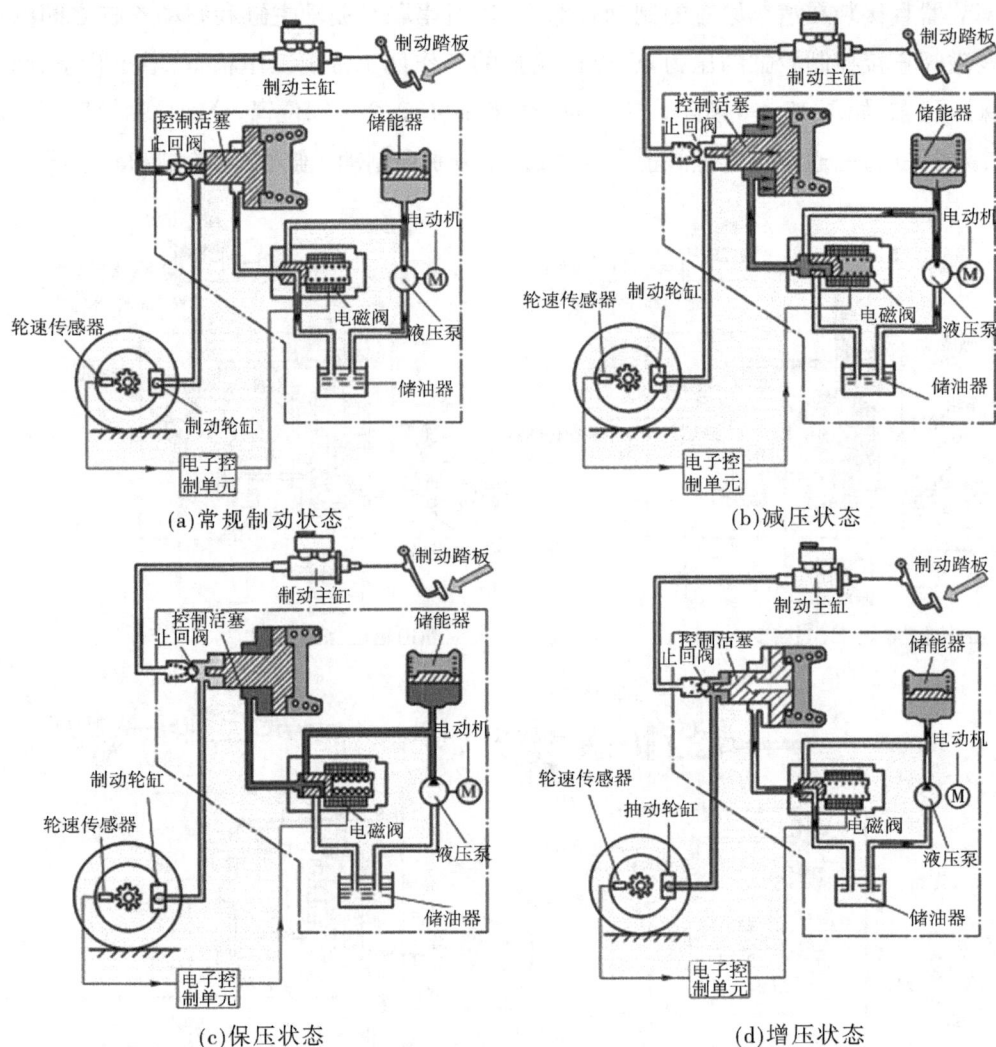

图 15-4-7　可变容积式制动压力调节器

15.5

ESP 车身稳定系统

汽车电子稳定程序控制系统 ESP 是改善汽车行驶性能的一种控制系统,是 ABS 和 AS 两种系统在功能上的延伸。利用与 ABS 一起的综合控制,可防止汽车在制动时车轮抱死。

利用 ASR 可阻止汽车在起步时驱动轮滑转（空转）。ESP 可以通过有选择性地控制各车轮上的制动力，防止车辆滑移，因此，ESP 是一个主动安全系统。

ESP 系统在不同的车型中有不同的名称，如奔驰、奥迪称为 ESP，宝马称其为 DSC（Dynamic Stability Control，即动态稳定性控制系统），丰田、雷克萨斯称其为 VSC（Vehicle Stability Control，即汽车稳定性控制系统），三菱称为 ASC/AYC（Active Stability Control/Active Yaw Control，即主动稳定控制/主动横摆控制系统），本田称为 VSA（VehicleStahility Assist，即车身稳定性辅助系统），而 VOLVO 汽车称其为 DSTC（Dynamic Stabilityand Traction Control，即动态循迹防滑控制系统）。

如图 15-5-1 所示，ESP 由传统制动系、传感器、液压调节器、汽车稳定性控制 ECU 和辅助系统组成，在电脑实时监控汽车运行状态的前提下，对发动机及控制系统进行干预和调控。

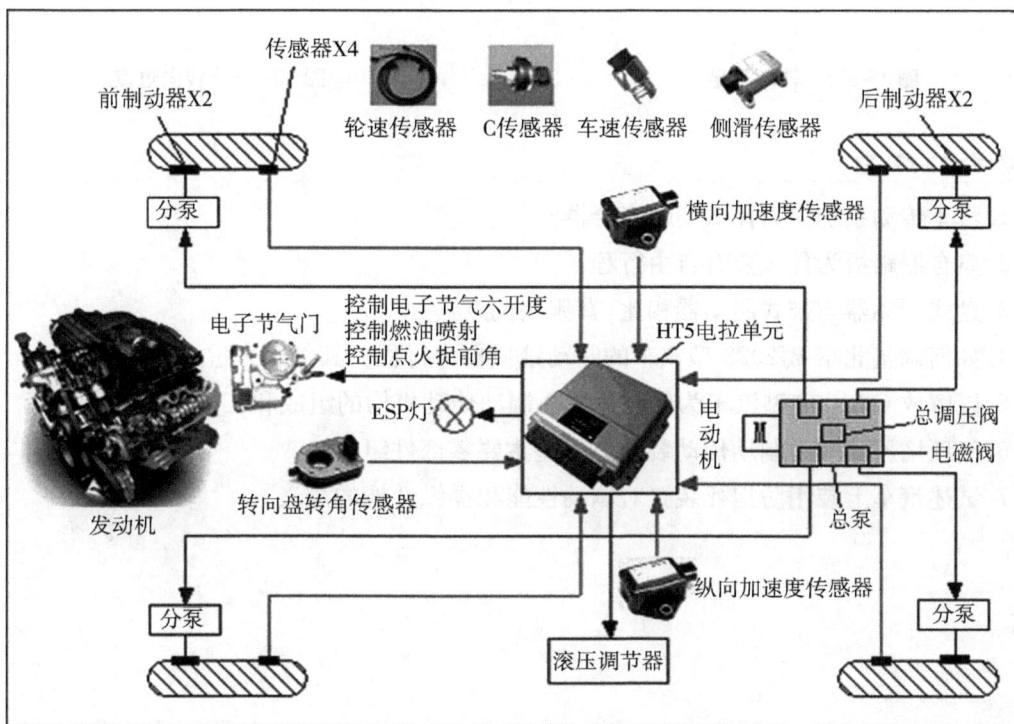

图 15-5-1　ESP 的组成

在汽车行驶过程中，转向盘转角传感器监测驾驶人转弯方向和角度，车速传感器监测车速、节气门开度，制动主缸压力传感器监测制动力，而侧向加速度传感器和横摆角速度传感器则监测汽车的横摆和侧倾速度。ECU 根据这些信息，通过计算后判断汽车要正常安全行驶和驾驶人操纵汽车意图的差距，然后由 ECU 发出指令，调整发动机的转速和车轮上的制动力,修正汽车的过度转向或不足转向,以避免汽车打滑、转向过度、转向不足和抱死,从而保证汽车的行驶安全。

当 ESP 判定为出现转向不足时,将制动内侧后轮,使车辆进一步沿驾驶人转弯方向偏转,从而稳定车辆(图 15-5-2);当 ESP 判定为出现过度转向时,ESP 将制动外侧前轮,防止出现甩尾,并减弱转向过度趋势,稳定车辆(图 15-5-3)。上述过程中如果单独制动某个车轮不足以稳定车辆,ESP 将通过降低发动机扭矩输出的方式或制动其他车轮来满足需求。

(a)无ESP   (b)有ESP

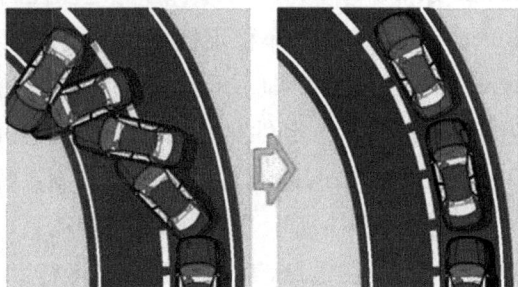

(c)无ESP   (d)有ESP

图 15-5-2　转向不足   图 15-5-3　转向过度

思考与练习

1. 汽车传动系统中为什么要装离合器?

2. 离合器踏板为什么要有自由行程?

3. 盘式制动器与鼓式制动器相比,有哪些优点?

4. 如何调整北京 BJ2023 型汽车的制动踏板自由行程? 其值过大过小有何害处?

5. 以解放 CA1092 型汽车为例叙述气压制动传动机构的组成和工作情况。

6. 气压增压式液力制动传动装置有哪些主要零部件组成?

7. 试述汽车上装用防抱死装置对制动性能和操纵性能的意义。

参考文献

[1] 陈家瑞. 汽车构造. 5 版. [M]. 北京：人民交通出版社,2007.

[2] 肖生发,赵树朋. 汽车构造. 2 版. [M]. 北京：北京大学出版社,2012.

[3] 李亚. 汽车构造. [M]. 沈阳：东北大学出版社,2013.

[4] 吴兴敏,于运涛,刘映凯. 新能源汽车. [M]. 北京：北京理工大学出版社,2015.

[5] 贺大松. 汽车底盘构造与维修. [M]. 北京：机械工业出版社,2009.

[6] 宋景芬. 汽车文化. [M]. 北京：人民交通出版社,2012.